Biblioteca de Derecho Global

Luigi Garofalo
(Director)

Carlos Antonio Agurto Gonzáles
Sonia Lidia Quequejana Mamani
Benigno Choque Cuenca
(Coordinadores Generales)

BIONDO BIONDI
Profesor Ordinario de la Universidad Católica
del Sagrado Corazón de Milán
(Italia)

ARTE Y CIENCIA DEL DERECHO

Edición al cuidado de
Carlos Antonio Agurto Gonzáles
Sonia Lidia Quequejana Mamani
Benigno Choque Cuenca

Ediciones Olejnik

Título: Arte y Ciencia del Derecho.

© Biondo Biondi.

Traducción de Ángel Latorre Segura

Edición: 2019

Ediciones Olejnik
Huérfanos 611, Santiago-Chile
E-mail: contacto@edicionesolejnik.com
Web site: http://www.edicionesolejnik.com

ISBN: 978-956-392-431-2

Diseño de carátula: Ena Zuñiga

Diagramación: Hayden Méndez, yiset_mendez@hotmail.com

Impreso en Argentina 2019 Printed in Argentina

Índice

Estudio preliminar

Los estudios del Derecho Romano han sufrido, en los últimos cincuenta años, un cambio profundo. Durante siglos, una tradición gloriosa que se remonta a los glosadores y que se transmitió de generación en generación hasta los pandectistas del novecientos, veía en el Corpus Iuris la cantera inagotable de la que era preciso extraer las normas jurídicas aplicables en cada momento histórico. El Derecho Romano era el Derecho por excelencia, la *ratio scripta,* por la que debían regir sus destinos todos los pueblos civilizados. El romanista se confundía con el jurista. Su misión consistía en interpretar y coordinar las vetustas normas romanas, buscando su aplicación concreta y actual. Es cierto que paralelamente a esta actividad puramente jurídica, surgió a partir del Renacimiento otra visión del Derecho Romano, contemplado en su perspectiva histórica, como monumento insigne de la antigüedad clásica que fascinaba a los humanistas. Más tarde, al florecer en el siglo XIX las ciencias históricas y convertirse en ejemplo y modelo de todas las ciencias del espíritu, se desenvuelve también el estudio histórico del Derecho Romano. Pero esta orientación quedaba relegada a un segundo término por el apogeo impresionante del Derecho Común y de la Pandectística.

Un cambio total de perspectiva se produjo al nacer el siglo actual. La entrada en vigor del Código Civil alemán, hizo desaparecer la vigencia del Derecho Romano en el último gran Estado europeo que aún la mantenía y que era además, centro y modelo de los estudios jurídicos. Los juristas germanos dirigen su esfuerzo constructivo al nuevo cuerpo legal, y aquella corriente histórica que había vivido hasta entonces harto modestamente, invade triunfante la ciencia del Derecho Romano, convertido ya en simple rama de la historia jurídica.

Favorecía esta nueva orientación el arrollador progreso que en las últimas décadas del siglo que acaba de morir había realizado la investigación histórica del Derecho Romano. La obra formidable de Mommsen había puesto a disposición de los estudiosos magníficas ediciones de fuentes. Lenel logró reconstruir, en lo posible, el texto del Edicto perpetuo y las obras originales de los juristas, realizando así un viejo sueño de los humanistas. Mitteis planteaba por vez primera, utilizando los incipientes estudios papirológicos, el pavoroso problema de las relaciones entre el puro Derecho romano y el de los países de civilización helénica sometidos al imperio. Pero fue, sobre todo, el desarrollo y perfeccionamiento de la crítica interpolacionista, lo que dio su aspecto más acusado a la nueva época. Era la vuelta a los métodos iniciados por Alciato, cuatro siglos antes, y que ahora, con ayuda de los poderosos medios que facilitaba el progreso científico, alcanzaban amplitud e intensidad impresionantes. Expurgado todo aquello que se creía añadido por los bizantinos, y reconstruyendo más o menos hipotéticamente las lagunas que de esta forma aparecían, se intentaba llegar hasta el genuino pensamiento clásico, arrancando de las tinieblas del pasado el sistema jurídico contemporáneo de Labeón y de Papiniano. La crítica interpolacionista se extiende también a los escritos de los juristas clásicos, o a ellos atribuidos, que se nos han conservado fuera de la Compilación. Se intenta incluso rastrear en cada texto los estratos de sucesivas alteraciones, para reproducir fielmente la evolución gradual de las instituciones romanas.

Desde principios de siglo este método triunfa en forma arrolladora, y con figuras como Beseler y Albertario llega a la exasperación. La atención de los romanistas se fija casi exclusivamente en el derecho clásico. El derecho justinianeo, reflejado en el *Corpus Iuris,* solo se considera en función de los datos que puede suministrar para el conocimiento de aquél. Se ve en él una fase final y corrompida del puro Derecho romano, en la que predominan factores exóticos, venidos del Oriente helenizado, y ajenos a la genuina tradición de Roma. Esta dirección "neo humanista", como la ha calificado Koschaker, se refleja claramente en una nueva valoración de la jurisprudencia romana. Se busca, sobre todo, la fría objetividad, el rigor lógico y se exalta a los juristas en que más destacan estas cualidades, desdeñándose en cambio a los que brillan por su sentido humano y su consideración de factores extrajurídicos, que eran precisamente los más admirados antaño. Ya no es Papiniano, como lo fue durante siglos, el símbolo y modelo de la jurisprudencia romana. Sus invocaciones a la moral y su preocupación ética resultan ahora insoportables, y Pernice llegó a afirmar que encontraba el "papinianismo" repugnante. Son los grandes juristas de la época de Adriano y aún los anteriores, los del siglo I y fines de la República, los que despiertan la admiración. Por otra parte, el campo de la investigación romanista se alarga a regiones hasta entonces inexploradas... No solo se estudia el derecho de los papiros, en que se busca el reflejo y la prueba de esa progresiva orientalización del Derecho romano, sino que se intenta encuadrarlo y relacionarlo con los otros derechos de la antigüedad. Se escriben monografías sobre el derecho comparado de los pueblos indoeuropeos, como la que hace varios años nos ofreció sobre el matrimonio el ilustre romanista, hoy ya desaparecido, Koschaker. Más allá incluso de los datos que nos proporcionan las fuentes históricas, se penetra audazmente en los mismos misterios de la prehistoria jurídica romana, intentando captar los primeros balbuceos de su derecho. Baste recordar, en este sentido, los últimos y resonantes trabajos de Kaser.

Este asombroso desenvolvimiento de los estudios romanísticos no dejó de ofrecer, en algunos aspectos, un grave peligro. No pocos romanistas se dejaron llevar por un cierto "virtuosismo", dedicándose, como ha dicho recientemente Iglesias, a la "búsqueda refinada —afiligranada— de curiosidades sin espíritu". Se olvidó la raíz vital que tiene todo Derecho, y el Derecho romano, más que ninguno, y el carácter necesario, sin duda, pero puramente instrumental, que reviste la investigación crítica de las fuentes. Pero si es necesario señalar este escollo con que tropezaron algunos romanistas, sería injusto olvidar que incluso tales excesos fueron útiles a la ciencia, siempre que no se consideren más que como una etapa que ha de ser superada y cuyos resultados deben juzgarse con atinada ponderación.

Consecuencia también de la orientación historicista que hoy domina en los estudios romanísticos, ha sido el desinterés que por ellos muestran los juristas actuales. A sus ojos, la moderna ciencia del Derecho romano se presenta como algo incomprensible y hermético, irremediablemente alejado de sus preocupaciones, de su actividad, de su misma *forma mentis*. Guarino habla últimamente de un "telón de acero" que separa hoy el estudio del Derecho romano de las otras disciplinas jurídicas. Mas este desvío no ha encontrado la resignación de muchos romanistas que, orgullosos de una tradición milenaria, no podían contemplar indiferentes su relegación al puro campo de la historia. De aquí el denodado esfuerzo de algunos para dar al estudio del Derecho romano sentido e interés actuales. Y este problema de la "Aktualisierung" de nuestra ciencia llega a adquirir, a veces, una dimensión angustiosa, y se habla incluso de crisis del Derecho romano. Frase equívoca, por lo demás, solo admisible en ese sentido de crisis de interés por nuestra ciencia o de crisis de renovación dentro de ella, pues en otro aspecto difícil es hablar de crisis, precisamente cuando la investigación romanística alcanza hoy metas hace cincuenta años insospechadas.

En este ambiente, que era preciso recordar, aunque fuese brevemente, se desenvuelve desde hace unos cuarenta años la actividad científica del ilustre profesor Biondo Biondi, una de las más grandes figuras vivientes de nuestra ciencia. Destaca en su vasta obra el vigor y la hondura con que ha penetrado en la entraña misma del derecho Romano. Dotado de una singular fuerza constructiva, Biondi ha sabido remontarse a las alturas de la síntesis, sin olvidar la imprescindible elaboración del detalle. Y esta fuerza constructiva arranca de una íntima fusión del sentido histórico con la visión jurídica. La irrefrenable tendencia que empuja los estudios romanísticos al campo de la historia, ofrece el grave peligro, no siempre salvado, de hacer olvidar al investigador que su tarea tiene por objeto un aspecto peculiar de la historia, que es la historia jurídica. El romanista es el historiador de un Derecho que ha sido durante siglos el Derecho por excelencia y que continúa siendo a pesar de los embates que ha sufrido, el modelo inmortal de la ciencia del Derecho. O, si se prefiere decirlo de otra manera, es un jurista que aplica su actividad, no a un ordenamiento actual y vigente, sino a un sistema jurídico desaparecido hace siglos, cuya evolución y perspectiva históricas intenta reconstruir. Visión histórica y visión jurídica no son dos direcciones que se puedan escindir, sino que es preciso conjugar ambas para investigar una realidad histórico-jurídica, como es el Derecho romano. Hasta qué punto nuestra visión jurídica actual es aplicable al Derecho romano, es un problema distinto al que luego aludiremos, pero que en el romanista deben fundirse el historiador y el jurista es una verdad indiscutible. El profesor Biondi es un modelo ejemplar de tal fusión. Maestro de la técnica que exige el estudio actual del Derecho romano, la aplica con prudencia, no olvidando su valor meramente instrumental. Y esta virtud de no confundir el fin con los medios, merece ser hoy especialmente destacada, cuando de muchos campos se alzan voces contra los abusos a que se había llegado por algunos sectores de la crítica interpolacionista. No es ciertamente a Biondi a quien se podrá reprochar ese virtuosismo a que antes aludíamos.

Un estudio completo de la vasta labor del profesor Biondi no sería aquí ni posible ni oportuno. Nos limitaremos a señalar los rasgos más destacados de sus obras fundamentales, que nos darán el sentido de su producción científica.

Biondi inicia su labor romanística en un campo singularmente difícil y atractivo: el del procedimiento civil romano, a cuya investigación habían dado un impulso gigantesco los admirables estudios de Wlassak. Pero su atención no sé fija tanto en el conocimiento de la pura mecánica procesal como en el reflejo que en todo el ordenamiento jurídico romano tiene la especial estructura del proceso romano. A Biondi se debe, precisamente, la formulación más tajante de esta íntima fusión que se encuentra en el Derecho romano clásico entre derecho subjetivo y acción. El Derecho romano clásico contempla, en efecto, todo el sistema jurídico bajo el ángulo de la *actio.* Más que con un sistema de derechos subjetivos, como lo son los derechos modernos, nos encontramos, dirá Biondi, en uno de sus estudios más resonantes (*Diritto e processo nella legislazione giustinianea* en *Conferenze per il XIV centenario delle Pandette,* Milán, 1931) con un "sistema de acciones". Incluso al margen de la ardua y un tanto sutil polémica sobre las relaciones entre derecho subjetivo y *actio,* de la prioridad de uno u otra y aun de la existencia misma, al menos en el ámbito del *ius honorarium,* de propios y verdaderos derechos subjetivos, es una verdad innegable que la *octio* constituye el centro de la visión jurídica romana. Solo a través del juego de la *actio,* de la *exceptio* y de los demás medios procesales podemos penetrar en la esencia misma del ordenamiento clásico y reconstruir su auténtico clima. Dentro de esta orientación, nuestra ciencia le debe a Biondi varios estudios fundamentales.

A los complejos problemas que plantea el *arbitratus de restituendo* están consagrados varios de los primeros trabajos de Biondi: *Sulla dottrina romana dell'actio arbitraria* (*Annali dell' Università di Palermo,* I, 1911); *Di nuovo sulla dottrina romana dell'actio arbitraria (Bulletino dell'Istituto di Diritto romano,* 26, 1913); *Ancora in tema di actio arbitraria* (ibídem) y sobre todo los *Studii sulle actiones arbitrariae* (Palermo, 1913); obras importantes no solo por los resultados positivos obtenidos, sino también porque constituyen la base de la vasta literatura posterior sobre este siempre discutido tema. De esta misma época son otros trabajos, de los que recordaremos algunos: *Il giuramento decissorio nel processo civile romano* (Palermo, 1913) en que, oponiéndose a la teoría dominante, establecida especialmente por Alibrandi, Demelius y Gradenwitz sostuvo que el *iusiurandum necessarium,* aplicable solo a un número reducidísimo de casos, no producía, cuando el invitado a prestarlo se negaba a ello, la terminación del proceso, que por el contrario proseguía su curso habitual. *Iudicium operarum* (Annali cit. 1914), defendiendo la tesis de que este iudicium, que puede emprender el patrono para reclamar las *operae* del liberto es de carácter pretorio e independiente además de la previa existencia de juramento o estipulación que comprometa al liberto a realizarlas; *La legitimacione processuale nelle azione divisorie romana* (*Annali* cit. 1913), en el que estudia la progresiva ampliación que se va realizando en el círculo de los legitimados activa y pasivamente para ejercer dichas acciones, con observaciones de especial interés en el campo del derecho sucesorio. Recordemos también entre estos primeros trabajos de Biondi, algunos no dedicados a temas procesales: *I tribonianismi avvertiti da S. S. Wissembach y H. Eckhardt* (Palermo, 1911) *La convalidazione del codicillo fatto dell'incapace* (Palermo, 1911) *Sul dolus causam dans e incidens* (*Diritto Commerciale*, 1912); *Appunti intorno alla donatio mortis causa* (Ann. cit. 1914).

En 1920 publica Biondi una de sus obras fundamentales *Iudicia bonae fidei.* Uniendo la fina exégesis de los textos con un recio vigor constructivo, traza Biondi en esta obra, de mano maestra, los rasgos fundamentales de este tipo de *iudicia.* Basados en la *fides,* principio fundamental de la vida romana, confieren al juez el deber de estimar las circunstancias y elementos que concurren en la relación jurídica deducida en juicio, sobre todo la apreciación del dolo, sin que sea necesario acudir a la *exceptio* correspondiente. No solo la *exceptio doli,* sino también, para Biondi, otras excepciones como la *exceptio pacti* y quizá alguna otra *insunt in bonae fidei iudiciis,* y esto los separa de otros tipos de acciones como las concebidas *in bonum et aequum,* en los que el arbitrio del juez se limita a la extensión de la condena, de forma que es esta inherencia de varias excepciones y concretamente de la *exceptio doli,* la que constituye la esencia de los *indicia bonae fidei.* Realiza, además, Biondi, un magistral estudio sobre los *iudicia contraria,* defendiendo contra la opinión entonces dominante la tesis de que la existencia de tales *iudicia* no es consubstancial a los *iudicia bonae fidei* en el derecho clásico, donde solo se encuentran en determinados casos, mientras que en otros la misma fórmula sirve para reclamar las prestaciones de cualquiera de las dos partes. Examina, por último, el elenco clásico de los *iudicia bonae fidei,* limitándolo a los nacidos de los cuatro contratos consensuales, y de la *negotiorum gestio,* el depósito, el comodato y la tutela, y demostrando el origen justinianeo de la inclusión en tal categoría de otros *iudicia* como la *actio rei uxoriae* y las acciones derivadas del contrato de prenda. El estudio de Biondi sigue siendo en la actualidad la obra fundamental sobre el tema, y de ella arranca la literatura posterior, que abunda, por otra parte, en discusiones y polémicas recordemos, p. ej., la discusión en torno a la inherencia de otras excepciones que no sean la de dolo, negada por un vasto sector de la doctrina; los problemas planteados por los *iudicia contraria* y la aplicación de una misma fórmula para las pretensiones de las dos partes, por muchos autores rechazada; y las dudas sobre la inclusión en la categoría de los *iudicia bonae fidei* de algunas acciones. Pero todo esto no es más que el destino habitual de toda gran obra científica, que importa no solo por lo que resuelve, sino también por lo que suscita.

Como complemento a su estudio sobre los *iudicia bonae fidei* debemos citar el artículo sobre las *actiones stricti iuris* (en *Bulletino* cit. 32, 1922), destinado a demostrar el origen compilatorio de esta última categoría opuesta a los *iudicia bonae fidei.*

En 1925 publica Biondi otro importante trabajo sobre las acciones noxales (*Le actiones noxales,* Cortona, 1925), completado por varios artículos aparecidos en el *Bulletino* cit. 46 (1926) y 50 (1930), en contestación a las objeciones de algunos romanistas, especialmente de Lenel. Biondi procede en este obra a una aguda revisión del tema que había sido ya objeto de varios estudios fundamentales de Girard, llegando a resultados de una originalidad y valor constructivo innegables. Comienza por separar BIONDI las acciones noxales, es decir, las que nacen de actos ilícitos de las personas sometidas al poder del *paterfamilias,* de la *actio de pauperie,* derivada de daños causados por animales, tras lo que construye la acción noxal como *actio* de estructura análoga a las *actiones in rem,* dirigida en primer término contra el esclavo o el *filius familias* en potestad causantes del daño, reconociendo, por tanto, a estos capacidad jurídica *ex delicto.* Puntos de vista todos ellos nuevos, que no dejaron de suscitar fuerte oposición, pera en todo caso el impulso dado por Biondi al estudio de esta obscura categoría de acciones, es notabilísimo, y su influencia sobre la rica literatura posterior dedicada a este tema, sujeto aún a vivas discusiones, decisiva. El mismo año público Biondi en los *Studi in onore de* S. *Perozzi,* un interesante estudio sobre *La condizione giuridica del mare e del litus maris,* en que sostiene el origen clásico y el valor científico de la categoría de las *res communes omnium.*

La compensazione nel diritto romano (Cortona, 1927), constituye otra de las obras principales de Biondi. El análisis crítico de la *compensatio* se había iniciado con un importante trabajo de Appleton, que publicado cuando empezaba a desarrollarse el método interpolacionístico (en 1895), hacía necesaria una revisión del tema. Esta fue la que llevó a cabo Biondi en forma magistral. Su obra, juntamente con la de Solazzi, continúa siendo hoy el estudio básico sobre esta institución. Los múltiples problemas que presenta la compensación en su complejo desarrollo histórico, son examinados con agudeza y profundidad admirables, abundando en nuevos puntos de visto, muchos de los cuales han sido objeto de animadas polémicas en la literatura posterior. Así, la compensación en los *iudicia bonae fidei,* que para Biondi viene impuesta al juez por la misma naturaleza de la fórmula, frente a los que opinan, como Kreller y Solazzi, que su estimación se apoya en la libertad que dejan al juez esta clase de acciones, y que depende, por tanto, del arbitrio judicial; la que afecta al *bonorum emptor,* sobre la que Biondi sostiene la tesis de que la *deductio* que se realiza cuando aquél reclama una deuda a quien es al mismo tiempo acreedor del concursado, se valora por la parte proporcional del crédito que ha de compensarse, es decir, en la parte que le correspondería al deudor-acreedor en el concurso, y no por la totalidad, doctrina ya indicada por Brinz y Accarias, pero que era contraria a la sostenida por la casi totalidad de los romanistas, y que ha obtenido adhesiones tan autorizadas como la de Solazzi. No menos importante es la parte de su obra consagrada al estudio de los problemas que plantea la compensación en los *iudicia stricti iuris* y el famoso rescripto de Marco Aurelio sobre la aplicación a tal fin de la *execptio doli.* Biondi refuta en este punto, magistralmente, las teorías anteriores y busca la solución en la necesidad impuesta al actor de disminuir su pretensión en la parte correspondiente al crédito que contra él tuviese el demandado, so pena de ver fracasada su demanda, y en la posibilidad de oponer la *exceptio doli* a la *actio iudicati.* Cabría, además, actuar la compensación directamente en las *cognitiones extra ordinem,* no sometidas al rigor del procedimiento formulativo. Ideas todas ellas que han obtenido amplia aceptación y a las que el mismo Solazzi se adhiere en sus líneas fundamentales, aunque no falten tampoco, como es lógico, opiniones contrarias. Por ejemplo la de Arangio-Ruiz, que sigue sosteniendo la aplicación de la *exceptio doli* para disminuir la condena en la diferencia entre los créditos opuestos. Y no menos interés ofrece el estudio de la compensación en el Derecho de Justiniano, con un sugestivo intento de superación de la *tormentata quaestio,* agitada desde los glosadores, de la eficacia *ipso iure* que a la *compensatio* se atribuye en el *Corpus Iuris.* Mas no solo por el estudio de los problemas en particular, sino también por la clara y sólida arquitectura de la visión general, esta obra de Biondi se cuenta, sin duda, entre las más sólidas aportaciones del autor a la ciencia romanistica.

De nuevo sobre temas de contenido procesal, publica Biondi un estudio sobre la *Actio negativa e actio prohibitoria come azioni a difesa delle servitù e dell'usufrutto* (en *Annali dell'Università di Modena*, 3, 1929) con una audaz hipótesis sobre la función de estas discutidas acciones, y dos años más tarde, en las *Conferenze per il XIV centenario delle Pandette,* (Milán, 1931) un magistral ensayo, ya citado, sobre *Diritto e processo nella legislazione giustinianea.* Sienta en este escrito su tesis de que el Derecho romano debe ser considerado como un sistema de acciones, no de derechos subjetivos, señalando como esta especial característica del ordenamiento jurídico clásico hace que todo él venga determinado por las peculiares condiciones del proceso formulario, entonces en vigor. De aquí la importancia que en la evolución posterior del Derecho romano reviste el abandono de este sistema procesal y su substitución por la *cognitio extra ordinem,* en la época del Bajo Imperio, con la consecuencia de que, perdido su andamiaje procesal, el derecho tiende ya a convertirse en un sistema de derechos subjetivos, de los que la acción será simple reflejo, aproximándose así al tipo de ordenamiento jurídico hoy habitual.

En 1933 Biondi publica las *Prospettive romanistiche.* En el apretado espacio de menos de cien páginas se traza en esta obra una rápida, pero profunda revisión de los temas más candentes que plantea el estudio actual del Derecho romano. En primer término, el atormentado problema del método, al que unos resonantes estudios de Betti, publicados unos años antes, habían dado la máxima actualidad, desatando un torrente de polémicas y discusiones aún hoy no acalladas. El punto de partida de Betti era el de las relaciones entre la dogmática moderna y el Derecho romano. Observaba el ilustre romanista que el estudioso actual del Derecho romano no puede, aunque quiera, desprenderse de su formación jurídica, es decir, de su visión peculiar del fenómeno jurídico, determinada por el concreto momento histórico-científico que le ha tocado vivir. Olvidar esto advierte Betti, es olvidar que no solo el objeto de nuestros estudios, es decir, el Derecho romano, es un ente histórico, sino que también nosotros, que a su estudio nos aplicamos, estamos inmersos en la historia, aprisionados en un momento histórico determinado. Ahora bien, la formación jurídica de nuestro tiempo es, ante todo, una formación dogmática jurídica, que consiste en la elaboración y sistematización de categorías jurídicas abstractas, tiende a fijar la esencia del fenómeno jurídico, y aunque arranca en principio de un ordenamiento jurídico concreto, se va alargando progresivamente, hasta llegar a adquirir valor universal, aplicable a cualquier ordenamiento presente o pasado. Por tanto, la necesidad de aplicar estas categorías a nuestro estudio del Derecho romano es, para Betti, una necesidad derivada de la especial conformación de nuestra actividad cognoscitiva, determinada siempre por nuestra actual formación jurídica.

A este método dogmático en el estudio del Derecho romano, preconizado por Betti, se opone resueltamente Biondi, en sus *Prospettive.* Comienza Biondi por distinguir las dos vertientes por las que han discurrido durante siglos los estudios romanísticos: de un lado el derecho común y la pandectística, del otro la ciencia histórica del Derecho romano. Pero ni derecho común ni pandectística constituyeron un estudio del Derecho romano, sino que fueron su continuación. Tomando como base las fuentes romanas, se propusieron en realidad construir un propio sistema jurídico, de forma que "la pandectística no tenía de romano más que el nombre" y tanto ella como el derecho común son inútiles para el conocimiento histórico del Derecho romano. Por el contrario, la ciencia histórica del Derecho romano tiene por finalidad la *reconstrucción* del ordenamiento jurídico de Roma. Por ello se separa esta ciencia radicalmente del estudio de todo derecho que se considere vigente (tanto del derecho actual, como, en su época, del derecho común y la pandectística), porque en este último caso la tarea del jurista es la *construcción* del sistema. En el primer caso, nos interesa solo reconstruir sobre los datos que nos facilitan unas fuentes históricas la estructura de un derecho pasado. En el segundo, se trata de lograr un sistema coherente, basado en un conjunto de normas jurídicas determinado, que nos permita resolver los problemas jurídicos que en lo sucesivo se planteen. Pero la reconstrucción del Derecho romano no ha de entenderse, dice Biondi, limitada tan solo a los datos, a las normas aisladas, al "derecho positivo romano", como afirma Betti. También ha de extenderse al sistema mismo, a la "superestructura". Niega Biondi, en efecto, que en este último campo debamos acudir a la dogmática moderna. Hacerlo así sería traicionar el sentido histórico del Derecho romano, porque nuestra tarea consiste en hacerlo revivir tal y como apareció a los ojos de los mismos romanos. Una vez investigados los elementos aislados no es lícito tratarlos a nuestro antojo y proyectar sobre ellos nuestra mentalidad moderna. Por el contrario, es menester contemplarlos como los vieron sus contemporáneos. Que los juristas romanos no elaborasen una dogmática, no es razón para aplicar tranquilamente la nuestra. Debemos esforzarnos, por el contrario, en hacer vivir en nuestro espíritu las instituciones romanas con el mismo perfil con que las presentaron los juristas romanos, conforme a su espíritu, su mentalidad, sus tendencias, ya que nuestra labor es reconstruir, no construir. En cuanto a la dogmática moderna, su única función es proporcionar las directrices y puntos de orientación para investigar el fenómeno jurídico. La dogmática nos reviste de una peculiar educación de la mente, que llamamos mentalidad jurídica, y que es la que nos permite distinguir lo jurídico de lo que no es jurídico y nos impide, p. ej., asimilar y considerar de igual forma la ley de las XII tablas y el arte poética de Horacio. Pero su misión se agota ahí. Intentar elaborar con su auxilio los datos que nos revelan las fuentes romanas, y lo que es aún más grave, querer suplir con ella las lagunas que en esas fuentes encontremos, es tanto como "vestir a un romano con indumentaria moderna o viceversa".

Biondi penetra en la esencia misma del Derecho romano. Tras rechazar, de acuerdo con la casi totalidad de los romanistas, la tentativa de englobar el Derecho romano en un sistema más vasto, el del derecho antiguo o derecho mediterráneo, y defender así su propia personalidad e independencia, Biondi afirma que la esencia del Derecho romano consiste en la coexistencia de una pluralidad de ordenamientos jurídicos. En Roma en efecto, una vez superada la primera etapa de dominio absoluto del *ius Quiritium,* viven simultáneamente dos ordenamientos jurídicos fundamentales, que se colocan el uno al lado del otro, en una relación de indiferencia y con gran frecuencia ignorándose mutuamente. Se trata de dos autónomas formaciones históricas que han seguido independientemente su propio camino y que se yuxtaponen sin confundirse. De un lado el *ius civile,* el viejo derecho de Roma, cuyas raíces se hunden en la misma entraña de la mentalidad religiosa y social del pueblo romano. A este elemento arcaico, rígido y formalista se suma más tarde un número considerable de normas procedentes del derecho que se aplicaba entre ciudadanos y *peregrini*, en las que alienta un espíritu más flexible y humano, asentado en la *fides* y libre de formalidades embarazosas. A este derecho llamarán los juristas de la época de Adriano, *ius gentium*, en una de las acepciones de esta expresión, a no ser que admitamos la opinión, sostenida recientemente por algunos autores. (Schulz y sobre todo, Lombardi) de que nunca tuvo el *ius gentium* tal significado. El *ius civile* (en el que se incluye tanto el viejo *ius Quiritium* como el *ius gentium* en el sentido citado) se ha desarrollado por obra casi exclusiva de la jurisprudencia, al margen de la imposición estatal, que solo interviene excepcionalmente. Es un edificio lógico, coherente, impecable, que suscitó la admiración de los estudiosos hasta el punto de que en él veían los humanistas el propio y genuino Derecho romano.

Pero junto al *ius civile* emerge otro ordenamiento jurídico distinto: el *ius honorarium*, basado en la voluntad del magistrado, que en virtud de su imperium puede dar órdenes y hacerse obedecer de los ciudadanos. El *ius honorarium* es, en efecto, un conjunto de órdenes emanadas del magistrado, no un sistema desarrollado dialécticamente. Se rige por razones de utilidad, no de lógica; deriva, en último término, de la voluntad estatal, en contraste con la formación espontánea del *ius civile*. Ambos ordenamientos, *ius civile* y *ius honorarium*, son independientes y viven aislados, con arreglo a las características y espíritu de cada uno. La clave del Derecho romano ha de verse en este fenómeno singular, que no tiene parangón en el mundo jurídico moderno, ya que ambos sistemas se aplican con frecuencia a una misma relación jurídica, con la consecuencia de que el *ius honorarium* elimina en la práctica la aplicación efectiva de *ius civile*, pero este sigue manteniendo intacta su vigencia formal.

La pluralidad de ornamentos jurídicos no se agota para Biondi en la oposición entre *ius honorarium* y *ius civile*. Durante la época imperial se va formando además un nuevo ordenamiento, que por lo menos en parte presenta caracteres propios y no se confunde con los anteriores: el *ius extra ordinem*, producto de la actividad legislativa de los emperadores. Acepta así Biondi, con ciertas modificaciones, la tesis sostenida por Riccobono sobre la propia substantividad de este derecho imperial, contra la dura crítica hecha por Wlassak a una teoría análoga que bastantes años antes había emitido Rudorff. Precisamente este nuevo sistema jurídico desempeñará el papel principal en la época postclásica, cuando agotadas las viejas fuentes del derecho, el derecho imperial asumirá la función dinámica e innovadora, mientras que el derecho antiguo quedará petrificado en la obra de la jurisprudencia clásica.

Esta pluralidad de sistemas jurídicos que coexisten, pero no se funden, durante toda la época clásica, constituye para Biondi, como ya dijimos, la esencia del derecho romano y a ella debe atender el estudioso que quiera captar en su integridad la compleja historia del derecho romano.

Tales son los rasgos esenciales de esta aguda y brillante obra de Biondi, cuya meditación es indispensable para todo el que quiera comprender los grandes problemas planteados por el estado actual de la investigación romanística.

En un artículo publicado en el *Bulletino dell'Istituto di Diritto Romano* (vol. 43, 1935) que lleva por título *Interpretatio prudentium e legislazione* desarrolla

Biondi algunas de las ideas expuestas en las *Prospettive.* El dualismo entre *interpretatio,* de un lado, y legislación (entendida en un sentido amplio, en la que se engloba el *ius honorarium,* del otro, domina con diversos matices toda la historia del Derecho romano. El Bajo Imperio señala el triunfo de la legislación (representada en esta época por el derecho imperial) que culmina en Justiniano. Este intenta, en efecto, suprimir toda futura *interpretatio* de su obra, pero fracasa en su empeño y el dualismo resurge en la Edad Media, porque responde, en último término, a una insoslayable constante histórica.

En su estudio *La vendita di cosa fuori commercio* (en *Studi Riccobono, 4*, Palermo, 1936), Biondi Biondi defiende la tesis, ya indicada por Ferrini y aceptada por varios romanistas (como Bonfante y Albertario), pero atacada por otros, como Haymann y Heldrich, de que la venta de la cosa *extra commnercium* es nula en el derecho clásico, salvo el caso execpcional del *homo liber* vendido de buena fe. Justiniano daría a esta excepción valor general. Por el contrario, para los citados Haymann y Heldrich, cuya opinión ha aceptado recientemente Voci, ni siquiera aquella excepción habría existido en el derecho clásico, donde el principio de nulidad sería absoluto.

La categoria romana delle servitù (Milán, 1938) es otra de las principales obras de Biondi. Si bien el tema había sido objeto de numerosos estudios sobre puntos concretos, faltaba una obra que diese una visión amplia del tema, y en la que al mismo tiempo, dentro de una orientación general, se encuadrasen armónicamente los problemas suscitados por cada punto concreto. En este aspecto, si se exceptúa la parte dedicada a las servidumbres en el vol. III del *Corso* de Bonfante, era preciso remontarse al viejo tratado de Elvers, totalmente superado por la crítica moderna. La vasta literatura posterior, de carácter monográfico (nos limitaremos a recordar a Longo, Scialoia, Perozzi, Riccobono el ya citado Bonfante, Grosso, etc.) hacía imprescindible una revisión a fondo del tema. En esta obra Biondi la lleva a cabo con su penetración y maestría habituales, poniendo a contribución sus formidables dotes constructivas. El estudio de la formación y desarrollo de la categoría jurídica de la *servitus* es un verdadero modelo de historia del pensamiento jurídico e ilumina en forma admirable el proceso de evolución del Derecho romano desde la casuística inicial hasta las amplias y sutiles sistematizaciones de los bizantinos. La aparición, como figuras aisladas, de los primeros tipos de servidumbres prediales, el *iter,* el *actus,* la *via* y el *aquae ductus,* que Biondi, siguiendo una teoría que cada vez cuenta con más adeptos, configura como objetos materiales, susceptibles de dominio; su consideración posterior como *res incorporales;* la aparición de la categoría de la *servitus* que engloba los distintos tipos de *iura praediorum* que se habían ido formando; la extensión de tal categoría a las limitaciones legales del dominio, y con Justiniano al usufructo, al uso y figuras análogas, son otras tantas etapas de ese desarrollo sugestivamente estudiados en esta obra. No son pocas las polémicas que han suscitado alguna de las conclusiones a que llega Biondi(p. ej. la inclusión en la categoría de las servidumbres de las limitaciones legales del dominio), pero unánimemente se reconoce la transcendencia y profundidad de su trabajo, ejemplo fecundo de la fusión del sentido histórico y del jurídico que antes señalábamos como una de las más acusadas virtudes científicas de su autor.

En materia de Derecho público, nuestra ciencia le debe un estudio sobre *La poena adulteri da Augusto a Giustiniano,* en *Studii Mancaleoni,* (1938) y una interesante aportación a la vasta literatura suscitada con motivo del milenario de Augusto: *La legislazione di Augusto* (en *Conferenze augustee nel bimillenario della nascita,* Milán, 1939). En este último estudio realiza Biondi una interesante visión de conjunto sobre la política legislativa del fundador del Principado, tomando en consideración no solo la obra estrictamente legislativa y jurídica, sino también las nuevas circunstancias morales y el ambiente social en que se encuadra su obra. En el debatido problema de la naturaleza del principado augusteo, Biondi se alinea en la opinión de los que lo consideran como simple autocracia, negando valor efectivo al mantenimiento externo de las viejas formas republicanas.

En 1943, y en el magno Tratado de Derecho Romano, que se inició bajo la dirección de Albertario, Biondi publica el volumen dedicado a *Succesione testamentaria. Donazioni.* Obra de poderoso aliento y vasta concepción, en la que se realiza un admirable estudio de los diferentes aspectos que presentan ambos campos del Derecho.

Su interés se acrece por el hecho de que los tratados anteriores sobre derecho hereditario (los de Fadda, Scialoja, Bonfante y Solazzi) quedaron, por desgracia, incompletos, y no incluyen la sucesión testamentaria en su contenido, de forma que la obra de Biondi constituye el único estudio sobre materia tan esencial. Incluso sobre muchos de los aspectos más importantes de la sucesión testamentaria faltaban estudios modernos de apreciable extensión. Así, sobre el testamento mismo, en que lo único con que se podía contar era el valioso, pero sintético artículo de Kuebler en la Enciclopedia de Pauly-Wissova; los legados, en los que era preciso remontarse a la vieja, aunque siempre preciosa obra de Ferrini, publicada en 1889, etc. Biondi realiza en su tratado una profunda revisión de la vasta literatura monográfica. Al mismo tiempo, cada institución, estudiada con la amplitud posible, se encuadra en una perspectiva histórica adecuadamente y se valora ponderadamente dentro del juego de las múltiples fuerzas y tendencias que animan la evolución del Derecho romano.

También la parte dedicada a las donaciones ofrece relevante interés. Tomando como base las clásicas ideas de Savigny y los trabajos de Ascoli, se estudia ampliamente tanto el concepto como los diferentes aspectos de la institución. Sobre este tema volverá años más tarde en un importante artículo *(Il concetto di donazione,* en *Scritti Ferrini,* Milán 1947).

Sobre materia hereditaria versan también otros estudios de Biondi, dignos de ser destacados. Recordaremos varios cursos universitarios (como los de 1937 y 1938, publicados solo en litografía, y el de 1946 sobre las instituciones fundamentales del derecho hereditario), el estudio sobre *La degenerazione della cretío ed accettazione espressa non formale* (en *Studi Solazzi,* Nápoles, 1948), en que se sienta la tesis de que la decadencia de aquella institución se produce ya en plena época clásica; el artículo, publicado en Iura (vol. I, 1950) con el título *L'oggetto de l'antica hereditas,* donde defiende con gran vigor de argumentos la doctrina de que la *hereditas* primitiva tenía exclusivamente carácter patrimonial, recayendo las cosas corporales dejadas por el difunto. Se opone así a la notoria tesis de Bonfante, sobre la génesis político-social de la sucesión hereditaria.

Merece destacarse también, entre las publicaciones de esta época sobre temas ajenos al Derecho sucesorio, un estudio *Intorno alla romanità del processo civile moderno* (en *Bulletino*, cit. vol. 42, año 1944), en que apoyando una opinión de Chiovenda, defiende el carácter fundamentalmente romano del moderno proceso civil, y sin negar las aportaciones del derecho canónico y del germánico, se opone a la tesis tradicional que ve en el procedimiento moderno una mezcla híbrida de esos sistemas jurídicos.

En 1946 publicó Biondi sus *Istituzioni di Diritto Romano* que ya han sido objeto de nueva edición, en 1952. Se trata de una feliz síntesis del Derecho privado romano, en que resplandecen las cualidades didácticas y expositivas de su autor, al mismo tiempo que facilita el conocimiento, la visión del conjunto, de sus ideas. En la larga y valiosa serie de manuales italianos y de otros países ocupa este un lugar destacado.

El Prof. Biondi anuncia desde hace varios años la aparición de una vasta obra, que con el título *Derecho romano cristiano* estará consagrada al estudio del derecho romano en la época postclásica. Un breve y substancioso avance se recoge en la presente colección de sus escritos, y con anterioridad había publicado otros trabajos conteniendo partes o aspectos del mismo tema: *Giustiniano, Principe e legislatore catolico* (Milán, 1936); *L'influenza di S. Ambrosio sulla legislazione religiosa del suo tempo* (Milán, 1940); *La concezione cristiana del diritto naturale nella codificazione giustinianea Mélanges De Visscher*, III (*Révue International des droits de l'antiquité*, Bruselas, 1950).

En el presente volumen se incluyen una selección de escritos de Biondi que tienden a dar una idea clara de su pensamiento jurídico, no ya en relación a puntos o instituciones concretas, sino en torno al problema de la ciencia jurídica y del Derecho en general. El tema latente o confesado que palpita en los escritos es de candente actualidad: la verdadera función y carácter de la ciencia jurídica. Pero al abordar esta delicada cuestión, Biondi no rebasa el campo de sus estudios preferidos, sino que proyecta sobre las inquietudes de hoy el rico caudal de experiencias que atesora el viejo Derecho romano. A la solución del angustioso problema de la crisis actual de la ciencia jurídica, se orienta con una visión romanistica del Derecho en la que Biondi mantiene inalterable su fe. El problema de la ciencia jurídica actual es, ante todo, un problema de eficacia. Esa ciencia que durante siglos ocupó un puesto de honor en toda sociedad civilizada, va perdiendo cada día el interés, por no decir el respeto, de las gentes, que no ven en ella más que un juego intelectual, quizá muy ingenioso, pero completamente inútil. La ciencia del Derecho vive hoy al margen de la inquietud de nuestra época, aislada incluso de la práctica del Derecho, que ignora muchas veces, y casi siempre desdeña, las sutiles elaboraciones de los juristas. Y este desdén se explica, porque de poco pueden servir doctrinas y conceptos en esta hora acongojada, en la que solo importa como ha dicho Iglesias "llevar bajo el brazo un vademécum de soluciones a problemas vitales".

Para Biondi la causa de la situación se encuentra en la dirección puramente dogmática que desde hace unos cincuenta años domina nuestros estudios. La ciencia del Derecho es hoy casi exclusivamente una dogmática que pretende convertirse en una ciencia pura, desligada de la aplicación cotidiana del Derecho e incluso de los mismos dictados de la ley positiva, para elevarse a un sistema de conceptos universales y permanentemente válidos. Se ha llegado así a la construcción de una *reine Rechtslehre,* cuyo objeto se agota en su mismo contenido: todo lo que transciende de la pura construcción de conceptos es lanzado por la borda como elemento meta-jurídico, que para el jurista, como tal es irrelevante. A esta concepción del Derecho como dogmática se debe también el progresivo desvío que hacia el Derecho romano muestran los juristas modernos. No se trata solo de las dificultades técnicas que ofrecen hoy los estudios romanísticos, sino, de algo más grave y decisivo: la oposición rotunda entre los métodos de la jurisprudencia romana y los de la moderna ciencia jurídica. Tal contraste es tan inconciliable, que los intentos de tender un puente entre ambos sistemas están abocados al fracaso, y esto explica el escaso éxito que han tenido entre los romanistas las ideas de Betti y Koschaker. El primer problema que se plantea, por tanto, es precisar los caracteres de la jurisprudencia romana, pues los de la ciencia actual son bien conocidos y no requieren larga discusión. A la jurisprudencia romana, precisamente, están consagrados los dos primeros escritos aquí incluidos *Oggetto e metodi della scienza giuridica romana* y *La terminologia romana come prima dogmatica giuridica.* Se trata de determinar si la ante todo, un problema de eficacia. Esa ciencia que durante siglos ocupó un puesto de honor en toda sociedad civilizada, va perdiendo cada día el interés, por no decir el respeto, de las gentes, que no ven en ella más que un juego intelectual, quizá muy ingenioso, pero completamente inútil. La ciencia del Derecho vive hoy al margen de la inquietud de nuestra época, aislada incluso de la práctica del Derecho, que ignora muchas veces, y casi siempre desdeña, las sutiles elaboraciones de los juristas. Y este desdén se explica, porque de poco pueden servir doctrinas y conceptos en esta hora acongojada, en la que solo importa como ha dicho Iglesias "llevar bajo el brazo un vademécum de soluciones a problemas vitales".

Para Biondi la causa de la situación se encuentra en la dirección puramente dogmática que desde hace unos cincuenta años domina nuestros estudios. La ciencia del Derecho es hoy casi exclusivamente una dogmática que pretende convertirse en una ciencia pura, desligada de la aplicación cotidiana del Derecho e incluso de los mismos dictados de la ley positiva, para elevarse a un sistema de conceptos universales y permanentemente válidos. Se ha llegado así a la construcción de una *Reine Rechtslehre,* cuyo objeto se agota en su mismo contenido: todo lo que transciende de la pura construcción de conceptos es lanzado por la borda como elemento meta-jurídico, que para el jurista, como tal es irrelevante. A esta concepción del Derecho como dogmática se debe también el progresivo desvío que hacia el Derecho romano muestran los juristas modernos. No se trata solo de las dificultades técnicas que ofrecen hoy los estudios romanísticos, sino, de algo más grave y decisivo: la oposición rotunda entre los métodos de la jurisprudencia romana y los de la moderna ciencia jurídica. Tal contraste es tan inconciliable, que los intentos de tender un puente entre ambos sistemas están abocados al fracaso, y esto explica el escaso éxito que han tenido entre los romanistas las ideas de Betti y Koschaker. El primer problema que se plantea, por tanto, es precisar los caracteres de la jurisprudencia romana, pues los de la ciencia actual son bien conocidos y no requieren larga disensión. A la jurisprudencia romana, precisamente, están consagrados los dos primeros escritos aquí incluidos *Obbietto e metodi della scienza giuridica romana* y *La terminologia romana come prima dogmatica giuridica.* Se trata de determinar si la jurisprudencia romana, dada su incapacidad constructiva, debe considerarse, desde el punto de vista de la actual ciencia jurídica, como un simple estadio inicial, aunque sin duda valioso, de un desarrollo científico que culmina con la dogmática actual, de forma que nuestra actitud hacia los grandes juristas romanos no pueda ser otra que la simpatía compasiva que se debe a unos meritorios precursores. Hay que advertir que esta es hoy, en efecto, la posición más extendida, y que, por otra parte, el juicio que de esa jurisprudencia se forme, recae sobre todo el Derecho romano, pues como ya dijo Savigny, hace casi un siglo y medio, la parte inmortal del Derecho romano no son ni las leyes que nos dejó, ni las soluciones concretas respecto a puntos determinados, sino el método de sus juristas. Biondi, en cambio, adopta en este punto una postura radicalmente distinta: la jurisprudencia romana no puede ser juzgada a la luz de nuestra concepción de la ciencia jurídica, porque el objeto que aquella se propuso es diferente del que esta persigue. No es una diferencia de desarrollo, sino una diversa finalidad lo que separa la ciencia jurídica romana de la moderna. La jurisprudencia romana no tiende a construir un sistema de conceptos, sino a resolver justa y equitativamente los problemas que presenta la vida cotidiana, y a este fin se pliegan y adaptan construcciones, principios y dialéctica. No se trata, por tanto, de una inferioridad científica, ni de una etapa rudimentaria en una rama del saber humano que se perfecciona a través de los siglos. Por ello, advierte Biondi, no están justificadas las duras críticas que desde hace años se dirigen a la jurisprudencia romana, porque esta no perseguía el mismo objeto que la ciencia jurídica moderna, y no puede juzgarse con arreglo a los criterios de esta. La construcción de conceptos es tarea ajena al jurista romano. Los conceptos arrancan de la vida misma, no de elucubraciones más o menos sutiles. Los conceptos jurídicos primitivos son los del lenguaje cotidiano, que constituyen la primera dogmática jurídica, y para reconstruir está el mejor camino es atender al contenido mismo de las palabras, a su significación primitiva y a su evolución semántica. Así se revela también el sentido popular del Derecho romano (otra de las ideas en que hará especial hincapié Biondi) en cuanto abierto, al menos en sus puntos fundamentales, al común entender de la masa de los ciudadanos. Señalemos de paso que esta consideración del lenguaje en el estudio y reconstrucción del Derecho romano, es un nuevo y brillante camino que abre Biondi a la futura investigación romanista. Aparte algunas indicaciones y estudios aislados, ofrece por vez primera una visión de conjunto de las posibilidades que encierra, especialmente en el campo tan obscuro y debatido del primitivo Derecho romano. Planteada así abiertamente la oposición entre jurisprudencia romana y ciencia jurídica moderna, es preciso determinar el valor que para nosotros puede tener todavía aquélla. Biondi sienta también aquí una postura radical, a la que están consagrados especialmente los tres escritos siguientes: *Scienza del diritto come arte del giusto, Esistenzialismo e Diritto Romano* y *Crisi e sorti dello studio del Diritto Romano.* Para Biondi la solución de la crisis que actualmente aqueja a la ciencia del Derecho ha de buscarse en el retorno al método de la jurisprudencia romana. El Derecho no puede ser para nosotros, como no lo fue para los juristas romanos, más que *ars boni et aequi,* es decir, arte de lo justo. No se trata de negar valor a la dogmática moderna, sino simplemente de asignarle una función meramente instrumental y subordinada al logro de una finalidad superior, que es la justicia. Naturalmente, esto plantea el arduo problema de determinar qué es la justicia. En opinión de Biondi, la respuesta ha de darla en cada momento histórico la conciencia social, y en esa conciencia ha de buscarla el jurista, porque a este compete, como función propia y específica su búsqueda y actuación. Quizá nada refleje mejor el exacto pensamiento de Biondi que un comentario de Steinwerter a uno de estos escritos. Steinwerter dice, en efecto, que en sentido kelseniano la postura de Biondi podría definirse como un retorno a la metajurisprudencia de los romanos. Pero Biondi no admitiría nunca semejante expresión, porgue para él la búsqueda y actuación de la justicia no es nunca metajurisprudencia, sino el elemento esencial y eterno de la jurisprudencia misma. Por otra parte, concebir la jurisprudencia como arte de lo justo, significa acercar de nuevo la ciencia del Derecho a las necesidades de la práctica, y acabar con la mortal escisión que ha producido entre ambas el abuso de la dogmática. Y mientras por este lado Biondi se opone a una ciencia jurídica pura, construida sobre un andamiaje de conceptos y elaborada lejos del tumulto de la vida, en el aislamiento de las bibliotecas, es decir, a lo que ha llamado Koschaker el *Professorenrecht,* por otra parte señala una reacción contra la creciente "inflación legislativa" que abruma a todos los países modernos. Que el Estado, por vía de imposición, tenga que reglamentar hasta los más minuciosos aspectos de la vida jurídica, es debido, para Biondi, a esa esterilidad de la ciencia jurídica contemporánea, incapaz de satisfacer las necesidades que van surgiendo progresivamente en la sociedad. Un renacimiento de la auténtica jurisprudencia, en el viejo y noble sentido de la palabra, reduciría al Estado a su primitiva función, que es la de señalar directrices y normas fundamentales, y no la de adaptar estas a la múltiple y cambiante realidad de la vida cotidiana. Y aun en esta actividad estatal el jurista debe intervenir no solo como puro instrumento técnico, sino como encarnación de la justicia, tal y como la siente en cada momento histórico la conciencia social.

La postura de Biondi se suma así a la cada vez más violenta reacción contra el positivismo y el formalismo jurídicos. Que la superación de estas doctrinas es una necesidad actual, apenas puede ser puesto en duda, pero por qué camino ha de buscarse y en qué intensidad resulta necesaria, es hoy el problema crucial con que se enfrenta la ciencia jurídica. A su solución se orientan, por distintos y aun opuestos senderos, una rica floración de escuelas y doctrinas de la más varia índole: *Interessenjurisprudenz* y Escuela de la libre jurisprudencia, sociologismo jurídico, institucionalismo, renacimiento del Derecho natural, realismo e irracionalismo, jurídicos..., sin que falten, naturalmente, defensores acérrimos y autorizados del combatido positivismo. En este sentido, la aportación de Biondi adquiere un valor especial, porque nos recuerda una gloriosa tradición milenaria en que el Derecho cumplió dignamente su misión, y nos invita a buscar el remedio en el retorno a los métodos e ideas imperantes cuando aun no habían aparecido los males que hoy afligen a la ciencia jurídica. En el retomo a una *Justitia-jurisprudenz* como él mismo la califica, a una ciencia del Derecho como arte de lo justo, ve Biondi la solución del problema. El Derecho Romano, maestro precisamente de esa *Justitia-jurisprudenz* no solamente no ha perdido valor para el jurista actual sino que se presenta como la única tabla de salvación en el naufragio que hoy amenaza a la ciencia jurídica por obra del "existencialismo" que, según frase feliz de Carnelutti, angustia a nuestros juristas.

Distinto carácter tiene otro de los escritos incluidos en este volumen: *La giuridicità del Vangelo*. Contestación a un artículo de Leoni, se plantea el problema del valor jurídico del texto evangélico, que Biondi resuelve con una rotunda afirmación. Los términos de la polémica se encuentran magistralmente recogidos en el escrito de Biondi, de forma que nada es necesario añadir aquí. Señalemos solo el conjunto de sugerencias que sobre temas candentes se contienen en este escrito. La posibilidad de vincular con la doctrina de Cristo sistemas o escuelas filosóficas jurídicas o políticas es objeto de interesantísimo examen.

A través de estos escritos, esperamos que el lector pueda formarse cabal idea de los rasgos principales del pensamiento de su ilustre autor, que lejos de ser un especialista encerrado en el castillo de su ciencia, y ajeno a las luchas que convulsionan a la ciencia jurídica de nuestros días, proyecta su potente visión de romanista sobre las inquietudes de esa ciencia, y le brinda la ayuda de una sabiduría milenaria. Verá también el lector, en estas páginas, no solo la ciencia del jurista, sino también el cálido acento del hombre para quien el Derecho no es puro pensamiento, sino una dimensión esencial de la vida.

Ángel Latorre Segura
Profesor de la Universidad Complutense

Objeto y método de la jurisprudencia romana*

Hasta principios del siglo XIX la ciencia del derecho ha seguido las huellas de la jurisprudencia romana. La evolución del derecho no provocaba ninguna nueva orientación de método, salvo la tendencia a reducir gradualmente la casuística del Corpus Iuris a fórmulas generales que preludian las modernas codificaciones. Podía no ser ya romana la substancia del derecho, pero el método era romano hasta el punto de que bajo este aspecto se podía comprobar una perfecta continuidad histórica, desde los juristas romanos, especialmente los de la última época, hasta los comentadores de los códigos francés e italiano.

Por consiguiente, los monumentos de la jurisprudencia romana eran conocidos y estudiados, no como curiosidad histórica, sino como algo vivo y útil; tanto que el Corpus Iuris andaba también en manos de los prácticos, que sentían muchas veces la conveniencia de acudir a la sabiduría romana.

Que la ciencia del derecho pudiese tener objeto distinto, ni siquiera se sospechaba, como tampoco se hablaba de progreso científico, y la separación entre teoría y práctica era totalmente desconocida.

La exigencia científica permitió solo alargar el horizonte, encuadrando el derecho positivo en un ámbito más vasto de conocimientos, como la historia y la filosofía, que vienen a acompañar al derecho; se dibuja aquí la distinción entre juristas y eruditos[1], entre juristas y filósofos, porque ni el erudito ni el filósofo pasaban por juristas.

Pero cuando surgen los primeros trabajos de la Pandectística y los primeros sistemas jurídicos, con la difusión de la *Begriffjurisprudenz,* que tiende a determinar los conceptos jurídicos, buscando identificarlos y precisarlos con el mismo escrúpulo con que procede toda ciencia, se fundó verdaderamente la ciencia del derecho, que en el marco de la renovación científica del siglo XIX, se alineaba ya con todas las otras. Se tomó de estas hasta el lenguaje: se hablaba, en efecto, de investigación y de descubrimientos, de verdades y resultados, de progreso científico como algo independiente de las transformaciones del derecho.

Esta tendencia imprime naturalmente carácter universal a la ciencia del derecho. Mientras antes la jurisprudencia, recluida en los códigos de los diferen-

---

* *Obbietto e metodi del la scienza giuridica romana.* Publicado en «Scritti di Diritto Romano in onore di C. Ferrni» (Pavía) Milán, 1943, págs. 204-249.

1 Riccobono, *Le droit romain dans les oeuvres de ses interprètes,* en *Recueil Lambert,* 234 y sigts; Astuti, *Mos italicus e mos gallicus nei dialoghi de iuris interpretibus di A. Gentile* (Bolonia, 1937).

tes países, en las opiniones de sus doctores, en las decisiones de sus propios tribunales, podía ignorar lo que se escribía en otros países, sobre todo si no tenían comunidad de legislación y de tradición jurídica, la ciencia del derecho no toleró tales particularismos, y precisamente en homenaje a la universalidad de la ciencia, los juristas de todos los países fueron llamados a contribuir al progreso científico. Todas las naciones europeas parecían realmente hermanadas en la unidad de la ciencia. En los sistemas de Savigny y de Windscheid (por limitarme al derecho privado), vertidos a otras lenguas, encontraron los juristas de todos los países las bases de la ciencia del derecho. medida que esta se desarrolla, el contacto con el derecho positivo de cada Estado, se atenúa, hasta el punto de que se han escrito y se escriben obras jurídicas en las que no se cita ni un artículo de ninguna ley, si no es como curiosidad o ejemplo, cuando no para su crítica.

Y para excluir cualquier idea de particularismo, se ha hablado de ciencia del derecho, de dogmática jurídica, de teoría general del derecho, como para indicar que las elaboraciones científicas eran válidas para cualquier ordenamiento. En consecuencia, el estudio del derecho positivo fue confiado preferentemente a los prácticos. Surge de ahí la separación entre ciencia y práctica del derecho, que se hace siempre más honda a medida que avanza la ciencia. Los antiguos comentarios y disertaciones, se substituyen gradualmente por estudios que, más nutridos de doctrina internacional que de artículos de leyes, tienen una amplia resonancia en el estrecho círculo de los teóricos, pero son ignorados y quedan sin eco alguno en la práctica. De los viejos comentarios a los códigos francés e italiano a los modernos sistemas, hay sin duda, un gran progreso científico, pero hay también un creciente alejamiento de la práctica.

Frente al robustecimiento de la ciencia del derecho, los trabajos anteriores, no solo se dejan de lado, sino que se miran con gran conmiseración, como podría contemplar un médico de hoy las doctrinas de Galeno o la medicina del siglo XVIII.

Este juicio hubiese alcanzado a la jurisprudencia romana, si la ciencia del derecho no se hubiese inspirado en el mismo derecho romano, y el respeto a todo lo que fuese romano, no hubiese desaconsejado lanzar juicios atrevidos. Pero cuando se rompe el vínculo entre derecho civil y derecho romano, tal opinión, latente desde hacía tiempo, se hace explícita y grave, precisamente en nombre de la ciencia del derecho.

Y en verdad, cuando en torno al concepto de derecho, de acción, de obligación, se escriben monografías y volúmenes nutridos de dialéctica formidable y de sutiles investigaciones sobre conceptos, ¿qué juicio se puede formar del jurista romano, que en esos casos presenta solo una vaga definición de una media docena de palabras, despreciada además por los teóricos modernos? ¿Y qué se debe pensar de los caóticos y mastodónticos comentarios de Paulo y Ulpiano, cuando la fama de un jurista moderno se basa sobre algún agudísimo opúsculo, que sobre un punto cualquiera de derecho llega a un resultado científico? También esa adhesión a la tradición, que constituía uno de los aspectos más característicos de la jurisprudencia romana, parece hoy anticientífico: la ciencia abate y destruye, y más que ligarse a la tradición, tiende instintivamente hacia la verdad.

En estas condiciones, la admiración por la jurisprudencia romana disminuye, y naturalmente, amengua más aún el interés por el estudio del derecho romano. Se ha intentado conciliar la ciencia del derecho con el respeto deliberadamente mostrado a la jurisprudencia romana, afirmando que los juristas romanos fueron "empíricos geniales"[2]. La frase esconde elegantemente la condena de su aspecto científico: Se sigue repitiendo, sin gran convicción por otra parte, que los juristas romanos fundaron la ciencia del derecho[3]; pero, especialmente en estos últimos años, a los calificativos reverentes suceden censuras abiertas y vivaces.

Se ha dicho que los juristas romanos no penetran en la esencia de las instituciones, que les falta un sistema, que sus clasificaciones son descuidadas o defectuosas, que carecen de definiciones o que son imperfectas. También cuando se esfuerzan en enunciar principios, sus fórmulas son casi siempre inadecuadas; a veces la decisión, más que a través de un razonamiento se presenta del modo más expeditivo, invocando razones de oportunidad o equidad[4]. Cuando el jurista romano toca cuestiones teóricas se muestra absolutamente inhábil e incierto[5].

Naturalmente no han faltado defensas. Se ha dicho que el derecho fue emanación de un pueblo lleno de instintos prácticos, dedicado íntegramente a la agricultura, a las armas, al comercio, a la política[6]. Se ha combatido también el fundamento de las críticas, buscando descubrir en la jurisprudencia romana esbozos sistemáticos y tendencias constructivas[7].

Es preciso reconocer que hay una diferencia tan marcada entre la jurisprudencia romana y la contemporánea, que el más grande de los juristas romanos sería solemnemente rechazado en un concurso universitario y que aun Papiniano y Juliano fracasarían si tuviesen que medirse en público certamen con cualquier jurista moderno.

Tal diferencia es una de las causas principales de la lucha o por lo menos del desinterés hacia el derecho romano. Influyen, sin duda, ciertas causas extrínsecas, y la tendencia histórica que anima hoy los estudios romanísticos contribuye a alejar al jurista moderno. Pero la razón profunda está en la comprobación de que los métodos de los juristas romanos resultan ya remotos para la ciencia jurídica contemporánea. Ante el problema constructivo que agita la dogmática moderna, ¿qué aportación nos da el jurista romano, aunque se llame Labeón o Papiniano, cuando tales problemas son totalmente ignorados o resueltos del modo más superficial e imperfecto? Por tanto, mien-

2 DE FRANCISCI, *Storia del diritto romano,* I (Milán, 1939), 21.

3 KÜBLER, *Die klass. Iuristen und ihre Bedeutung für die Rechtsentwiklung,* en *Conferenze per il XIX Centenario delle Pandette* (Milán, 1931) 128.

4 WENGER, *Der heutige Stand der röm. Wissenschaft,* (Munich, 1927), 97 y sigts.; últimamente, en términos más tajantes, BETTI, *Methode und Wert des heut, Studlums des rom. Rechts, en Tijdscnrift,* 15 (1937), 9 y sigts.

5 JÖRS-KUNKEL, *Rom. Recht,* (Leipzig, 1935), 22.

6 PEROZZI, *Di alcune censure ai giuriconsulti romani,* (Macerata, 1888).

7 RICCOBONO, *Elementi sistematici nei commentatori ad edictum,* en B. I. D. R., 44 (1936-1937), 2 y sigts.; *Iurisprudentia,* en Nuovo Dig. ital., 39 sigts (de la sep.).

tras los juristas, aun italianos, han terminado desinteresándose por el derecho romano, relegándolo cada vez más al ámbito de la comparación jurídica, los romanistas se han esforzado en hacerlo revivir. Se ha buscado encuadrarlo en los esquemas de la dogmática moderna[8]; pero esta orientación no solo no resuelve el problema, ya que no se comprende qué aportación importante pueda dar el derecho romano a la dogmática, sino que hace resaltar más aún la pobreza y la insuficiencia de las construcciones romanas frente a las modernas. Koschaker[9], con el loable intento de galvanizar el estudio del derecho romano, ya moribundo, si no muerto, en Alemania, ha lanzado el grito: "Volvamos a Savigny." Pero esto, en el fondo, significa, no retomo a los métodos de la jurisprudencia romana, sino a la elaboración científica que siguió las huellas de Savigny. Volvemos pues a la escisión entre los métodos de la jurisprudencia romana y la ciencia jurídica contemporánea.

La cuestión es quizá más general, ya que desde que Kirchmann[10] negó al derecho la dignidad de ciencia, se trata del problema, siempre vivo y abierto, discutido hoy por filósofos y juristas, de la posibilidad de una ciencia del derecho, de su objeto, de sus límites, de sus métodos[11].

Frente a este problema, yo pienso que sería ventajoso volver a las huellas de la secular experiencia romana, que durante dos mil años ha dominado la ciencia del derecho. En realidad, el mérito y la gloria imperecedera del derecho romano, reside, no en las innumerables leyes, que pueden perfectamente encuadrarse entre el infinito número de leyes del mundo antiguo y moderno y solo interesan con fines de comparación, sino en la jurisprudencia, que representa algo único en la historia del derecho.

Para los romanos, la jurisprudencia no es ciencia, en el sentido de búsqueda de una verdad objetiva, ni especulación abstracta en torno al ordenamiento jurídico, sino más bien actividad intelectual dirigida a conseguir lo que es justo y oportuno en la convivencia social. No al azar hablan de *iurisprudentia.* La *prudentia,* en rigor, no es la *sapientia,* la σοφία, el conocimiento en sí, sino más

8 Betti, *Diritto romano e dogmatica hodierna,* en Arch. Giur. 99, 129 sigts, 100, 29 sigts; *Diritto Romano* (Padua, 1935), pref., pág. X y sigts.

9 *Die Krise des röm. Rechts und die romanistiche Rechtswissenschaft,* (Munich, 1938).

10 *Die Werthlosigkeit der Jurisprudenz als Wissenschaft,* (Berlín, 1847) edición más reciente, cuidada por Neese (Stuttgart, 1938).

11 Cfr. sobre todo Scialoia, *Diritto pratico e diritto teorico,* en *Rivista di diritto comm.,* I, (1911), 441 y sigts.; Donati, B. *Fondazione della scienza del diritto* (Padua, 1929); Bobbio, *Scienza e tecnica del diritto* (Turin, 1934); Carnelutti, *Scienza del diritto,* en *Discorsi intorno al diritto* (Padua, 1937), 70 y sigts.; *Metodologia del diritto* (Padua, 1939); Capograssi, *Il problema della scienza del diritto,* (Roma, 1937); *Leggendo la metodo logia di Carnelutti,* en *Riv. di Fil. del dir.,* 20 (1940), 21 y sigts.; Calamandrei, *Il nuovo proceso e la scienza giuridica,* en Riv. *di dir. proc.* 18 (1941) 53 y sigts.; Jemolo, *I concetti giuridici,* en *Atti della R. Accademia delle scienze di Torino,* 75 (1939-40) 246 y sigts.; Gorla, *L'interpretacione del diritto* (Milán, 1941), 37 sigts. (interesante es también la introducción, que contiene una valiosa confesión del autor); Pugliatti, *La logica e il concetto giuridico,* en *Riv. di dir. comm.* 39 (1941), 197 y sigts.; Torri, *Carattere scientifico ed autonomo della giurisprudenza,* en *Riv. di dir. comm.* 39 (1941), 338 y sigts.; Pugliese, *Diritto romano e scienza del diritto* en *Ann. della R. Università di Macerata,* 15, 1941). Para un penetrante análisis de la literatura, especialmente extranjera, véase Leoni, *Il problema della scienza giuridica,* (Turin 1940).

bien la φρόνησις que consiste, como dice Cicerón, en la *rerum expetendarum fugiendarum scientia*[12], es decir, arte dirigido a alcanzar unas cosas y evitar otras.

La *prudentia iuris* no tiene fin especulativo, sino práctico, a saber, sugerir el buen obrar en el campo del derecho. Por esto se pudo definir como *divinarum atque humanarum rerum notitia, iusti atqu, e iniusti scientia*[13]. Esta definición, que hacía reír a Ludovico Antonio Muratori[14] y a Barnaba Brissonio[15], es ciertamente sorprendente. Se ha intentado explicarla históricamente, recordando precedentes filosóficos, y también la vieja confusión entre derecho y religión[16].

Pero en realidad, tal definición, corresponde al concepto tradicional que tenían los romanos del *inris prudens.* Este no pretende investigar una verdad científica, a través de una elaboración lógica, sino alcanzar un resultado práctico, como es la actuación de la justicia en la convivencia social. El *iuris prudens,* a diferencia de los filósofos griegos, que amaban apartarse del mundo para no ser perturbados en sus pensamientos, vive en la realidad práctica, capta sus necesidades y con gran prudencia logra resolver los inevitables conflictos de intereses, de una manera justa. Todo ello presupone el conocimiento pleno de la realidad, en su integridad y en la multiplicidad de sus relaciones. El conocimiento de las cosas humanas y divinas se requiere no por ellas mismas como objeto de conocimiento, sino como presupuesto científico para actuar la justicia, que es el fin esencial de la *inris prudentia.* La definición viene a indicar que la ciencia no está separada de la vida, sino que sirve a la vida. Ulpiano no transporta íntegro al derecho lo que Cicerón dice para la *prudentia* en general[17], sino que con la aposición *iusti atque iniusti scientia,* adapta la noción de *prudentia* al derecho. El *iuris prudens* no es el especialista en un determinado sector de la ciencia; solo es la persona prudente en el campo del derecho, y la jurisprudencia supone el pleno conocimiento de la vida y de los fines del derecho.

Los juristas se llamaban precisamente *prudentes o prudentiores* por autonomasia; no es tampoco casual que los más antiguos juristas fuesen los pontífices, ya que en la antigua confusión entre religión y derecho, se considera a los sacerdotes como las personas más justas y prudentes. Acilio era llamado *sapiens,* porque al decir de Cicerón, *prudens in iure civili putabatur*[18]. Pomponio recuerda que Sempronio, hombre *maximae scientiae,* era llamado por el pueblo σοφός, advirtiendo que a nadie se le llamó de esta forma ni antes ni después[19]. Pródigos en sus consejos con todos, se les consultaba tanto *ambulantes* como

---

12 De off. I, 43, 153.

13 Fr. 10, 2, D. 1, 1.

14 *Dei defetti della giurisprudenza,* ed cuidada por A. SOLMI, (Roma, 1933), 34 sigts.

15 *Opera minora,* ed. Trekelle (Lyon, 1794) 10 sigts.

16 SENN, *Les origines de la notion de jurisprudence,* (París, 1926); DONATI, *La definizione di Ulpiano della iurisprudentia e la interpretazione del Vico,* en *Arch. Giur.* 98 (1927), 51 sigts.

17 De off. I, 43, 153; II, 2, 5; Tusc. 4, 26, 57; véase también Séneca Ep. 1 (89) 4.

18 Lael. 6.

19 Fr. 2, 37 D. 1, 1.

en *solio sedentes, non solum de iure civili verum etiam de filia conlocanda, de fundo emendo, de agro colendo, de omni denique aut officio aut negotio*[20].

El derecho no se aparta de la vida como entidad aislada. El ámbito de conocimiento del jurista no está limitado, sino que se extiende por toda la esfera de las relaciones humanas y divinas, en lo que pueda interesar al derecho. Basta considerar qué conjunto de conocimientos técnicos suponen las *leges Manilianae, o* los formularios de Varrón y la casuística de los vicios redhibitorios para comprender en qué manera tales conocimientos eran utilizados con fines jurídicos.

Quien aislado de la realidad se encierra íntegramente en su pensamiento, será para los romanos un filósofo, nunca un *iuris prudens.* Cuando le preguntan qué es un verdadero jurista *(quinam iuris consultum vere nominaretur),* Cicerón responde que lo es quien, conocedor de leyes y costumbres, *al respondendum, et ad agendum et ad cavendum peritus esset*[21], de forma que *omnia sunt posita ante oculos, collocata in usu cotidiano, in congressione hominum atque in foro*[22].

A esta función de la *iurisprudentia* se adapta la celebérrima definición de *ius* presentada por Celso, como *ars boni et aequi* a la que corresponden las palabras de Ulpiano, para quien los juristas profesan *et boni et aequi notitiam*[23]. Esta definición, repetida durante siglos con profunda veneración, pasa en silencio entre los modernos, cuando no es acerbamente criticada. A lo más viene incluida entre los varios centenares de definiciones del derecho en torno a las cuales se afana la ciencia.

Prescindiendo de la cuestión de si la definición contempla todo el campo del derecho o solo la *interpretado prudentium* y de si *ars* deba entenderse como sistema o más bien como ciencia, es evidente que, para los romanos, el derecho tiende al *bonum et aequum,* es decir al bien y a la justicia en la convivencia social. La ecuación derecho y justicia es perfecta. Cicerón exalta de Sulpicio la *admirabilis quaedam et incredibilis ac poene divina eius in legibus int, erpretandis aequitate explicanda scientia* hasta el punto de calificarle *non magis iuris consultus sed iustitiae*[24]. De Aquilio Gallo recuerda que *iuris civilis rationem nunquam ab aequitate seiunxit* y que con él nació *non scientia solum quaedam verum etiam bonitas*[25]. También en el periodo monárquico la *interpretatio* se califica de *explanatio aequitatis*[26].

En algún momento histórico, el derecho puede también no estar de acuerdo con la justicia, pero el desequilibrio es superado, apenas se nota en la conciencia social. Si prescindimos de la fase más arcaica, en la que por otra parte el contraste entre derecho y equidad quizá no se percibía, ya en el siglo VII de Roma la jurisprudencia estaba integramente dirigida a adaptar la tradi-

---

20 De orat. 3, 3, 133.

21 De orat. 1, 48, 212.

22 De orat. 1, 43, 192.

23 Fr. 10, pr. D. 1, 1.

24 Phil. 9, 5, 10.

25 Pro Caec. 27, 78.

26 De rep. 5, 2, 3.

ción jurídica según los preceptos de la *aequitas*[27]. Las referencias a la *aequitas,* que figuran incluso en las monedas[28] son muy frecuentes en Cicerón[29] quuien afirma incluso que *in iudiciis, quid aequum sit quaeritur*[30]. La correlación entre *aequitas* y *ius,* definido por Celso como *ars boni et aequi* se perpetúa en la jurisprudencia clásica[31].

La *aequitas,* entendida como justicia no es una entidad distinta y muchas veces contrapuesta al derecho, sino el derecho mismo. La jurisprudencia con su sagaz interpretación y el pretor con todo el bagaje de los medios sugeridos por los juristas logran siempre restablecer una situación de justicia, de forma que Cicerón podía afirmar bien que *iuris omnis ratio* se divide en dos partes: *divinum et humanum ius;* la primera es la *religio,* la segunda la *aequitas*[32]. Bastaba en efecto oponer la *exceptio doli,* para que cualquier pretensión aun fundada en la ley, fuese paralizada siempre que pareciese inicua. Frente a las lagunas de la ley el remedio se encuentra siempre: *vel interpretatione vel certe iurisdictione suppleri*[33].

Así se explica que el jurista pueda ser *iuris auctor.* Esta concepción a nosotros, modernos, parece exorbitante. No es fácil hoy comprender como el jurista romano podía ser *iuris auctor,* cuando ningún jurista moderno, por sabio y autorizado que sea, y por más que haya vertido en una serie de volúmenes tesoros de agudeza incomparable, puede abrigar la pretensión de tener influencia directa en la práctica del derecho.

Pero el jurista romano no es el hombre de ciencia que medita y elabora sistemas y doctrinas, que escribe volúmenes nutridos de sabiduría y erudición, sino más bien el *prudens,* que en contacto con la vida, con fina percepción e incomparable prudencia, logra satisfacer las necesidades sociales en el ámbito del derecho. Quizá nosotros no tenemos términos y conceptos adecuados para reflejar la situación. Decir que el jurista crea el derecho, que la jurisprudencia es fuente del derecho, son expresiones imperfectas cuando derecho y jurisprudencia se entienden como las entendemos los modernos. Si el derecho se concibe como imposición y la jurisprudencia como actividad teórica en torno al derecho, debemos concluir que en tal sentido, ni siquiera la jurisprudencia romana es fuente del derecho. El jurista romano no impone a sus conciudadanos el producto de sus especulaciones, sino más bien sugiere fórmulas y

---

27 STROUX, *Summum ius, summa iniuria,* en Ann. Sem. giur. Palermo, 12 (1929) 647 y sigts.

28 LANGE, *Die Wörter «Acquitas» und «Iustitia» auf röm. Münzen,* en Z. *Sav. St.,* 52 (1932), 296 sigts.

29 Véase COSTA, *Cicerone giureconsulto,* I, 29 y sigts.

30 De inv. 2, 4, 12. Véase también PRINGSHEIM, Z. Sav. St. 42 (1921) 643 sigts.; 52 (1932) 86 sigts.; que ha declarado interpolados, no pocos textos que se refieren a la *aequitas,* concluye ahora que la *aequitas* «noch beherrscht in klassischer Zeit das ganze Rechtsgebiet» (Acta Cong. Iuris Intern. I, 1935, 129); véase RICCOBONO, *aequitas* en Nuovo Dig. ital.; ARNO, *Ars boni et aequi* en *Atti R. Acc. Scienze di Torino,* 75 (1939-40).

31 ARNO, 1. c. cree que los servianos tenían una concepción distinta; pero no aparece disenso alguno entre los juristas sobre este punto.

32 De part. orat. 37, 129.

33 Fr. 13 D. 1, 3, (Ulp. 2 ad ed. cur.).

expedientes que satisfagan una necesidad social y propone decisiones que responden a la justicia. Todo esto necesitaba un reconocimiento formal, pero no se exigía la imposición de una autoridad extraña, de igual manera que una obra de arte se impone y un tratamiento médico o un mecanismo técnico actúan sin ninguna coacción. Cuando se descubra un remedio para el cáncer no creo que sea necesaria una ley para imponerlo.

Por esto en *Ius civile* se formó en su mayor parte fuera del Estado, precisamente por obra de los *iuris conditores.* El Estado interviene para asumir y acoger las sugerencias de la jurisprudencia, para revestir de autoridad absoluta la opinión de una persona aislada que no puede tenerla por sí. Se puede decir que la jurisprudencia fue en substancia el órgano encargado en Roma de la determinación de la justicia.

Pero todo esto pudo acaecer porque la jurisprudencia no tenía carácter especulativo y los juristas más que doctrinarios eran verdaderamente sacerdotes de la justicia.

Cuando el jurista romano satisface una necesidad de la vida, cuando presenta una solución conforme al *ius* y al *aequum,* ha cumplido plenamente su misión. Nosotros esperamos todo de la ley, los romanos, en cambio, esperaban todo de la sabiduría del *iuris prudens.*

orgullo y la gloria de sus juristas: satisfacer las necesidades de la vida con arreglo a la justicia. El progreso científico para los romanos, si es que cabe hablar de progreso, significa solo esto: pensar sistemas y construcciones, arbitrar medios y procedimientos para alcanzar siempre mejor y del modo más rápido e inmediato la meta de la ciencia jurídica, que es la actuación de la justicia. Todas las doctrinas y razonamientos no tienen otro objetivo: la lógica que los griegos ejercitaban en el campo especulativo, la ejercitan los juristas romanos con finalidades prácticas en el campo del derecho.

Me limitaré solo a algunos ejemplos.

Pedio presenta la doctrina general de la *conventio* y afirma que *conventionis verbum generale est,* no por el placer de construir una teoría general del negocio bilateral, sino porque a través de la doctrina de la *conventio* podía afirmar *nullum esse contractum nullam obligationem, quae non habeat in se conventionem*[34]. Ulpiano llama elegante esta doctrina, no por la construcción general de *conventio,* sino en cuanto de esa construcción se deducen consecuencias oportunas. Aristón, siguiendo la tradición secular, a fin de alargar el ámbito de las relaciones reconocidas por el *ius civile,* afirma que si en algunos casos *in alium contractum res non transeat, subsit tamen causa, esse obligationem*[35]; tampoco esta doctrina, calificada por Ulpiano de elegante, tiene la finalidad de ofrecer una teoría general sobre la causa, sino que por medio de esta tiende a reconocer nuevas figuras jurídicas. El jurista habla de causa, pero no pretende hacer disquisiciones teóricas y enuncia su pensamiento solo por vía de ejemplo (*ut puta*). Sabino, cuando afirma que la adición de una *certa res* o del plazo o de condición imposible en la *heredis institutio* se debe considerar como no puesta, no pretende violentar la voluntad del testador, que se considera siempre sa-

34 Fr. 1, 3 D. 2, 14 (Ulp. 4 ad ed.).

35 Fr. 7, 2, D. 2, 14 (Ulp. a ad ed.).

grada, ni llegar a aquella conclusión por el deseo de decir cosas nuevas, sino para satisfacer la necesidad práctica, profundamente sentida en esta época, de mantener en píe la *heredis institutio;* hasta tal punto es esto cierto, que nada de eso se aplica a la desheredación ni a los actos inter vivos, aunque sean a título gratuito. Suprimamos esta finalidad práctica y la famosa regla catoniana, constituye, como ocurrió durante siglos un misterio. Túberon enuncia el famoso principio por el que en el testamento *prior atque potentior est quam vox mens dicentis*[36], no para presentar una doctrina de la voluntad, sino para liberar la voluntad, como generatriz de efectos jurídicos de los *verba,* que se convierten así en simple medio de manifestación de aquéllas. Aquilio Gallo sugiere la fórmula de una *stipulatio* accesoria para hacer posible la *acceptilatio verbis* respecto a las obligaciones que nacen de otras fuentes y sugiere también una forma testamentaria particular, que aun respetando los principios tradicionales, permite la substitución de determinados póstumos. Quinto Mucio encuentra el recurso genial de la *cautio* que lleva su nombre para dar actuación práctica a las obligaciones bajo condición potestativa negativa. Sabino afirma que en la compra-venta la contraprestación puede estar representada también por una cosa, de forma que sea posible *per permutationem rerum emptionem et venditionem contrahi;* y en apoyo de esta herejía aduce la consideración de que la permuta es antiquísima y cita cuatro versos de Homero[37]. El argumento hace sonreír. Pero esta herejía tenía la finalidad de reconocer la permuta que hasta entonces era ajena al *ius civile.* Los *diversae scholae auctores* sostienen que el legado *per praeceptionem* hecho al extraño es eficaz, eliminando la sílaba *prae*[38] para que surta efecto de acuerdo con la voluntad del testador.

Los ejemplos podrían multiplicarse, pues bastaría con exponer una buena parte del *ius civile.*

Con frecuencia, especialmente en los tiempos más antiguos, el derecho es un producto de una serie anónima de juristas que durante siglos dieron su aportación de sabiduría y cuyos nombres se pierden bajo la denominación de *ius civile.* Así se reconocen una a una las distintas servidumbres y contratos, igual que las disposiciones testamentarias. La garantía por evicción se considera inherente al mismo contrato de compraventa. La prohibición de la Lex Cincia se transforma en el sistema de la *donatio perfecta.* Una larga serie de juristas, hoy anónimos, han trabajado incesantemente en el desarrollo del derecho.

Si pudiésemos conocer qué argumentos utilizaron los *iuris prudentes* para llegar a esos resultados, de qué modo se sirvieron de los pocos preceptos tradicionales para llegar a conclusiones nuevas; si, en otros términos, más que conocer los resultados de la *interpretatio,* tuviésemos noticia de todo el proceso lógico de su formación, comprenderíamos mejor qué objeto tenía para los romanos la ciencia del derecho, cuáles fueron las directrices y métodos de su dialéctica.

36 Fr. 7, 2 D. 33, 10 (Celso 19 dig.).

37 Gai. 3, 141.

38 Gai. 2, 221.

El *iuris prudens* guía también la práctica. La jurisprudencia cautelar, sugiriendo oportunas *cautiones* redactadas con el mayor escrúpulo y prudencia, colma las deficencias de la ley. Y es así que la jurisprudencia, sin ninguna intervención legislativa, apoyándose solo en algunas decisiones de las XII Tablas logra crear una nueva forma de testamento; en realidad el testamento civil de la época clásica, que sirvió de base al pretorio y al justinianeo, no es más que la *manicipatio* adaptada a las finalidades del testamento. Esta adaptación es quizá la obra maestra de la antigua jurisprudencia. Cuando las formas arcaicas resultaban no solo engorrosas, sino también incompatibles con el carácter patrimonial que había adquirido la *hereditas,* no se hace una ley que cree de la nada una nueva forma: basta que la jurisprudencia adapte la vieja *mancipatio* para lograr el fin deseado. Entre *manicipatio* y testamento la antítesis era profunda: la primera es acto bilateral, *inter vivos,* irrevocable; el segundo en cambio es unilateral, *mortis causa,* revocable. Sin embargo, la jurisprudencia, con oportunas modificaciones en las fórmulas de la *mancipatio* consiguió dar a este acto la función de testamento.

También en el ámbito de la práctica surge la institución de la legítima: se anula el testamento con el pretexto de que el testador no gozaba de todas sus facultades mentales, por el solo hecho de que no había tenido en consideración, sin motivos plausibles, a algunos herederos legítimos. Construcción arbitraria y extravagante, diríamos hoy; sin embargo, fue una doctrina genial que nada vale como teoría y parece absurda en la realidad, pero que a los contemporáneos se debió presentar como un magnífico descubrimiento, ya que de esta forma se lograba admitir la institución de la legítima que reclamaba la conciencia social.

Al jurista romano tampoco le repugna sugerir medios oportunos para burlar la ley, cuando esta no parece responder ya a la conciencia social; así apunta subterfugios y expedientes para excluir a las mujeres de la tutela, cuando esta aparece desprovista de función y favorece el desarrollo del fideicomiso, que, nacido, como dicen los mismos juristas con fines de fraude, sirve para suplir las deficiencias del legado.

Tal fue la actividad gloriosa de la jurisprudencia romana; esos fueron sus descubrimientos en el campo del derecho, que en la sociedad romana tenían la misma repercusión que hoy los descubrimientos en el ámbito de las ciencias físicas y naturales. La genialidad del jurisconsulto romano se mide a la luz, no de las fórmulas abstractas que presenta, sino de la satisfacción de las necesidades prácticas.

Sentado esto, discutir si los juristas romanos han sido teóricos o prácticos, es cuestión ociosa porque tal separación no tenía para ellos sentido. Pero si se quiere adoptar el lenguaje moderno, podemos decir que fueron teóricos y han hecho teoría, pero también es verdad que hicieron lo que Scialoja[39] llamaba "teoría útil" y en esto fueron maestros inigualables. Atendían a las necesidades de la práctica del modo más simple y oportuno, sin partir de premisas teóricas, sin llegar a conclusiones abstractas. Así por ejemplo, se provee a la vida de los entes colectivos, sin construir una entidad jurídica que se coloque a la altura de la personalidad humana; y frente a la realidad del *populus roma-*

39 Obra citada, 441 y sigts.

nus y la corporeidad viva de las magistraturas, no se piensa en teorizar sobre el concepto de Estado y de soberanía.

Y precisamente porque la jurisprudencia romana huye de las abstracciones y disquisiciones meramente teóricas, ciencia y derecho positivo están íntimamente compenetrados hasta tal punto que del *ius civile* se podía decir que *in sola interpretatione prudentium consistit,* y los *Digesta* de Justiniano, que tenían eficacia legislativa, podían estar tomados de la jurisprudencia romana. ¿Se podría decir lo mismo de la jurisprudencia moderna? ¿Sería posible formar con las obras científicas contemporáneas una compilación que, como el Digesto, tuviese valor de código?

La jurisprudencia, precisamente por el fin que se propone y alcanza plenamente, ocupa altísimo puesto en la conciencia social. El jurista romano no es el practicón o leguleyo descrito por Cicerón como *praeco actionum, cantor formularum, anceps syllabarum*[40], ni el teórico solitario que con todas sus doctrinas deja indiferente a los contemporáneos, sino más bien la persona de genio, que en el contraste de los intereses y en el tumulto de la vida sabe encontrar la solución oportuna y justa.

De esto deriva la máxima consideración que los romanos muestran por los *iuris periti.* Están colocados a una altura social que nunca alcanzaron en ningún tiempo o lugar. Su casa *sine dubio* se considera *oraculum civitatis*[41]. Pomponio nos dice que *plurimi et maximi* han profesado la ciencia del derecho y que *maximos dignitationis apud populum romanum fuerunt*[42]. Cicerón[43] califica de *principes civitates* a P. Scaevola, Manilio y Bruto. Su posición se puede comparar a la del gran estadista o caudillo genial y a veces se le menciona en primer lugar[44]. Mientras todas las actividades humanas o en el ámbito de la *locatio* o *extra ordinem* reciben recompensa pecuniaria, tal ventaja está prohibida al *iuris peritus.* Ulpiano, sentado que *praeses provinciae de mercedibus ius dicere solet*[45] trata de los retóricos, gramáticos, geómetras, médicos y filósofos, admitiendo para todos una retribución, aunque para los últimos observa que *eos oportet mercennariam operam spernere*[46], pero cuando considera la jurisprudencia, afirma que *est quidem res sanctissima civili sapientia, sed quae pretio nummario non sit aestimanda nec deshonestanda*[47].

La estimación que los romanos tenían de la jurisprudencia supera quizá la que ningún pueblo pueda tener por la ciencia, ya que comprendían bien que el jurista tiende a algo mas alto que a conseguir una verdad científica y procura alcanzar una meta casi divina, actuando la justicia en la convivencia social.

---

40 De orat. 1, 55, 236.

41 Cic. de orat. 1, 45, 200.

42 Fr. 2, 35 D. 1, 2.

43 De fin. 1, 4, 12.

44 Liv. 39, 40: *ad summos honores alios scientia iuris, alios eloquentia alios gloria militaris provexit;* véase también Cic. de off. 2, 19, 65; de orat. 1, 45, 199.

45 Fr. 1, pr. D. 50, 13 (8 de omn. trib.).

46 Fr. 1, 4 D. eod.

47 Fr. 1, 5 D. eod.

Desde los antiguos pontífices hasta Paulo y Ulpino, los juristas están siempre a la altura en que les colocaba la opinión pública y se muestran dignos de su misión, pues aún frente a las más variadas transformaciones jurídicas y políticas continúan la tradición gloriosa, conscientes en todo momento de la función que se les había asignado.

También cuando se desarrollan los órganos legislativos y el derecho se encamina hacia su transformación en estatal, la jurisprudencia no reniega de su propia misión, sino que guía siempre el movimiento del derecho a través de los órganos legislativos. No solo *responsa* y *cautiones,* sino también edictos y fórmulas, incluso antes de la *ordinatio* de Juliano y en fin rescriptos y decretos imperiales provienen en substancia de los juristas. Tras los fascios del magistrado y en el pretorio del príncipe encontramos siempre a los juristas, que constituyen la clase selecta, encargada, aunque sea a través de los heterogéneos órganos del Estado, de la altísima tarea de mantener el derecho siempre en contacto con la vida. La obra del jurista se hace incluso más vasta y profunda, aunque menos aparente: emergen nombres de pretores y de príncipes más que de juristas; pero en todo momento es el jurista el que, tras la actividad del pretor o príncipe, guía la actividad legislativa[48].

Naturalmente, los esfuerzos lógicos y las acrobacias que los juristas realizaban en el ámbito del *ius civile,* resultan menos necesarias frente a la autoridad del legislador. Cuando el jurista puede sugerir al pretor que conceda una *actio in factum* o una *exceptio* o puede aconsejar al príncipe que intervengan, ¿para qué puede servir, por ejemplo, el esfuerzo de Sabino intentando encuadrar la permuta en el campo de la compraventa o la fatigosa construcción de Aristón para reconocer *nova negotia,* desde el momento en que el pretor puede otorgar una *actio in factum?*. Por ello, Trebacio, interrogado por Augusto sobre si el codicilo era absolutamente *absonans a iuris ratione* se limita a responder que era *utilissimum et necessarium*[49].

Y precisamente porque el jurista romano el movimiento del derecho, rarísima vez incurre en la crítica pasiva de la ley que encontramos entre los griegos y que es uno de los motivos predilectos de los modernos: la jurisprudencia tiene, en efecto, medios y autoridad para intervenir más o menos directamente, para adaptar también las instituciones arcaicas a las nuevas necesidades. La crítica, con frecuencia se ejercita *a posteriori,* cuando la ley ya ha desaparecido[50].

Quizá en ningún país los juristas han tenido tanta influencia en la formación del derecho, porque el jurista romano no es el pedestre exégeta de la lev, ni el dialéctico que vaga en el empíreo de la especulación abstracta, sino el prudente que sabe adaptar el derecho a las necesidades de la vida.

---

48 A veces la intervención de los juristas se declara explícitamente; véase p. ej. fr. 29, pr. D. 31 (Cels. 36 dig.): *pater meus referebat, cum esset in consilio Duceni Verri consulis, itum in sententiam suam;* 3, D. 28, 4 (Maro. 29 dig.): *proxime in cognitione principis... plerique existimabant quod sane sequendum aiebam;* 12, pr. D. 20, S (Tryph. 8 disp.): *rescriptum est ab imperatore libellos agente Papiniano;* véase también la referencia en fr. 17 D. 37, 14 (Ulp. 11 ad leg. Iul. et Pap.).

49 Inst. 2, 25, pr.

50 Véase PEROZZI, *Di alcune censure* cit. 11 y sigts.

Derecho positivo y política del derecho, interpretación y creación del derecho, teoría y práctica son distinciones vanas para un jurista romano, porque estas entidades que nosotros separamos agudamente, se concentran en la persona del jurista, quien con razón podía llamarse sacerdote de la justicia.

La jurisprudencia recorre todo el campo del derecho y no conoce especialistas, como prueban las obras de los juristas romanos: la justicia es una y no tolera compartimientos estancos; el método para alcanzarla es siempre el mismo en todos los terrenos. Hay sin embargo una zona ante la cual la *iuris prudentia* parece casi detenerse, precisamente frente a ese *ius quod ad statum rei romanae spectat.* Todo lo que afecta al *populus romanus* desborda la actividad del jurista, ya que es un campo al que no está llamado el *iuris prudens,* sino el político; no corresponde, sin duda, a los *iuris prudentes* sugerir el régimen o transformaciones políticas, como con arte finísimo pueden hacer en el ámbito de las relaciones entre individuos. Mientras los *iuris prudentes* directa o indirectamente han llevado a cabo las más radicales revoluciones en la órbita privada, permanecen ajenos al sistema y cambios políticos, que corresponden a César y a Augusto más que a Aquilio Gallo y Labeón.

En este campo se puede teorizar mucho, como demuestran las profundas disertaciones modernas, y magnífico pretexto para disquisiciones dogmáticas podían proporcionar los conceptos de *populus, senatus,* o *princeps.* Pero precisamente es esta vocación la que falta al jurista romano.

Esto explica que la producción publicista sea modesta, aunque se trate de los mismos juristas que fueron maestros incomparables en el derecho privado.

Aunque de esto conocemos muy poco, carácter de anales tenían las obras de los juristas republicanos, coetáneos de aquellos que precisamente *fundaverunt ius civile,* como los *libri magistratuum,* de Sempronio Tudetano; los *libri de potestatibus* de Junio Graccano, el *liber tribuum* y los *libri augurum* de Terencio Varrón, los *libri fastorum* de Sabino. Y bien modestos son los libros sobre los *officia* escritos por Venuleyo, Marciano, Papiniano, Paulo y Ulpiano, limitados a una vulgar descripción de la competencia de cada uno de los magistrados y funcionarios imperiales.

En estos últimos tiempos se ha querido revalorizar el derecho público romano. Tenemos una vasta floración de investigaciones profundas, y hasta el establecimiento de la enseñanza de esta materia en nuestras universidades. Pero es preciso reconocer que no aparece ninguna doctrina o elaboración que pueda parangonarse a las del derecho privado. Basta confrontar el derecho penal público con el privado, la doctrina de la falsedad o del peculado con la del hurto o el *damnum iniuria datum,* para que resalte la pobreza de los estudios sobre los delitos públicos respecto a las magníficas elaboraciones sobre delitos privados. Esto deriva de la particular función de la jurisprudencia romana, puesta en relación con el diverso carácter del derecho público; aquí hay mucho que teorizar, pero precisamente para esta actividad el jurista romano no tiene vocación alguna y por tanto su tarea no puede ser otra que la de describir el ordenamiento del Estado en sus múltiples funciones.

Los romanos no conciben el derecho como imposición o razón abstracta, es decir a la luz de la autoridad o de la filosofía. Es una orden o una *ratio,* pero en función de la oportunidad social y de la justicia. El derecho aparece introducido *pro utilitate kominum*[51]. Según Paulo, *ius civile* es el que *omnibus aut pluribus in quaque civitate utile est*[52]; Cicerón afirma que los juristas *exercuerunt quoad populo praestare voluerunt*[53] y que los *fundamenta iustitiae* son: *primum ut ne cui noceatur, deinde ut communi utilitati serviatur*[54]. La *utilitas* se considera explícitamente, base del *ius privatum*[55]; del derecho pretorio se dice que fue introducido *propter utilitatem publicam*[56]; el *ius singuiare* se afirma que se establece *propter aliquam utilitatem*[57].

El derecho se presenta, pues, no como una verdad objetiva, sino como τεχνή[58] dirigida a la realización de la *utilitas* de cada uno en la convivencia social: no se trata por tanto de investigación y afirmación de verdades, sino de arte, técnica, sistema, destinados a conseguir para los individuos y para la colectividad la máxima *utilitas* compatible con la convivencia humana.

A esta noción de derecho se ajusta precisamente la ciencia del derecho, de forma que entre derecho y ciencia la armonía es tan perfecta, que la misma ciencia pudo ser fuente del derecho.

Derecho, ciencia del derecho, justicia, son para los romanos entidades inseparables. El derecho se concibe como la síntesis de la *utilitas* que engloba el concepto de justicia y esta se configura, no como un ideal o como algo objetivo, sino como *voluntas,* más explícitamente como *constans et perpetua voluntas ius suum cuique tribuendi*[59]; en los individuos, voluntad de observarla, en los juristas, de sugerirla, en los órganos del Estado de actuarla. Pero siempre voluntad, ya que el Estado tiene poderes suficientes y la jurisprudencia prepara los medios adecuados para ponerla en práctica. Aun la misma palabra *ius* se hace derivar por los romanos ingenuamente de *iustitia,* y una discordancia entre derecho y justicia no es ni siquiera concebible, a no ser como fenómeno transitorio o antítesis histórica. Muy pocas veces se declara impotente el jurista cuando la ley aparece inicua a la conciencia social[60] y es notorio que la oposición entre derecho y equidad es con frecuencia fruto de interpolación.

La búsqueda y actuación de la justicia no es para los romanos objeto de una ciencia aparte (filosofía, derecho natural)[61], sino más bien la misma *iurisprudentia* o ciencia del derecho. Como el artista tiene una sensibilidad peculiar y el pintor p. ej. ve y traduce en sus obras lo que otros no ven, así el jurista

---

51 Fr. 25 D. 1, 3 (Mod. 8 résp.).

52 Fr. 11 D. 1, 1 (Paul. 14 ad Sab.).

53 De leg. 1, 4, 14.

54 De off. 1, 10, 31.

55 Fr. 1, 2 D. 1, 1.

56 Fr. 7 D. eod. (Pap. 2 def.).

57 Fr. 16 D. 1, 3. (Paul. de iure sing.).

58 Cfr. KRELLER, *Röm. Rechtsgeschichte* (1936) 2 sigts.; véase en general RAVÁ, *Il diritto come norma tecnica* (Cagliari, 1911).

59 Fr. 10, pr. D. 1, 1 = Inst. 1, 1, pr.

60 Véase p. ej. fr. 12, 1 D. 40, 9 (Ulp. 4 ad ed.): *quod quidem perquam durum est, sed ita lex scripta est.*

61 OLGIATI, *La riduzione del concetto di diritto a quello di giustizia* (Milán, 1932).

romano tenía el sentido profundo de la justicia y prepara los medios para su realización.

Y precisamente porque el derecho no es ciencia que tienda a captar verdades eternas y universales, sino justicia, y la justicia se considera no como ideología sino como realidad concreta, los romanos tuvieron una sensación exacta de la extrema variabilidad del derecho. Nunca parten de una ideología o premisa teórica, sino que procuran actuar siempre la justicia, como la siente la conciencia social en los diversos momentos históricos. Por esto rehúyen instintivamente aprisionar el movimiento del derecho en fórmulas perentorias y absolutas. Unos de los méritos principales del derecho romano es su enorme elasticidad. Los romanos son tradicionalistas, pero no creen en la inmortalidad de los principios, que se conservan mientras parece oportuno y sufren desviaciones y adaptaciones sugeridas por las nuevas exigencias sociales.

Se ha observado con acierto que los romanos son el pueblo del derecho, no el pueblo de la ley[62]. Se puede decir incluso que en la constitución romana falta precisamente un órgano legislativo y una ley en el sentido moderno[63]. Las *leges* comiciales tienen carácter particularísimo; en todo caso representan solo algo secundario y lo mejor del derecho romano no está en ese millar de leyes, perdidas en su mayor parte. La legislación imperial afecta alguna vez con intensidad al ordenamiento jurídico, pero durante toda la época clásica es casuística: tampoco parte de premisas teórica ni llega a formular leyes generales, sino que busca siempre ajustar el viejo ordenamiento a las nuevas exigencias que poco a poco se van manifestando.

La jurisprudencia, desde la época de la república presenta la formulación de *regulae iuris,* considerándolas como preceptos básicos del ordenamiento jurídico: *nemo pro parte testatus, pro parte intestatus decedere potest: nemo alteri stipulari potest; actio ex nudo pacto non nascitur; regula catoniana;* el *filius familias nihil suum habere potest;* la *hereditas institutio* es *caput et fundamentum totius testamenti; superficies solo cedit,* incapacidad del póstumo, etc. Pero estas vetustas reglas nunca, ni aun por la misma jurisprudencia que las ha formulado se consideraron como verdades intangibles o conquistas de la ciencia. Tenemos por el contrario todo un movimiento, favorecido por la jurisprudencia, dirigido a su demolición dentro de los límites en que la exigían nuevas circunstancias. Se puede decir que ni una de esas reglas, aunque repetidas y transmitidas hasta la recopilación justinianea se mantuvo en la realidad. Pero precisamente porque se comprende el valor relativo de toda fórmula general, no se piensa en. invertir o cambiar la regla; más bien los viejos principios se van demoliendo gradualmente a medida que se presenta la necesidad de hacerlo[64]. Aun sin llegar a la ruda vehemencia con que Celso afirma que la vetusta regla catoniana *in quibusdam falsa est*[65], el proceso de demolición es general y constante. Se introducen excepciones y adaptaciones que se hacen siempre más numerosas, de forma que encontramos el fenómeno extrañísimo, único en el mundo del

62 Arangio-Ruiz, *La règle de droit et la loi dans l'antiquité classique,* en *Egipte contemporaine,* (1938), 17 sigts.

63 Biondi, *Interpretatio prudentium e legislazione,* en B. I. D. R. (1935), 145 y sigts.

64 Cfr. Riccobono, *Il dirittio romano indice del genio della stirpe,* (Roma, 1940).

65 Fr. 1, pr. D. 34, 7 (Cels. 35 dig.).

derecho, de que la regla tradicional, aunque formulada en términos absolutos, se perpetúa y se repite hasta Justiniano junto a una serie conspicua de excepciones e instituciones que reducen al mínimo su aplicación.

Todo esto no parecía anómalo a los romanos; y así p. ej. mientras Pomponio enseña que entre *testatus* e *intestatus naturaliter inter se pugna est*[66]; Papiniano puede afirmar tranquilamente y sin vacilar *nec absurdum videtur pro parte intestatus videri*[67]. También es sintomático que no despierte preocupación la coexistencia de una pluralidad de ordenamientos jurídicos (*ius civile, honorarium, extra ordine*), que continúan siempre ignorándose entre sí y de los que está tejida toda la historia del derecho hasta los últimos juristas clásicos. La jurisprudencia no se propone en nombre de la ciencia ninguna superación formal, sea porque fuese superflua o porque podía llegar a ser incluso peligrosa. Por tanto, también frente al vasto ordenamiento pretorio se sigue afirmando que el pretor *heredes facere non potest*.

El ordenamiento jurídico no se resiente nunca de ideologías apriorísticas o verdades científicas. La mejor ciencia jurídica es la que acompaña más estrechamente a las necesidades de la vida y logra satisfacerlas. Y precisamente por esta función y por la extrema ductilidad del ordenamiento jurídico, el tradicionalismo más tenaz puede conciliarse con las innovaciones más atrevidas.

Nosotros los modernos, demasiado habituados a cambios improvisados, ansiosos de novedades y desdeñosos del pasado, difícilmente podemos apreciar todo el valor de la tradición, que en el pensamiento romano no significa inmovilidad, sino tendencia eterna al perfeccionamiento. Una generación de juristas, aun en tiempos de profundas innovaciones sociales, no lanza por la borda lo que habían hecho las generaciones precedentes y ningún jurista tuvo nunca la veleidad de construir sobre nuevas bases la ciencia del derecho o de darle nueva orientación. Se prefiere tomar del pasado lo que aun es útil, de forma que, con el estímulo de las exigencias sociales, el ordenamiento jurídico se perfeccione incesantemente, para corresponder en todo momento a su finalidad. Los libros de Sabino y de Quinto Mucio continúan la tradición del *ius Aelianum,* igual que Pomponio, Paulo y Ulpiano no construyen nuevos tratados, sino que escriben comentarios *ad Sabinum* y *ad Q. Mucium.* Incluso cuando la ciencia del derecho avanzó más, los antiguos juristas, aun anteriores en tres o cuatro siglos, son siempre recordados como algo vivo.

Esto explica el estado de nuestras fuentes, en que vemos convivir como material jurídico, la ley de las XII tablas con las leyes de Severo y de Caracalla, decisiones de Servio y de los *veteres* con otras de Papiniano y Paulo.

El modo en que se desarrolló el derecho y en que los juristas romanos lo concibieron, hace bastante difícil condensar en una síntesis el derecho romano, sin correr el peligro de retrasarse en los principios vetustos o de llegar más allá de lo que realmente se alcanzó. El peligro no es imaginario y podemos decir que no se ha evitado del todo en nuestros estudios que, o presentan como derecho clásico lo que es solo *ius civile,* o afirman en cambio que los clásicos llegaron donde efectivamente no llegaron. La dificultad está no solo

---

66 Fr. 7 D. 50, 17 (Pomp. 3 ad Sab.).

67 Fr. 15, 2 D. 5, 2 (Pap. 14 quaest.).

en la separación, a veces incierta, entre las diversas épocas históricas, ni en las discusiones a que da lugar invariablemente toda investigación, sino más bien en la esencia misma del derecho romano, formado íntegramente por reglas y adaptaciones de estas, por principios generales y desviaciones concretas. Es más fácil disertar ampliamente sobre una determinada institución, de forma que se puedan captar las posturas y matices de la jurisprudencia, respecto a los principios tradicionales, su lenta, pero inexorable obra de erosión, que no presentar fórmulas rígidas y categóricas.

A esta concepción del derecho y a esta función de la ciencia se ajusta la orientación de la interpretación. Supuesto que *scire leges non hoc est verba earum tenere, sed vim ac potestatem*[68]; la jurisprudencia, más que proponerse la tarea de determinar una voluntad objetiva, encerrada en la ley, tiende a alcanzar un resultado socialmente útil y oportuno. Los confines entre interpretación creadora e interpretación meramente declarativa no eran precisos e incluso su determinación debía parecer ociosa ante la misión del jurista. Se afirma abiertamente que *legem enim utilera rei publicae... adiuvandam interpretationem*[69]; y por tanto se excluye que *quae salubriter pro utilitate hominum introducuntur ea nos duriore interpretatione contra ipsorum commodum producamus ad severitatem*[70]. Precisamente para conseguir esos resultados se ponen de relieve los más diversos elementos: a veces la *voluntas* o *sententia legis,* en otras ocasiones la *ratio,* pero con gran frecuencia el jurista invoca la *aequitas o* la *benignitas.* Alcanzar la *mens legis* no es para los romanos el fin último de la interpretación. Antes que tender a una voluntad cristalizada en una fórmula o admitir que esa voluntad varíe hasta el infinito según las diversas épocas, prefieren asignar a la interpretación como fin esencial, la actuación de ese *bonum et aequum* como lo sienten las diversas épocas e instituciones. El mito de la voluntad del legislador como algo objetivo les es ajeno. Por ello, invocar sin más las *aequitas* o la *benigitas* era más útil a veces que cualquier razonamiento o sutil interpretación, y a los contemporáneos debía parecerles mucho más persuasivo. Esas invocaciones a las *aequitas;* tan frecuentes en la jurisprudencia civil y canónica hasta el siglo pasado, pero muy sospechosas a la crítica moderna y que la jurisprudencia moderna quiere ahora desterrar frente a la autoridad de la ley y la dignidad de la ciencia, parecían suficientes a los romanos, porque la *aequitas* no era la famosa *aequitas cerebrina,* sino la justicia tomada por el jurista directamente de la conciencia social.

Y precisamente porque los confines entre creación e interpretación no eran precisos y el concepto del jurista como *iuris auctor* no suscitaba el escándalo que produce en los modernos, ni la ley ni la jurisprudencia ponen límites formales a la interpretación. Todas las habilidades técnicas (interpretación declarativa, extensiva, restrictiva, analógica), todos los criterios de interpretación individualizados por la hermenéutica moderna (elemento lógico, gramatical, histórico, etc.), son aplicados, pero no como reglas absolutas. La analogía, que las legislaciones modernas contemplan con extremada desconfianza, es el instrumento más ampliamente utilizado por los romanos para el desarrollo del

68 Fr. 17 D. 1, 3 (Cels. 26 dig.).

69 Fr. 64, 1 D. 35, 1 (Ter. Clem. 5 ad leg. Iul. et Pap.).

70 Fr. 25 D. 1, 3 (Mod. 8 resp.).

derecho, y a través de la analogía son reconocidos buena parte de las instituciones del *ius civile.*

Se enuncian y se aplican numerosos preceptos de interpretación pero estos tenían solo valor lógico, limitado al caso decidido; únicamente adquieren alcance general y eficacia jurídica cuando aislados de su contenido, son acogidos por Justiniano, con preferencia en el tít. del Digesto 1, 3. Así p. ej., Paulo afirma que *minime sunt mutanda, quae interpretationem certam semper habuerunt*[71] y que *optima enim est legum interpres consuetudo*[72]. Pero estas máximas, enunciadas solo ocasionalmente, y que entendidas a la letra hubiesen condenado al ordenamiento jurídico a la inmovilidad, distan mucho de ser aplicadas rigurosamente, como atestigua todo el desarrollo del derecho romano.

La interpretación nunca está trabada por vínculos formales, que impidan la evolución del derecho y la consecución de un resultado que parezca justo. Por grande que sea la fuerza de la tradición, esta no impide que los juristas sugieran la aplicación amplísima de medios pretorios y extraigan un principio general de un rescripto en abierto contraste con las vetustas reglas del *ius civile.* En la serie de rescriptos, que se hacen progresivamente más numerosos, los juristas, con arte finísimo, distinguen la parte caduca, debida a una necesidad temporal, cuando no, como ocurre a veces, al capricho o benevolencia personal del príncipe, de los que, aun estando dirigido a una sola persona, y contemplando un caso aislado, suponen una nueva directriz y por tanto se consideran dotados del valor de principios generales, incluso opuestos a los antiguos.

En este caos de instituciones que surgen y de instituciones que declinan, de disfavor y favor, de desarrollos y restricciones, la jurisprudencia, no vinculada por ningún vínculo formal ni reglas absolutas, se inspira siempre en las necesidades de la vida, para ejercitar continuamente su tarea que fue la de actuar la justicia.

Las cuestiones de método son ajenas a la jurisprudencia romana. Esas introducciones metodológicas que nosotros creemos indispensable anteponer a nuestros trabajos, no tienen significación para los romanos, ya que, aun sin ninguna afirmación programática, todos los juristas perseguían el mismo fin, y cualquier medio se considera idóneo para conseguirlo. Si un disenso sobre estas cuestiones no es ni siquiera concebible, el resultado podía ser naturalmente distinto, ya que el cerebro del jurista romano no era ni mucho menos una máquina, ni la justicia se presenta como una entidad perceptible con nuestros sentidos y por ello aprehendida por todos del mismo modo. De aquí el contraste de opiniones, del que está llena la historia del derecho de todos los tiempos. Pero estas discordancias no proceden de una diversa concepción teórica o de diverso método: se trata más bien de una diversa valoración de lo que pueda ser la justicia, que a veces representa algo subjetivo. Hay una justicia sobre la que todos están de acuerdo y a esta llaman los romanos *ius receptum,* pero hay campos en que la búsqueda de la solución justa y oportuna suscita dudas y discusiones.

---

71 Fr. 23 D. 1, 3 (Paul. 4 ad Plaut.).

72 Fr. 37 D. eod. (Paul. 1 quaest.).

Con frecuencia encontramos contrapuestos Servio a Mucio, Sabino a Próculo. Sobre esta última contraposición se ha discutido mucho y se seguirá discutiendo basta el infinito. Pomponio nos dice que Capitón *in his quae ei tradita fuerant perseverabat* mientras Labeón *ingenii qualitate et fiducia doctrinae... plurima innovare instituit*[73]. Pero esta opinión, repetida también por algún historiador moderno, resulta aventurada. ¿Es posible, en efecto, hacer pasar como tradicionalista a la escuela sabiniana, cuando es precisamente Sabino contra Labeón el que introduce la audaz regla sobre cancelación de condiciones imposibles en el testamento, mientras Labeón, escribiendo al mismo Capitón, concluye que *ratum tamem pensumque nihil haberet, nisi quod iustum sanctumque esse in romanis antiquitatibus legisset*[74]? ¿Y es en verdad tradicionalista Sabino, cuando, aunque sea para reconocer la permuta niega que en la compraventa la contraprestación deba estar representada por el *pretium?* Se ha fantaseado representando las dos *sectae* como contraposición entre animalistas y analogistas, naturalistas e idealistas, peripatéticos y estoicos. Pero la consideración del complejo de las controversias entre las dos escuelas conduce a la conclusión de que no existía entre ellas ninguna oposición de principios y de que las discordancias arrancaban, no de una orientación general, sino de una diversidad de opiniones sobre puntos aislados, y no es improbable que en la formación de la oposición haya contribuido la diversidad de las *stationes*[75], sin excluir la simpatía o antipatía fundada incluso en distintas tendencias políticas.

La lógica está en la base de la ciencia del derecho como de cualquier otra ciencia. No hay duda de que los juristas romanos ejercitaron la lógica más perfecta y de que sus argumentos son sólidos y convincentes. No sin razón, comenzando por Leibnitz, sus estudios se han parangonado a obras de geometría.

Pero el derecho no es para los romanos sistema plena y exclusivamente lógico, porque pretenden satisfacer las necesidades de la vida, que con sus mudables y complejas exigencias no siempre se sujeta a los rigurosos dictados de las buenas formas lógicas. Los romanos no consideran la vida como algo racional, sino como realidad. Por tanto la esencia del derecho, al no pretender imponerse a la vida, sino adaptarse completamente a ella, no tiende a fosilizar el derecho en un esquema rigurosamente lógico, sino que quiere aproximar el razonamiento jurídico a las exigencias prácticas[76].

---

73 Fr. 2, 47 D. 1, 2.

74 Gelio, 13, 12, 1.

75 Cfr. Baviera, *Le due scuole dei giureconsulti romani,* (Florencia, 1898), 120 sigts.; De Francisci, *Storia,* I, 474 sigts. Kreller, ob. cit. 51 sigts.; Arangio-Ruiz, *Storia,* (1940) 271 sigts.

76 Véase Bruns-Lenel, *Geschichte und Quellen des röm. Rechts,* en Holtzendorft-Kohler, *Encycl. der Rechtswiss.* 7, (1914), 1, 358 sigts.; Die Wissenchaft der römischer Juristen besteht, nicht in einem Suchen nach abstrakten Prinzipien und ihrer theoretischen Entwicklung, sondem sie ist rein praktisch, unmittelbar, durch das Leben und das praktisch Bedürfnis angeregt, unmittelbar auf dessen Befriedigung gerichtet»; De Francisci, *Storia del dir, rom.,* 2, 1 (1940), 20: «Los juristas romanos... son prácticos que no se dejan dominar por la lógica abstracta, sino que también cuando se sirven de ella la ponen al servicio de la acción, de la vida, que es algo más rico y complejo de cuanto pueda captarse en una red de silogismos»; véase ahora en general Jemolo, *ob. cit.* 263: «Donde hay grandes e importantes metas a alcanzar, no se puede descender a componer cuidados cuadros teóricos y asegurar que el

La fina dialéctica de los juristas romanos no se pierde en lo abstracto, sino que tiene la finalidad de llegar a un resultado que parezca justo. Se trata de la búsqueda, no de una fórmula teórica, sino de razonamientos que hagan parecer convincente lo que intuitivamente aparece justo. Construcciones y teorías jurídicas, que dan la medida de la genialidad del jurista, no tienen una finalidad especulativa, sino práctica, es decir, llegar a un resultado oportuno y convencer al ciudadano. La ficción es lo más anticientífico que se pueda imaginar; sin embargo es ampliamente utilizada por los juristas romanos, no ciertamente al azar, sino para conseguir determinados fines. Analogías y asimilaciones abundan, pero son ofrecidas no con un criterio exclusivamente lógico, sino teniendo presente el resultado: a veces el usufructo y el uso son asimilados a la servidumbre, a veces contrapuestos. Los juristas son habilísimos en deducir consecuencias de las premisas, pero no sacan todas las consecuencias que lógicamente se podían deducir, sino solo las que parecen oportunas. Así p. ej. frente a la concesión imperial que otorgaba a los militares en el testamento una *plenissima indulgentia* por la que podían testar *quo modo volent quo modo poterint,* bastando la simple *voluntas*[77], tanto que Caracalla podía decir que *iuris vinculum non subiciantur*[78] los juristas romanos liberan al militar solo de la observancia de la forma y de aquellos principios tradicionales que parecían ya alejados de la conciencia social[79].

El razonamiento tiene con frecuencia la finalidad de hacer persuasiva una conclusión que espontáneamente parece justa; se puede decir en cierto sentido, que primero nace la solución y luego la motivación, que es simplemente un medio para obtener un determinado resultado. Y por esto el jurista, de un modo expeditivo, se limita a invocar razones de equidad. La decisión en tales casos debía parecer tan justa que no era necesaria ninguna demostración.

Admiramos la lógica inexorable de los juristas romanos. Pero en realidad principios y reglas de derecho no se aplican nunca mecánicamente, con una lógica inflexible, ya que los juristas romanos comprendían bien que esto podía conducir a veces a un resultado aberrante e inoportuno. Celso advierte que *plerumque sub autoritate iuris scientiae perniciose erratur*[80], y Ulpiano afirma *de bona fide enim agitur, cui non congruit de apicibus iuris disputare*[81]. Ya en la época de Cicerón la frase *summum ius summa iniuria* constituía *tritum proverbium*[82].

La ciencia del derecho plantea para los romanos problemas no de lógica, sino de justicia. Precisamente por esto los razonamientos jurídicos hacen a veces sonreír a los profanos. Los juristas tienen su lógica en el sentido de que sus argumentos están siempre orientadas por consideraciones de justicia.

---

sistema formal es impecable, que todos los silogismos son correctos; y esto porque en la vida... los factores irracionales son harto más importantes que los racionales».

77 Fr. 1 D. 29, 1 (Ulp. 45 ad ed.).

78 c. 3 C. 6, 21.

79 Cfr. BIONDI, *Successione testamentaria* (Milán, 1942), 73 sigts.

80 Fr. 91, 3 D. 45, 1 (Paul. 7 al Plaut.).

81 Fr. 29, 4 D. 17, 1 (Ulp. 7 disp.).

82 De off. 1, 10, 33.

La jurisprudencia procede y obra por medio de algunos axiomas jurídicos, que no se fijan a priori por razones científicas, sino que, están tomados directamente de la conciencia social, para convertirlos en reglas y principios jurídicos. A veces estos axiomas se concretan en una tendencia favorable a una determinada situación o institución, que se traduce en la órbita del derecho en el *favor*, uno de los instrumentos más característicos de la jurisprudencia romana: *favor testamenti, libertatis, dotis,* etc. El número y la intensidad varían naturalmente en las diversas épocas históricas, pero es cierto que en donde se manifiesta, el *favor* constituye la orientación más general de la jurisprudencia. Si eliminamos el *favor,* el principio y la decisión resulta con gran frecuencia un misterio.

Frente a consideraciones de oportunidad se pliega y se adapta todo razonamiento, sin preocuparse de contradicciones y desarmonías. Escojo al azar, entre los infinitos ejemplos de que está llena la jurisprudencia romana.

Lógicamente, partiendo del carácter estrictamente personal del testamento, se debería excluir en absoluto la posibilidad de hacerlo *tutore auctore;* sin embargo esta conclusión se admite para el pupilo[83], pero no para la mujer, que puede testar perfectamente *tutore auctore*[84], ya que para la mujer la *auctoritas tutoris* es mera formalidad, por tratarse de una incapacidad que no tiene razón de ser. Basándose de nuevo en esa condición personal del testamento, debería ser rechazada la substitución pupilar, con la que el padre en definitiva, dispone de la *hereditas* del hijo, pero los juristas, ante la oportunidad de la institución, ni siquiera ven la dificultad. Sabino considera que la mención de una *certa res* en la *heredis institutio* debe tenerse por no escrita; lógicamente debiera decirse lo mismo de la *exheredatio,* puesto que no es posible que uno sea heredero *ex certa re;* es evidente que por efecto de la *exheredatio* el *filius* sería heredero *excepta re certa.* A pesar de todo ello, mientras es válida la institución *ex re certa* o *excepta re certa,* la *exheredatio ex re ceta* se declara nula precisamente porque *exheredationes autem non essent adiuvandae*[85]. También la misma regulación de la *heredis institutio ex certa re* está llena de contradicciones e incoherencias desde el día en que la jurisprudencia quiso superar la nulidad de las disposiciones y buscó dar actuación a la voluntad del difunto: la mención de la *certa res* se considera no puesta, pero se tiene en cuenta en la adjudicación; el heredero adquiere solo la cosa en que fue instituido, pero es siempre heredero y responde de las deudas; se plantea el problema de la Falcidia, pero no se rechaza la calidad hereditaria del instituido[86]. La distinción entre *dies cedens y dies veniens* por la que el legado solo bajo ciertos aspectos se entiende adquirido, es bastante discutible a la luz de la lógica abstracta, pero sin duda es oportuna, porque responde a determinadas exigencias prácticas.

83 Fr. 5, D. 28, 1 (Ulp. 6 ad Sab.); 1, 1, D. 27, 3 (Ulp. 36 ad ed.); 19 D. 28, 1 (Mod. 28. pand.).

84 Cai 1, 115 a; 2, 112-113; Tit. Ulp. 20, 15.

85 Fr. 19 D. 28, 2 (Paul, ad Vit).

86 Cfr. Biondi, *Successione testamentaria* cit. 226 sigts.

La jurisprudencia, para conseguir su fin se vale de todos los medios y de todos los conocimientos: medicina[87], religión, retórica, filosofía[88], historia, filología sirven al jurista, hasta el punto de que la jurisprudencia se define precisamente como *divinarum atque humanarum rerum notitia*. Jamás el jurista romano se encerró en un agujero. Así p. ej. sabemos que Catón *summus imperator, idem sapiens, idem orator, historiae conditor, idem iuris, idem rerum rusticorum fuit; inter tot operas militiae, tantas domi contentiones, rudi saeculo, litteras graecas aetate iam declinata didicit, ut esset hominibus documento, ea quoque percipi posse quae senes concupissent*[89]. De Labeon se cuenta que *in grammaticam sese atque dialecticam litterasque antiquiores altioresque penetraverit latinarumque vocum origines rationesque percalluerat*[90].

Todo se utiliza sin prevenciones o ideologías. Ni el orgullo nacional impidió a los romanos acoger normas e instituciones extranjeras como refiere Salustio[91], o insertar en el lapidario lenguaje jurídico latino, algunas palabras griegas, o aceptar las enseñanzas de la retórica.

Pero la filosofía que fructifica en Roma, no es especulativa, sino pragmática y moral, como corresponde al temperamento positivo de los romanos: penetra y se difunde, en efecto, más el estoicismo que Aristóteles[92]. Las especulaciones, que para los griegos constituyen la tarea más alta de la vida, para los romanos no son más que *otium*[93], considerado en alguna época tan deletéreo para la vida social, que un senadoconsulto del 161 a. C. autorizó al pretor para que prohibiese la estancia en Roma a retóricos y filósofos[94].

Más tarde la filosofía se extiende en Roma. Pero apasionan, no los problemas abstractos, respecto a los cuales el espíritu latino no siente ninguna vocación, sino más bien los de la vida práctica, que plantea y resuelve precisamen-

---

87 El jurista confiesa tomar de Hipócrates el plazo de la gestación: Fr. 3, 12 D. 38, 10 (Ulp. 14 ad Sab.); 12 D. 1, 5 (Paul. 9 resp.).

88 Sobre el influjo de la filosofía griega en la jurisprudencia romana véase: HILDEBRANDT, *Geschichte und System der Rechts und Staatsphilosophie,* 1 (Leipzig, 1880), 593 n. 3; COSTA, *La filosofia greca nella giurisprudenza romana,* Prolusione (Parma, 1892) y la literatura anterior citada en esta obra, pág. 33 sigts.; SOKOLOWSKI, *Die philosophie in Privatrecht* (1900-1902); STROUX, *Summum ius, summa iniuria* cit. 647 sigts.; *Griechiche Einflusse auf die römische Rechtsenwicklung* en *Atti Cong. Intern. di dir. rom.*, I, 113 sigts.; RICCOBONO, *Punti di vista critici e ricostruttivi,* en *Annali* cit. 12 (1929), 503 sigts,. KÜBLER, *Griech. Einflusse auf die Entwicklung der rom. Rechtswiss. gegen Ende der rep. Zeit* en *Atti Congr. Intern. di dir. rom.* I, 81 sigts. y la lit. cit. en la pág. 84 n. 4; HIMMELSCHEIN, *Studien zu der antiken Hermeneutica iuris,* en *Symbolae Friburgenses,* 373 sigts.; LA PIRA, *La genesi del sistema nella giurisp. rom. e l'arte sistematica,* en B. I. D. R. 42 (1934), 336 sigts.; *Il concetto di scienza e gli strumenti del la costruzione scientifica,* en B. I. D. R. 44 (1936) 13 sigts.

89 Quint. inst. orat. 12, 23.

90 Gelio, 13, 10.

91 Cat. 51, 37. Cfr. DE FRANCISCI, *L'azione degli elementi stranieri sullo sviluppo e sulla crisi del dir rom.*, en *Arch. Giur.* 93, 157 y sigts. (1925); WEEISS, *Der Einfluss der hell. Rechts auf das röm*, en *Atti Congr. intern. dir. rom.* I, 245 sigts.; SCHULZ, *Prinzipien,* 89 sigts.

92 Véase últimamente PADOVANI, *Storia della filosofia,* I (Como, 1942), 272 sigts.

93 Cfr. KÜBLER, 1. cit.

94 Véase Svet. de clar. reth. 1; Gelio, 15, 11; RUCCONO, *Fontes,* 2, 247.

te el estoicismo. En esto piensa Cicerón cuando preconiza que el derecho debe brotar *ex intima philosophia,* más que de las XII tablas y del edicto del pretor[95]. Es muy posible que los juristas romanos fuesen todos estoicos[96] y verosímil que la corriente de humanidad que invade la jurisprudencia y la legislación de la mitad del siglo II tenga raíces estoicas, aunque no pueda negarse que los conceptos de *aequitas* y de *fides* están bien arraigados en el espíritu latino y que la benignidad romana es harto distinta de las utópicas concepciones griegas[97]. Es posible también que los juristas hayan aprendido de los griegos el arte de distribuir *in genera,* aunque en todo caso, la instintiva tendencia latina hacia el orden debía conducir al mismo resultado. Pero la ciencia del derecho conserva siempre su individualidad, se vale de su método y persigue el fin que le es propio. Los juristas habían estudiado quizá en las escuelas de retórica, pero no son retóricos, como los retóricos no son juristas[98]. Las disquisiciones de los retóricos, que se agotan en su lógica formal y abstracta, están bien lejos de los argumentos precisos de los juristas, cuyo resultado además de persuasivo, quiere ser justo y conveniente. Los juristas podrán estar empapados de filosofía y sus decisiones se inspirarán acaso en el estoicismo, pero se apartan de la abstracción filosófica, conscientes de la diversa finalidad del derecho frente a la filosofía.

El jurista no se confunde nunca con el filósofo. Cicerón fue retórico y filósofo, además de buen conocedor de las leyes y exclama incluso que cualquiera puede hacerse jurista en tres días[99]; disertó de *legibus* y escribió un tratado *de iure civile in artem redigendo*[100]; en los *topica* quiere hacer conocer a su amigo Trebacio *disciplinam inveniendorum argumentorum, ut sine ullo errore ad eam ratione, et via perveniremus ab Aristotele inventa*[101], para que fuese posible *non modo oratoribus et philosophis sed iuris etiam peritis copiose de consultationibus suis disputare*[102]. Sin embargo nunca fue considerado jurista ni por los contemporáneos ni por los juristas posteriores. Pomponio cita a Cicerón solo para atestiguar que *Munianus* fue *iurisconsultorum dissertissimus*[103] mientras poco antes[104] lo incluye entre los primeros oradores de la época. Quintiliano se limita a decir que no estuvo *destitutus scientiae iuris,* puesto que *etiam componere aliqua de eo coeperat*[105]. Trifoniano recuerda a Cicerón solo para decir que una tal Milesia

---

95 De leg. 1, 17.

96 KÜBLER, ob. cit. 85.

97 SCHULZ, ob. cit. 130.

98 Cfr. LANFRANCHI, *Il dirito nei retori romani* (Milán, 1938), 39.

99 Pro Murena, 13, 28.

100 Esta obra, de la que nada ha llegado hasta nosotros, solo es recordada por Gelio, 1, 22, 7 y por Char. Ars Gramm. 1, 138; sobre el carácter de esta obra nada se puede precisar; cfr. COSTA, *Cicerone giureconsulto.* 1, 25.

101 Top. 1, 2.

102 Top. 17, 66.

103 Fr. 2, 40 D. 1, 2.

104 Fr. 2, 43 D. eod.

105 Inst. orat. 12, 3.

rei capitalis esse damnatam en el discurso pro Cluentio[106]. No sabemos tampoco qué fruto obtuvo Trebacio de las enseñanzas de Cicerón, pero es singular que sea el mismo Trebacio el único jurista del que Pomponio dice que sus libros *minus frequentantur*[107].

No faltan en las obras de los juristas referencias a filósofos y oradores griegos. De Demóstenes y Crisipo, calificado de *philosophus summae stoicae sapientiae,* se cita solamente la definición de *lex*[108]; de Teofrasto se recuerdan solo pocas palabras, para decir que el legislador se ocupa de lo que sucede normalmente, no de lo que solo ocurre una o dos veces[109]. Pero aparte su generalidad, son citas puramente decorativas. La definición de *lex* no responde a la concepción romana y mucho menos deducen de ella consecuencias jurídicas; tampoco las citas de Teofrasto se conforman a la práctica legislativa republicana. Una sola vez recogen los juristas un pasaje de Platón, recordado como *summae prudentiae et auctoritatis apud Graecos* pero tanta autoridad viene invocada solo a propósito del modo en que *civitas bene beate habitari possit* y precisamente para sostener la necesidad de los *negotiatores*[110].

Conceptos y categorías podrán tomarse de la filosofía, pero la jurisprudencia los recoge con contenido y finalidad jurídicos; se aceptan no concepciones abstractas y categorías puramente lógicas de fundamento especulativo, sino conceptos que pueden tener una función particular en el ámbito del derecho y categorías a las que corresponde un régimen jurídico característico.

Los juristas hablan con frecuencia de *natura* y de *ratio* y sobre tales conceptos se basan muchas veces sus decisiones. Pero la noción de naturaleza no alcanza alturas filosóficas, no es la esencia abstracta, sino más bien esa realidad y normalidad de las cosas lo que está en la base de las instituciones jurídicas[111]. Tampoco tiene la *ratio* contenido filosófico ya que no es la razón o fundamento último del derecho; no tiene por tanto valor universal, sino que es invocada cuando parece oportuno y para determinados fines. Y es así que los juristas no dudan en afirmar que *non omnium... ratio reddi potest*[112]; o que *vix idonea ratio reddi potest*[113]; incluso Neracio advierte que *rationes eorum, quae constituuntur, inquiri non oportet, alioquin multa ex his quae certa sunt subvertuntur*[114].

La valoración filosófica es distinta de la jurídica y los juristas no dejan de destacarlo. A propósito de la cuestión de si una entidad compuesta de varias cosas o personas es siempre la misma a pesar de que varíen sus componentes, la lógica rigurosa conduciría a la conclusión de que son entidades distintas;

106 Fr. 39, D. 48, 19.

107 Fr. 2, 45 D. 1, 2. De Trebacio, un escolio de Porfirion a Horacio (serm. 2, 1) dice que *locum optinuit inter poetas et aliquot libros de iure civili composuit et de religionibus novem.*

108 Fr. 2 D. 1, 3 (Marcian. 1, inst.).

109 Fr. 3 D, eod. (Pomp. 25 ad Sab.); 6 D. eod. (Paul. 17 ad Plaut.).

110 Fr. 2 D. 50, 11 (Call. 3 de cogn.).

111 Maschi, *La concezione naturalistica del diritto e degli istituti giuridici romani* (Milán, 1937).

112 Fr. 20 D. 1, 3 (Iul. 55 dig.).

113 Gai 3, 98.

114 Fr. 21 D. 1, 3 (Ner. 6 meb.).

pero el jurista se burla casi de los filósofos que esto sostienen, afirmando que, si así fuese, nosotros mismos no seríamos hoy los mismos de ayer[115]; esta conclusión, que quizá no repugnaría a un filósofo, es invocada como un absurdo por el jurista.

Consideraciones prácticas y de oportunidad en el campo del derecho tienen, pues, la primacía sobre la lógica abstracta. El principio que niega calidad de frutos a los partos de la esclava, estará probablemente inspirado por el estoicismo; pero el jurista invoca la razón práctica, de que no *temere ancillae e eius rei causa comparantur ut pariant*[116], lo que a un espíritu latino aparecía quizá más convincente que cualquier ideología. De origen filosófico será también la distinción entre cosas corporales e incorporales[117], pero es acogida con finalidad y contenido jurídicos.

Se puede decir, en general, que una tendencia moral y filosófica, un concepto o una categoría presentada por filósofos, llega al jurista y se convierte para él en impulso dentro del ámbito del derecho, no directamente de los maestros y de los libros de filosofía, sino a través del filtro de la vida, es decir, en cuanto esas corrientes espirituales se hacen conciencia social digna de satisfacción. Por este camino se utiliza todo lo que de bueno y en la filosofía de cualquier es cuela o tendencia.

Los juristas romanos consideran la filosofía no como una ciencia *altior,* en la que se deba encuadrar el derecho, sino más bien en función del derecho y en este sentido Giambattista Vico tenía razón al afirmar que *philosophi autem romanorum ipsi erant iuris consulti,* quienes mucho más que los griegos, no *disserendo sed ipso usu reipublicae perdiscebant*[118]. Y precisamente de esta filosofía, refundida en función del derecho, los juristas romanos se proclaman cultivadores. Ulpiano, queriendo precisar la tarea de los juristas, calificados de *sacerdotes,* afirma que cultivan la justicia *(iustitiam namque colimus)* enseñan el conocimiento del *bonum et aequum, (boni et aequi notitiam profitemur),* separan lo lícito de lo ilícito *(licito ab ilicito separantes)* y a modo de conclusión añade *veram nisi fallor philosophiam, non simulatam afectantes*[119]. Este enunciado, del que un escolio tardío a la paráfrasis de Teófilo ha deducido la existencia de filósofos y retóricos juristas[120] no supone insertar un elemento especulativo en el ámbito del derecho, sino más bien separar la filosofía de la jurisprudencia, que sin embargo se quiere calificar de filosofía. La filosofía jurídica, la que cultivan precisamente los juristas, y coincide con la *iurisprudentia,* no es la filosofía que se elabora con categorías y símbolos (*non simulata*), sino por el

115 Fr. 76 D. 5, 1 (Alf. 6 dig.).

116 Fr. 27, pr. D. 5, 3 (Ulp. 15 ad ed.).

117 STROUX, ob. cit. 122: el enunciado del gramático Carisio, que escribe hacia el 350 d. C. corresponde casi *ad litteram* al de Gayo sobre la distinción entre cosas corporales e incorporales. No comprendo, pues, por qué se ha de excluir, como hace STROUX, ob. cit 123, una derivación del gramático al jurista, para remontarse a Dionisio el Tracio, en el que solo se encuentran las palabras χῶμα ἢ πραγμα (ed. Uhlig, 24).

118 *De nostri temporis studiorum ratione,* en *Opere,* 2 (Milán, ed. G. Ferrari, 1835), 26.

119 Fr. 1, 1 D. 1, 1.

120 Cfr. RICCOBONO, *Il proemio della parafrasi greca di Teofilo* en B. I. D. R. 45 (1938) 1, sigts.

contrario la filosofía de la realidad (*vera*), es decir, la filosofía que no se pierde en lo abstracto, sino que va a la realidad concreta de la vida. Solo en este sentido la jurisprudencia es filosofía y los juristas romanos se consideran a sí mismos como filósofos.

La ciencia del derecho es en Roma esencialmente popular, como el arte. Emana del pueblo, se dirige al pueblo y el pueblo la comprende plenamente. Desde que cesó el monopolio pontifical, nunca se restringió a una casta o grupo de pocos iniciados, sino que participó en ella todo el pueblo del que son exponentes los juristas, portadores al campo del derecho de todas las tendencias y de la mentalidad del espíritu popular. El tecnicismo se reduce al mínimo. Y así, las doctrinas y enseñanzas de los juristas, son comprendidas por todos, precisamente porque ja ciencia del derecho no se agota en una especulación doctrinal, sino que consiste en la *prudentia,* es decir en el arte de enseñar el bien obrar en el campo del derecho. Si la *iurisprudentia* se destina al pueblo, este a su vez, la conoce y comprende. Podrá ignorar quizá a Platón y a Aristóteles, a Panecio y a Séneca, pero comprende y aprecia a Aquilio Gallo y a Sabino, a Juliano y a Papiniano al pretor y al príncipe en su actividad jurídica.

A ningún *civis romanus* era lícito ignorar el derecho, cuyo conocimiento formaba parte de lo que nosotros llamamos cultura general y cualquier ciudadano entendía bien a Sabino o a Ulpiano, porque en sus obras no encontraba nebulosidades, sino el espejo fiel de la vida. También el lenguaje contribuía a hacer el derecho accesible a todos, porque no utilizaban términos acuñados por los juristas o utilizados con un sentido tan técnico que apareciesen casi herméticos a un profano[121]. La terminología jurídica está tomada principalmente del lenguaje común y las palabras se usaban con el misino significado que tenían en la vida cotidiana. Esos neologismos y preciosismos terminológicos de que a veces se enorgullecen los modernos son ajenos a los romanos. Los términos *dominium, obligatio, servitus, actio, ususfructus, depositum, commodatum, sucessio, testamentum* eran perfectamente inteligibles a cualquiera y aun el más ignorante en derecho daba su noción jurídica: cada uno de esos nombres encerraba en sí su concepto jurídico y por ello podía parecer superflua cualquier definición o aclaración.

Ciertamente la ciencia del derecho, como toda ciencia, tenía términos técnicos y lenguaje propio, tanto que Quintiliano podía lamentar que la lengua de los juristas fuese *magis ab usu dicendi remota*[122]; pero también en este proceso de desarrollo y adaptación el innato tradicionalismo se concilia con las innovaciones, rehusando por igual arcaísmos y neologismos. Pomponio atestigua de Tuberón que este *sermone etiam antiquo mus affectavit scribere et ideo parum libri eius grati habeantur*[123]. Para las nuevas figuras que, nacidas de la práctica son reconocidas por el derecho pretorio e imperial, aunque sea verdad, y la cuestión es ardua y debatida, que se evitaban los términos civilísticos, la juris-

121 El eco de la sabiduría romana lo encontramos en la exposición de motivos de nuestro código de procedimiento civil, núm. 9: «Se han evitado los tecnicismos excesivos y las innovaciones no indispensables. La lengua de un código debe estar en lo posible, al alcance de la gente común».

122 Inst. orat. 11, 2, 40.

123 Fr. 3, 46 D. 1, 2.

prudencia huye también de nuevos términos y si no puede usar los antiguos, recurre a una circunlocución o adopta la palabra genérica *res o* a veces se sirve de una palabra griega que fuese de general inteligencia.

También el estilo jurídico tiene esa simplicidad lapidaria y claridad cristalina que son propias de la lengua latina[124]. Ninguna vaguedad o retorsión del pensamiento. El primer don del jurista es la sencillez y claridad. Esto ajusta no solo al espíritu latino, sino también a la finalidad misma del derecho, que requiere límites y precisión.

Aun cuando la jurisprudencia se defina como ciencia de las cosas divinas y humanas y los juristas puedan estar empapados de filosofía o ser sabios, la ciencia del derecho no degenera nunca en vana erudición, porque todo conocimiento se considera en función del derecho. El jurista romano permanece siempre *iuris prudens,* nunca se convierte en erudito.

A veces los juristas presentan etimologías que con frecuencia hacen sonreír. Pero el jurista no tiene la pretensión de alcanzar una verdad científica, ni quiere obstruir las disertaciones jurídicas con materiales eruditos: solo intenta dar elementos útiles para una noción jurídica precisa y únicamente para este fin cree presentar una oportuna derivación de la palabra[125]. Ulpiano se plantea la cuestión *unde nomen iuris descendat* y no encuentra otra solución que hacerlo derivar de *iustitia*[126] y como prueba de esta derivación invoca la famosa definición de Celso; derivación sin duda errónea, pero muy eficaz para poner de relieve la necesaria e íntima conexión entre derecho y justicia. La palabra *mutuum* se hace derivar de *ex meo tuum fit*[127] para destacar bien que sin la transferencia del dominio del mutuante al mutuario no puede existir mutuo. *Testamentum* se hace derivar de *testatio mentis*[128] para poner de relieve que el acto contiene una afirmación categórica de voluntad; y en este aspecto, tal etimología, presentada antes por Servio Sulpicio se califica por Gelio como *non abhorrens neque incocinna* en cuanto *quasi mentís quaedam in hoc vocahulo significatio*[129]. *Possessio* se hace derivar de *sedibus quasi possitio*[130] para indicar precisamente el elemento natural de la institución.

Respecto a la historia del derecho los juristas ofrecen el mismo desinterés[131]. El pasado que no esté recogido en la tradición y no sea por ello parte viva del ordenamiento jurídico, es pura erudición y no afecta a la ciencia del derecho. Conforme el derecho se transforma, todo lo que ya no está vigente se elimina de los libros. Las instituciones de Gayo abundan en recuerdos históricos, pero las generaciones de juristas que pusieron sus manos sobre el vetusto manual, aunque bastante refractarios a añadirle innovaciones, procuraban podarle de

---

124 Schulz, ob. cit. 45 sigtts.; 55 sigts.

125 Véase Stroux, ob. cit. 116 sigts. Un elenco de las etimologías proporciona Celi, *Le etimologie dei giureconsulti romani* (Turín, 1892).

126 Fr. 1, pr. D. 1, 1.

127 Fr. 2, 2 D. 12, 1.

128 Inst. 2, 10 pr.

129 Gelio, 6, 2.

130 Fr. 1, pr. D. 41, 1.

131 Cfr. Schulz, ob. cit. 69 sigts.

los arcaísmos, como prueban los nuevos fragmentos de Gayo confrontados con el texto de Verona.

El recuerdo de los antiguos juristas se pierde y se condensa en una frase como *receptum est, hoc iure utimur* y otras expresiones que resumen una serie constante de decisiones y cierran viejas polémicas. Tampoco pensaban los juristas en exponer el origen y la historia de las instituciones. Pomponio juzga *necessarium ipsius iuris originem atque processum demonstrare*[132]; con esto no pretende ofrecer un tratado de historia del derecho, ni abarrotar de materiales eruditos la ciencia jurídica, sino tan solo proporcionar las noticias históricas que parecen indispensables para la misma comprensión del derecho, empedrado todo él de tradiciones. Se puede "decir que para los juristas la historia no tenía sentido, porque todo el derecho no era más que secular estratificación histórica: las XII tablas y los antiguos *iuris auctores,* aun en el siglo III d. C. no eran ruinas históricas, sino viva realidad. Todo lo demás parecía en cambio mera curiosidad y por ello no contaba.

Las citas de autores no juristas son extraordinariamente escasas. Las mismas citas jurisprudenciales no se hacían nunca más que en la medida necesaria.

Se repite generalmente que la jurisprudencia romana huye de las abstracciones, tan repugnantes al espíritu latino, que tiende por el contrario a lo concreto[133].

Sin duda las fórmulas generales y abstractas no son el punto de partida de las formas jurídicas romanas, ni tampoco el punto de llegada; se procede más bien del caso concreto, desde las más antiguas decisiones pontificales a los rescriptos imperiales que constituyen el arranque de nuevos principios. Mas de la época de Catón y Bruto, que referían incluso el nombre de las partes[134] a las categorías de la jurisprudencia clásica hay evidentemente un progreso. Cicerón lamenta que en otros tiempos el *ius civile* fuese *diffusum et dissipatum*[135] y que aun después del *ius Aelianum, nulli fuerunt, qui illa artificiose digesta generatim compomerent*[136]. Pomponio atestigua que Quinto Mucio *ius civile primus constituit generatim in libros decem et octo*[137]. La noticia es quizá inexacta, porque el comienzo de esa distribución *in genera* es más antiguo.

Pero este incesante agrupamiento en categorías no significa que todo el derecho deba distribuirse en *genera.* Los juristas no forman las categorías por una exigencia puramente lógica, sino para encerrar en un *genus* determinado figuras jurídicas homogéneas, sujetas a un régimen común que coexiste con el particular de cada una.

Repugna a los juristas romanos no la abstracción en sí, sino la que tenga carácter meramente especulativo. Forman las categorías y laboran con ellas de forma que resulten homogéneas y tengan un fin práctico. De la constitución

---

132 Fr. 2, pr. D. 1, 2.

133 DE FRANCIS, *Spirito della civiltà romana* (Milán, 1940) 30 sigts.

134 De orat. 2, 23, 143.

135 De orat. 2, 32, 142.

136 De orat. 1, 41, 186.

137 Fr. 2, 41 D. 1, 2.

del *iter* que Ticio concede a Sempronio a favor del fundo Corneliano y a cargo del fundo Semproniano se pasa al concepto de *iter;* de la unión del *iter* con otras figuras análogas surgen el término y concepto de *iura praediorum* y *servitutes,* por cuanto se trata de relaciones, que en la variedad de cada tipo están sujetas al mismo régimen. Aquí se detiene la jurisprudencia: las servidumbres se comparan con el usufructo y el uso para destacar analogías y diferencias, mas las analogías no se consideran suficientes para autorizar la inclusión de tales figuras en una misma categoría. Del mismo modo y con el mismo intento se forman las categorías de *contractus, delictum, legatum;* la jurisprudencia reconoce una a una las disposiciones testamentarias y los legados, pero aun procediendo del mismo texto de la ley de las XII tablas que habla de legar, no llega al concepto genérico de disposición testamentaria. *Condicio* y *dies* son considerados paralelamente; a pesar de esto y por su diversa estructura no se remonta a la categoría de modalidad del negocio jurídico. Los actos más dispares se ponen a veces juntos legados y *stipulatio, stipulatio y emptiovenditio,* etc.); mas no se piensa en incluirlos dentro de una categoría general. Testamentifactio indica tanto la capacidad de disponer como de recibir, *connubium* y *commercium* indican respectivamente la esfera de la capacidad familiar y patrimonial, sin embargo, no se determina el concepto general de capacidad, porque esta era tan diversa respecto a cada uno de los actos y situaciones que su concepto hubiese tenido solo valor nominal y teórico. *Negotium* está en antítesis a *donatio* y no constituye una categoría. El *gerere per aes et libram* incluye solo el elemento formal que es común a actos jurídicos bien distintos considerados siempre diversos. *Actio* y *actus* que son quizá los términos jurídicos más generales son solo términos y no categorías.

Era sobre todo el sistema clásico de las *actiones* y la pluralidad de los ordenamientos jurídicos lo que impedía la formación de categorías más amplias. ¿Cómo colocar en la misma categoría *mancipatio* y *stipulatio,* mutuo y *pollicitatio,* cuando para cada una existía una fórmula de diversa estructura e incluso alguno estaba tutelado *extra ordinem?* No es casual que se formen categorías más vastas en la época postclásica y justinianea, cuando abolidas las típicas *actiones* clásicas y rota la compenetración tradicional entre derecho y proceso se llega a la tutela genérica del derecho subjetivo y el ordenamiento jurídico se perfila como unitario.

A veces la distribución en *genera* presenta dudas y discusiones no en el aspecto lógico o sistemático, sino desde el punto de vista del régimen jurídico. En relación a la tutela, Gayo refiere que Quinto Mucio afirmaba que los *genera* eran cinco, Servio Sulpicio, tres; Labeón, dos; otros juristas eran contrarios a toda distribución en *genera,* opinando que *tot genera esse... quot etiam species*[138]; análogamente, en materia de posesión, Paulo afirma que *genera possessionum tot sunt, quot et causae adquirendi*[139].

Precisamente porque clasificaciones y categorías tienen siempre la función práctica de someter al mismo régimen y a la misma terminología figuras análogas, la jurisprudencia no se atribuyó nunca la tarea de encuadrar en esquemas y categorías todo el sistema jurídico. Aún más, se puede afirmar que la

138 Gai I, 188.

139 Fr. 3, 21 D. 41, 2 (Paul. 54 ad ed.).

mayor parte de este quedó fuera de ellos. Aparte las instituciones de derecho pretorio y las *cognitiones,* para los que no encontramos ninguna distribución en categorías, también en el ámbito del *ius civile,* dominio, usufructo, uso, límites legales de la propiedad, patria potestad, tutela, esclavitud, testamento, obligaciones no nacidas de *contractus o delictum,* son figuras independientes y ni siquiera se intenta su agrupamiento en *genera.* En algunos casos, como por ejemplo, la donación y las obligaciones no procedentes de contrato o delito, el problema, dejado pendiente por los romanos, después de casi dos mil años espera aún solución, hasta tal punto que nuestro reciente Código Civil (art. 1173) vuelve en substancia a las *variae causarum figurae,* que no son evidentemente una categoría jurídica, sino solo un recurso sistemático.

Todo esto, naturalmente, no podía contentar a los filósofos, como no satisface a los juristas modernos. Cicerón, sin duda, estaba descontento, porque pretende, a la manera de los filósofos que se debía *rem universam tribuere in partes*[140], en obsequio a esa *omnium artium maxima,* que consiste en distribuir y componer. Según Cicerón todo el derecho debe distribuirse en *genera.* Y así en *De oratore,* escrito el año 55 a. C., o sea, unos treinta años después, de la muerte de Quinto Mucio, se propone escribir una obra que *omne ius civile in genera digerat*[141]. Pero esta obra tan presuntuosamente enunciada con el pomposo título *de iure civile in artem redigendo,* murió antes de nacer; solo nos ha llegado su título, y su autor, como ya se ha dicho[142], nunca fue considerado como jurista por los romanos o la posteridad, mientras que la jurisprudencia, cuyos defectos de sistema lamentaba Cicerón, ha desafiado los siglos.

De la pobreza de las categorías jurídicas deriva que las pocas definiciones romanas nunca presenten, como exigen las buenas reglas, de la lógica un *genus proximum* constante: la *actio* y el usufructo se definen como *ius;* el testamento como *testatio mentis* la tutela como *vis ac potestas,* la *obligatio* como *iuris vinculum* el matrimonio como *coniunctio.*

En cuanto a las definiciones y fórmulas generales, es notorio que para muchas figuras fundamentales, faltan por completo; para otras resultan tan insuficientes y unilaterales y en todo caso tan poco ajustadas al concepto que de ellas tenían los mismos romanos, que la crítica ha encontrado buenos pretextos para demolerlas. Es un hecho que los vocabularios romanos y los libros de *Institutiones,* distan mucho de contener lo que nosotros quisiéramos encontrar, es decir, una serie de definiciones y fórmulas generales.

Cierto es que definiciones no faltan, hasta en la jurisprudencia republicana y me parece aventurado emprender su demolición en serie, como quisiera intentar Schulz[143], a causa de que sean incompletas o insuficientes. Para apreciar su valor es preciso tener en cuenta que los romanos, cuando presentan una definición, no pretenden aprisionar en una fórmula sintética la compleja realidad jurídica, porque comprenden bien que esta es tan varia y mudable que no puede encerrarse en una docena de palabras sabiamente dosificadas.

---

140 Brutus, 41, 152.

141 De orat. 1, 42, 190.

142 Véase *supra* p.

143 Ob. cit. 31 sigts.

El problema de las definiciones en torno al cual se afanan los modernos, no es nuevo, pero para los romanos se configuró y fue resuelto en el sentido de que, como dice Javoleno, *omnis definitio in iure civili periculosa est*[144]. Esta razón no fue un pretexto, como alguien ha dicho, para no acometer el difícil arte de definir. Los juristas romanos deliberadamente no quisieron definir porque comprendieron que toda definición es peligrosa, no porque sea necesario un gran esfuerzo para alcanzarla o fácil errar, sino porque *parum est, ut non subverti possi.* En el arte de la definición los juristas romanos vieron no una dificultad a superar con una vigorosa dialéctica, sino más bien un peligro que esquivar, ya que anquilosar una institución con una fórmula rígida, impedía en su opinión, las transformaciones y adaptaciones que reclaman las necesidades de la vida. Scaevola advierte explícitamente que de *accessionibus possessionum nihil in perpetuum neque generaliter definire possumus*[145]. Las pocas definiciones que presentan los juristas romanos no pretenden descubrir, como nosotros quisiéramos, la esencia íntima de la institución, sino que se limitan a ofrecer fórmulas que iluminen algún aspecto suyo y a propósito de alguna cuestión en que tal enunciado parecía apropiado.

Era el mismo desarrollo incesante del derecho el que desaconsejaba encerrar en el sarcófago de una rígida fórmula la compleja vida del derecho. En la fase arcaica podía aún ser posible definir *dominium* y *testamentum, patria potestas y tutela;* pero ¿cómo definir tales figuras cuando la ley introduce límites e innovaciones que, aun no renegando de la concepción arcaica, dan una diversa configuración a las instituciones, que nunca se consolidan en algo definitivo? Tampoco el dualismo entre *ius civile* y *ius honorarium* y *cognitiones* era sin duda propicio, a las definiciones. Ni se les puede censurar por ello, cuando su actividad, aún sin definiciones y fórmulas generales, se ha podido comparar a la geometría, y sus instituciones fundamentales, como la propiedad y la obligación, se han desarrollado durante siglos hasta nuestros días, partiendo de la intuición más que del variado centenar de definiciones que ingenios selectos han presentado en el transcurso de los siglos. La intuición y el concepto, aun no encerrados en una fórmula perentoria, valen más y son menos peligrosos, en la ciencia y en el arte, que una rígida definición. No creo, en efecto, que el derecho, la moral y el arte progresen realmente, cuando alguien haya encontrado una definición de la justicia, del bien o de lo bello.

No me parece, por lo demás, que las generaciones posteriores de juristas, hayan colmado las lagunas y las deficiencias de las definiciones romanas. El elevado número de definiciones que se han acumulado durante siglos, en torno a las figuras fundamentales, (derecho, acción, obligación) demuestra que el problema está siempre abierto. En realidad, toda definición no es ni verdadera ni falsa, sino que cada una ilumina solo alguna de las facetas de la institución según el distinto punto de vista, cuando no el gusto o la tendencia del autor. El error de los modernos está en pretender que la definición puede tener valor absoluto y definitivo.

Los conceptos jurídicos son siempre, en cambio, algo relativo, no solo en razón del ordenamiento jurídico al que se aplican, sino, en el mismo sistema,

---

144 Fr. 202 D. 50, 17.

145 Fr. 14 pr. D. 44, 3.

según el diverso punto de vista bajo el que se consideran[146]. Sin duda es tarea del jurista analizar todos los aspectos de una institución, aún a través de una larga disertación, pero es empresa vana condensarla en una fórmula, breve y rígida, y estamos fuera del ámbito del derecho cuando queremos obtener conceptos válidos para cualquier ordenamiento pasado y presente.

Tampoco se trata de esperar que el progreso científico o un jurista genial puedan finalmente darnos una fórmula definitiva, porque no creo que represente un progreso embalsamar en una fórmula una institución viva. Además, algunos conceptos, como por ejemplo los de *aequitas* y *bona fides* valen precisamente por su misma indeterminación y adaptabilidad a la vida práctica: toda definición o análisis destruirá en gran parte su eficacia, de la misma manera que el niño termina destruyendo el juguete para ver cómo está hecho.

Y es porque los romanos tienden más a la substancia del derecho que a las fórmulas teóricas, miran más la oportunidad que la lógica formal, por lo que no encontramos para algunas instituciones definición alguna y sí en cambio las más abiertas y abigarradas contradicciones, que horrorizarían a un jurista moderno.

La herencia yacente, de Labeo a Ulpiano, es considerada concordemente como *nullius*[147], con la consecuencia de que *hereditariae rei furtum fieri Julianus negabat*[148], pero Labeón decide que *perinde committi poena potest ac si fuisset heres debitoris*[149], y es bien posible que, estando yacente se realice o se comience la usucapión[150]. Por otra parte y con la finalidad de no rechazar la eficacia de la institución del esclavo hereditario se afirma que la herencia yacente *personae vicem sustinet, non heredis futuri, sed defuncti*[151] y Ulpiano añade que esto *multis argumentis iuris civilis comprobatum est.* Pero, en cambio respecto a la novación se dice que *personam heredis interim hereditas sustinet*[152] y que el derecho se adquiere *hereditati et sic heredi per hereditatem*[153], aunque se excluye que se pueda estipular *futuro heredi... quia stipulationis tempore heres dominus eius non fuit*[154]. ¡Qué enjambre de contradicciones, mas al mismo tiempo, qué sentido de la oportunidad!

Por lo que respecta al usufructo, sobre la eficacia de la *resiudicata,* Palpiniano afirma que *usum fructum in quibusdam casibus non partis effectum obtinere*

146 Jemolo, lug. cit.

147 Fr. 13, 5 D. 43, 24 (Ulp. 71, ad ed.): *ne illud quidem obstare Labeo aii, quod eo tempore nemo dominus fuerit;* Ep. Gai, 2, 1, 1: *in nullius bonis esse videntur;* el texto correlativo en el manuscrito de Verona (2, 9) presenta lagunas. Fr. 3, pr. D. 15, 1 (Ulp. 29 ad ed.); 13, 2 D. 9, 2 (Ulp. 18 ad ed.); 6, D. 47, 19 (Paul. 1, ad Nerat.); 11, pr. D. 13, 5 (Ulp. 27 ad ed.)

148 Fr. 69 (68) D. 47, 2 (Marcell. 8 dig.).

149 Fr. 9 D. 22, 2 (Labeo 5 pith.).

150 Fr. 44, 3 D. 41, 3 (Pap. 23 quaest.); 30 pr. D. 4, 6 (Paul. 12 ad.).

151 Inst. 2, 14, 2; fr. 31, 1 D. 28, 5 (Gai 17 ad ed. prov.); 116, 3 D. 30 (Flor. 11 inst.); 34 D. 41, 1 (Ulp. 4 de cens.).

152 Fr. 24 D. 46. 2 (Pomp. 5 ex Plaut.).

153 Fr. 1, 6 D. 47, 10 (Ulp. 46 ad ed.).

154 Fr. 16 D. 45, 3 (Paul. 4 reg.).

convenit[155]; análogamente, Papiniano decide que, legado el fundo, se entiende legado también el usufructo, *etsi in iure non in parte consistit, emolumentum rei continet*[156]. Pero Paulo dice que *ususfructus in multis casibus pars dominii est.*[157]. En cambio sobre la cuestión de si el garante en relación al usufructo se obliga en *minus* o en *aliud* se discute *(nobis in eo videtur dubitatio esse)* si *usus fructus pars rei sit an proprium quiddam*, concluyendo que se trata de *ius fundi*[158].

Sobre la posesión Ofilio y Nerva admiten que el pupilo pueda comenzar a poseer aun sin *auctoritas tutoris*, porque la posesión *rem facti, non iuris esse*[159]; en forma análoga el postliminio no afecta a la posesión porque *plurimum facti habet*[160] y si admite que el cónyuge donatario posea porque *res facti iure civili infirmari non potest*[161]. Por el contrario la posesión adquirida por el esclavo en usufructo va al usufructuario porque *plurimum ex iure possessio mutuetur*[162], y no es posible que el *filius* posea *quia possessio non tantum corporis, sed et iuris est*[163].

El *litus maris* es incluido entre las *res communes*[164] en cuanto cualquiera puede ocupar una parte, pero Celso afirma que es *populi romani*[165], considerando que es el *populus* el que concede la ocupación.

De la substitución pupilar, mientras en algunos casos se dice que es una la *hereditas y* uno el *testamento* en otros aspectos se afirma que *duae sunt hereditates* y dos los testamentos[166].

He recordado las antítesis más clamorosas, sobre las que se ha ejercido desde siglos la dialéctica más aguda; se han utilizado los recursos más sutiles, sin excluir el método crítico para reducir *ad unam consonantiam* los testimonios opuestos. Pero el jurista romano no pretende presentar con esos enunciados una doctrina general o la esencia de la institución, sino más bien iluminar algunos de sus aspectos, que son diversos según los distintos puntos de vista, y por ello, no obstante las aparentes contradicciones, resultan todas verdaderas.

---

155 Fr. 33, 1, D. 7, 1 (Pap. 17 quaest.).

156 Fr. 66, 6 D. 31.

157 Fr. 4 D. 7, 1 (Paul. 2 ad ed.). Véase también fr. 76, 2 D. 31 (Pap. 7 resp.); 49 D. 21, 2 (Gai 7 ad ed. prov.); 25 D. 50, 16 (Paul 12 ad ed.).

158 Fr. 70, 2 D. 46, 1 (Gai 1 de verb. obbl.).

159 Fr. 1, 3 D. 41, 2 (Paul. 54 ad ed.).

160 Fr. 19 D. 4, 6 (Pap. 3 quaest.).

161 Fr. 1, 4 cit.

162 Fr. 49, pr. D. 41, 2 (Pap. 2 def.).

163 Fr. 49, 1 cit.

164 Inst. 2, 1, 1; fr. 2, 1, 8 (Marc. 3 inst.).

165 Fr. 3 pr. D. 43, 8 (Celso 39 dig.); cfr Biondi, *La condizione giuridice del mare e del litus maris, en Studi Perozzi,* (Palermo, 1925) 279 sigts.

166 Con justicia nota Wolf, *Studi Riccobono,* III, 434, que ese hecho es un magnífico ejemplo «für die Kunst der Klassiker, Institutionen und Sitten, die sich vor und fern aller systematischer Rechtswissenschaft aus der Bedürfnissen des Lebens gebildet haben, in ihre lebendig Sinn zu erfassen und zu entfalten, und zugleich mit den logischen Erfordernissen ihres Systems in Einklang zu halten». Cfr. Biondi, *Sucessione testamentaria* cit. 252 sigts.

La herencia yacente es en ciertos aspectos *nullius,* mientras en otros se juzga oportuno referirse al difunto y en ciertas ocasiones tomar en consideración al heredero; decir en absoluto que es *nullius* sería afirmación tan inexacta como cualquiera de las otras afirmaciones. La posesión es en ciertos aspectos un hecho, en otros un derecho. El usufructos desde determinados puntos de vista es *pars dominii,* desde otros no lo es. La calificación de público dada al *litus* del mar, es tan cierta como la de *communis.*

La indudable existencia de contrastes y disonancias en las construcciones jurisprudenciales romanas, tomada por los modernos como criterio general de interpolación, podría más bien sugerir una mayor cautela en la crítica de las fuentes, que a veces se ejerce con una lógica demasiado despiadada: quizá un jurista romano quedaría desconcertado ante la lógica inexorable y llevada hasta las últimas consecuencias de los modernos.

La sistemática, que los modernos llegan a considerar exponente de labor científica, presenta para los romanos escaso interés[167], y los problemas de arquitectura científica les son indiferentes. El ordenamiento de la materia se considera como algo exterior y formal que no toca la substancia del derecho; puede hacer más fácil y asequible el estudio de la obra jurisprudencial, pero no modifica en. un punto la realidad del derecho. En una obra o monumento legislativo se aprecia mas el contenido que la rigurosa distribución de la materia y es significativo que la obra de Cicerón de *iure civili in artem redigendo* que tenía la finalidad de presentar un estudio sistemático, ha desaparecido miserablemente y su insigne autor ni siquiera es contado entre los juristas. Se suele decir que las primeras sistematizaciones aparecen con Quinto Mucio y Sabino; no hay duda de que representan un progreso respecto a los precedentes tratados del *ius civile,* hasta entonces *diffusum et dissipatum*[168], pero su sistemática es de las más rudimentarias. Tenemos sin duda una distribución de la materia pero no un sistema sobre la base de criterios lógicos. ¿Qué se puede pensar, en efecto, de una exposición del derecho civil como la de Sabino que comienza con el testamento? Ningún progreso de sistemática encontramos después en el Edicto perpetuo, redactado en plena jurisprudencia clásica por uno de los juristas más geniales; esta insigne obra legislativa, a pesar de calificarse como *ordinatio edicti* es la negación de la sistemática, tanto que Mommsen pudo calificarlo de "Unordnung"[169]. La reconstrucción de Lenel nos ha enseñado solo que la obra tenía una distribución de la materia, no una rigurosa sistematización lógica; no faltan agrupamientos de edictos y fórmulas, pero en definitiva la materia se distribuye tal y como se había transmitido durante siglos y Juliano no pensó en absoluto en trastornar el edicto translaticio por exigencias sistemáticas.

En consecuencia, ningún rigor sistemático encontramos en los libros *ad Edictum, ad Sabinum, ad Q. Mucium* aún en la jurisprudencia más tardía, ni tampoco en los libros *digestorum* y ni siquiera los libros de *Institutiones* contienen una sistemática tolerable; no creo, en efecto, que sea una sistematización la distribución de materias presentada por Gayo, para quien *omne ius vel ad*

167 SCHULZ, ob. cit. 36 sigts.

168 Cic de orat. 2, 142.

169 *Jur. Schriften,* I, 164.

personas pertinet vel ad res vel ad actiones[170], ni menos es indicio de buena sistemática la frase escolar con que se pasa de una a otra materia *(nunc transeamus)* utilizada frecuentemente por Gayo.

La técnica de la sistemática pertenece más a la didáctica que a la ciencia. Es algo altamente apreciable, pero no es tarea científica[171]. Que yo sepa, en ninguna ciencia las cuestiones de sistema asumen la importancia que les quiere atribuir en el campo del derecho.

La investigación romanista daría solo una satisfacción estéril a nuestra curiosidad histórica, si no pudiésemos extraer de ella algunos frutos importantes para la vida moderna.

Se ha querido contraponer la rudimentaria dogmática romana a la moderna, mas refinada. ¿Pero representa esto un progreso? ¿Deberíamos llegar quizá a la conclusión de que en la historia de la ciencia del derecho Labeón y Papiano tienen el mismo puesto que en la historia de la Medicina ocupan Galeno e Hipócrates?

Si es verdad que en ningún otro pueblo y durante dos mil años seguidos, se actuó la justicia de modo tan perfecto y constante como en el mundo romano, es preciso reconocer que la ciencia del derecho como la entendieron y desarrollaron los romanos, respondía plenamente a su finalidad. Si Hipócrates hubiese curado a los enfermos mejor que los modernos, nadie sería tan insensato como para no seguir aún hoy sus métodos.

Los modernos han creído que habían creado la ciencia del derecho, contraponiéndola al empirismo romano; sin embargo, no parece que la justicia se actúe hoy mejor que en Roma. Se creyó elevar al jurista a la dignidad de hombre de ciencia, pero en realidad se le ha degradado, ya que con tantas investigaciones profundas se ha perdido la altísima tarea del jurista romano que era la de sugerir lo que era justo y socialmente útil. Es inútil ocultar la realidad o hacerse ilusiones: el problema del derecho no es más que el problema de la justicia y por ello la ciencia correspondiente no puede tener otra meta. Pero la ciencia contemporánea no parece marchar en esta dirección. En consecuencia ningún jurista se eleva hoy a la función social que tenía el jurista romano y la ciencia del derecho no ocupa en la actualidad el altísimo puesto en que los romanos pusieron a la *iurisprudentia.* A medida que el jurista se aleja del camino y de los métodos señalados por la jurisprudencia romana, se convierte en un solitario del que la vida del derecho puede tranquilamente prescindir. En nombre de la ciencia y de su progreso se ha venido actuando incesantemente la monstruosa separación entre derecho y ciencia, entre teoría y práctica, de forma que esta ha perdido la guía luminosa del jurista, y el hombre de ciencia bien poca influencia tiene en la vida del derecho.

Todo esto demuestra que es vano hablar de progreso científico, y peligroso dar una finalidad distinta a la ciencia del derecho, porque el derecho, aun en su eterno variar, tiene siempre el mismo fin y por tanto la ciencia del derecho

---

170 Gai I, 8.

171 No podría aceptar la afirmación de Carnelutti, *Scienza del diritto* en *Discorsi,* cit. 79 sigts.: «La primera de las tareas de la ciencia es la ordenación de los conceptos... un libro de ciencia se juzga no únicamente, pero sí antes que nada por el índice».

no puede tener otras finalidades diversas. Cuál es el objeto y la función de la *iurisprudentia*, cuáles son los métodos para alcanzar sus objetivos, lo han enseñado los juristas romanos y no es fácil desprenderse de sus enseñanzas. Transportar la ciencia del derecho al empíreo de la especulación abstracta, significa, no hacer progresar la ciencia, sino entrar en campos ajenos al derecho. Forzar al máximo la abstracción por exigencias lógicas, construir doctrinas por una necesidad meramente teórica, analizar las instituciones a la luz solamente de la lógica, proceder a una sistematización impecable, puede ser también un trabajo laudable, pero ajeno al derecho, siempre que con ello se pierda de vista la finalidad de este.

Tenemos que persuadirnos de que, como nos han enseñado los romanos, la ciencia del derecho, plantea e intenta resolver problemas no de lógica abstracta, sino de justicia concreta. Todo lo que tienda a alcanzar tal resultado puede llamarse verdaderamente científico, y en este sentido se puede hablar de progreso. Todo lo demás será obra meritoria, pero indiferente para el derecho, que tiene una función práctica, sobre la que no se puede superponer una ciencia puramente lógica. ¿Qué valor pueden tener nuestros esquemas, sabiamente construidos, suponiendo que esto sea posible, sí las necesidades de la vida, que no siguen tales esquemas ni los dictados de la lógica, hacen inservibles de golpe nuestras construcciones?

Puesto que el derecho es un mecanismo que tiende a la conservación y progreso social, como enseñaron los juristas romanos, cualquier construcción o teoría, argumento o deducción, es apreciable en el campo del derecho solo en cuanto contribuye a alcanzar su fin, es decir, cuanto permita la actuación más rápida y fácil de la justicia. Las construcciones y teorías se deben considerar, como hacían los juristas romanos, no como verdades eternas, destinadas a aplicarse a todos los sistemas y a sobrevivir a la variación de los ordenamientos jurídicos, sino siempre como expedientes técnicos justificados por la utilidad práctica, y por ello variables y contingentes.

Mientras Koschaker concluía "volvamos a Savigny" yo digo más bien "volvamos a los juristas romanos". A pesar del abismo de los siglos y de las ondas transformaciones del derecho, y aun sin volver al sistema de los *iuris auctores* y de los medios pretorios, siempre tenemos que aprender de los juristas romanos cuál es la tarea del *iuris prudens* y el método científico. Este método, seguido miles de años por civilistas y canonistas, que permitió esa segunda fase de la evolución del derecho romano, prolongado desde la compilación justinianea a los códigos modernos y la realización de la imponente formación jurídica que fue el derecho canónico, no puede ser anulado por los modernos en obsequio al presunto progreso de la ciencia. Vittorio Scialoja, nutrido en la escuela de los juristas romanos, advertía ya en 1911: "Hemos llegado a un punto en que el carácter que se da al estudio teórico del derecho no sirve más que para llevar este estudio a una esfera nebulosa, de la que solo puede caer hacia la práctica nocivo granizo y no benéfica lluvia. Debemos decir a nuestros teóricos que conecten con las necesidades prácticas sus trabajos y que abandonen la meditación de ciertos teoremas, absolutamente inútiles para el derecho y que pueden ser dejados a la filosofía abstracta".

Y es significativo que recientemente un filósofo insigne como Francesco Orestano, a propósito de metodología jurídica, concluya: "es necesario rehabilitar la forma mentis de los romanos, profundizar la filosofía jurídica de los romanos, volver a su escuela, continuar su obra"[172]. De este modo se puede dar función e interés al estudio del derecho romano. Todos quisiéramos hacerlo actual, convencidos de que la inmensa herencia de Roma, que fue durante siglos faro de la civilización en Europa, no puede relegarse al mundo de la arqueología. En esto todos estamos de acuerdo: pero a mi entender esta finalidad se alcanza no haciendo revivir hoy instituciones y concepciones pasadas desde hace siglos, ni atribuyendo a los romanos concepciones y mentalidad modernas, sino considerando el derecho romano tal y como verdaderamente fue, de forma que se haga fructificar para el derecho moderno la rica experiencia secular que en él se encierra.

Los juristas romanos no son hombres excepcionales, ni su lógica es mucho más grande que la nuestra. Tuvieron solo el mérito excepcional de haber creado un mecanismo, un sistema, un método perfectamente idóneo para conseguir su fin. En esto fueron maestros insuperables; y es precisamente la jurisprudencia la que, aun a través de las transformaciones jurídicas, representa siempre la parte viva e interesante del derecho romano, la fuente perenne de experiencias útiles.

172 *Filosofía del diritto,* (Milán, 1941) 39.

La terminología romana como primera dogmática jurídica*

La consideración en el aspecto filológico del lenguaje jurídico romano, convertido en universal, no es nueva, como tampoco lo es el contraste, a veces incluso viva polémica, entre juristas y filólogos.

Humanistas y "cultos", que por vez primera lo consideraron, escribieron doctas disertaciones, afectando un lenguaje clásico, *de latinitate veterum iurisconsultorum,* con la finalidad, hasta explícitamente declarada, de hacer resaltar la elegancia de la lengua clásica en contraposición al lenguaje bárbaro de los juristas contemporáneos o anteriores. Eckhard[1] lamenta que los glosadores fuesen *nullae linguae latinae, multo minus graecae notitia instructi;* el juicio no parece aventurado frente a la cándida confesión de aquellos juristas, que no solo descuidaban las elegancias lingüisticas, sino que no les avergonzaba afirmar: *graecum est ergo non legitur.* El mismo Bartolo no es juzgado menos severamente, pues se dice de este gran jurista *quae ne pueris quidem hodie obscura sunt non intellexit.* Dukerus[2] presenta un largo elenco de palabras *non satis probata latinititatis aut non recepta significatione, vel contra grammaticorum a iurisconsultis usurpata".*

Esta orientación, por así decir estética, en el estudio del lenguaje jurídico, se lleva a sus últimas consecuencias, cuando comienza y poco a poco procede en gran escala la búsqueda de interpolaciones, ya que uno de los criterios de diagnóstico se considera dado precisamente por el lenguaje. Son bien conocidas las invectivas de Hotman y de Faber, a los que no son inferiores los críticos modernos. La filología se pone, pues, al servicio de la crítica en una doble dirección: determinación del texto[3] y descubrimiento de las interpolaciones, buscando en esta última dirección separar el lenguaje clásico del justinianeo. En esta intención se inspira el célebre opúsculo de Kalb[4], así como toda la vasta literatura posterior, que ha estudiado el lenguaje de los juristas roma-

---

* *La terminologia romana come prima dommatica giuridica.* Publicado en «Studi in onore di V. Arangio-Ruiz» Nápoles, 1952, vol. II págs. 73-103.

1 *Hermeneutica iuris civilis, Dissertatio* III; *de latinitate et stilo veterum iurisconsultorum,* en *Variorum opuscula ad cultiorem iurisprudentiam adsequendam pertinentia,* Pisis, 1769, 4, 69 sigts.

2 *Opuscula varia de latinitate iuriscansultorum veterum, Lugduni,* Bat. 1711, 318 sigts.

3 Kantorowicz, *Einführung in die Textkritik. Systematische Darstellung des Textkrit. Grundsätze für philologen und Juristen,* 1921.

4 *Das Juristenlatein. Versuch einer Charakteristik auf Grunlage der Digest en,* 1888.

nos únicamente con el fin de separarlo del justinianeo[5]. Se han compilado vocabularios a este propósito, tomados de las constituciones de Justiniano (Longo) o de los textos interpolados (Guarneri-Citati). El límite extremo de esta tendencia fue alcanzado por las llamadas "Wortmonographien", sobre todo las del llorado Beseler, que con no común erudición, se preocupaba más de la reconstrucción de los textos que de los conceptos.

La colaboración entre juristas y filólogos se ha deseado no solo con estos fines críticos, sino también para iluminar el sentido y la historia de las instituciones jurídicas[6], en cuanto lengua y literatura, lo mismo que cualquier otro elemento, sirven para encuadrar el derecho en el ambiente cultural de la época.

El lenguaje jurídico, desde el punto de vista puramente filológico, aparte los conocidos vocabularios etimológicos (Vanicek, Walde, Ernout-Meillet), ha sido estudiado fragmentariamente por insignes filólogos modernos, entre los que recuerdo, p. ej., a Bréal[7], Ceci[8], Devoto[9], Schiaffini[10], Pariente[11], Nencioni[12]. En estos y otros trabajos el lenguaje jurídico romano se estudia en sí, independientemente de fines críticos, en sus derivaciones y conexiones. No podemos, por cierto, dirigirles el reproche de que ignoran el derecho, aunque tal ignorancia o imperfecto conocimiento pueda ser excusable, como hacía Alciato a los eruditos de su tiempo; sin embargo en aquellas obras no encontramos siempre resultados apreciables para el jurista, que quiere remontarse de las palabras al concepto. A veces nuestra curiosidad queda defraudada, porque en estas doctas investigaciones encontramos historia, derivaciones, transformaciones de palabras, sin que todo eso nos permita descubrir derivaciones y transformaciones análogas de conceptos. Así, p. ej., Ferrarino[13] hace derivar ese misterioso *mancipi*, que el lenguaje jurídico romano añade a *res*, de *manceps*, pero deja que el jurista traduzca y precise en conceptos jurídicos tal derivación determinada filológicamente.

---

5 GRADENWTZ, *Zum Wörtebuch des Klass. Rechtswissenschaft*, en Z. S. S. 8 (1888), 279 sigts.; Zur *Rechtssprache*, en Z. S. S. 16 (1895). 115 sigts. WÖLFFLIN, Zum *Wörterbuch des Klass. Rechtswissenschaft*, en Z. S. S. 9 (1888), 98 sigts.; GRADENWITS, ZU *Wölfflin's Aufsatz über das Wörterbuch des Klass. Rechtswiss.*, ibidem, 98 sigts.; SCHULTZE, *Zum Sparchgebrauch de röm. Iuristen*, en Z. S. S., 12 (1891), BRASSLOFF, *Beiträge zum Iuristenlatein*, en *Philologus*, 40 (1931), 112 sigts.

6 LEVY BRÜHL, *Le latin et le droit romain*, en *Revue des Etudes latines*, 1924, 103 sigts.

7 Sur *l'origine des mots designants le droit et la loi en latin*, en N. R. H. 7 (1883), 603 sigts.

8 *La lingua del diritto romano, I, Le etimologie dei guirecosulti romani*, 1892.

9 *I problemi del più antico vocabulario giuridico romano, en Annali della scuola Superiore Norm. di Pisa*, 1933, 225 sigts: y en *Atti Congr. intern. di dir. rom.* Roma, I, 17 sigts.

10 *Disegno storico della lingua commerciale dai primoidi di Roma all'età moderna. I, Roma e i regni romano-germanici, en Italia dialettica*, 6 (1930), 56 sigts.

11 *Notas al vocabulario jurídico latino*, en *Anuario de Historia del Derecho Español*, 17 (1946), 932 sigts.

12 *Lessico giuridico latino e tradizione mediterranea*, sep. *Annali Scuola Normale di Pisa*, 1940.

13 *Res mancipi, res nec mancipi*, en SDHI, 3 (1937), 434 sigts.

Ha ocurrido, por tanto, que el filólogo se recluye en sus investigaciones lingüísticas, sin preocuparse del concepto, mientras que por el contrario el jurista se encierra en sus conceptos, por no decir a veces preconceptos, interesándole poco que esos conceptos correspondan a la terminología; así, p. ej., Bonfante, creía encontrar un apoyo para su conocida hipótesis sobre el origen de la antigua *hereditas,* en la palabra *heres,* que entendía como señor, sin preocuparse de si el significado de la palabra correspondía efectivamente a aquel concepto.

No hace mucho Valentín Georgescu ha publicado un volumen bastante sugestivo[14], que contiene interesantísimas monografías jurídicas sobre los más variados temas, pero en el que no se ve con claridad qué aportación pueda dar la filología, fuera de la utilización de los textos literarios latinos.

Es preciso reconocer que entre filología y derecho no solo no hay la armonía y coordinación de estudios que debe existir precisamente entre forma y substancia, entre términos y concepto, sino que hay a veces indiferencia o incomprensión. El dualismo estalla a veces en polémicas vivaces, a las que cada parte no lleva la aportación de los propios conocimientos, con el fin de obtener un resultado común, sino que procura derrotar a la otra: se quiere reconstruir la etimología a pesar del significado jurídico, como inversamente, se intenta reconstruir el concepto a despecho del lenguaje[15]. Forma y substancia son dos caminos que rara vez se encuentran, a pesar de estar destinados a alcanzar la misma meta.

Las polémicas resurgen en todo momento, con la intención de hacer prevalecer el elemento filológico sobre el jurídico o vice versa. En el fervor de la discusión, Bonfante se lamentaba, en efecto: "el filólogo en estas investigaciones pasa siempre ante el jurista... en el juicio sobre la evolución de una institución, el parecer de un filólogo pesa tanto como el de un jurista, se puede contradecir libremente la opinión de todos los juristas, sin que la cosa provoque el menor escándalo"[16]. Y es así que en una reciente polémica se ha podido decir que el filólogo va más allá del derecho, el jurista más allá de la gramática[17].

Posiciones y contrastes igualmente anticientíficos[18]. Es preciso que el filólogo sea también jurista y el jurista también filólogo, aunque manteniéndose cada uno en el ámbito de la propia disciplina; es preciso que las dos posiciones y mentalidades, con igual competencia estén reunidas en la misma persona. Pero la división del trabajo y la limitación de la mente humana no permiten esperar tanto.

Según el juicio de Mommsen, Gradenwitz había "die Brücke zwischen Jurisprudenz und Philologie aufrechterhalten". En realidad, Gradenwitz se

---

14 *Etudes de Philologie juridique et de droit romain,* I. *Les rapports de la philologie classique et du droit romain,* 1940.

15 Carusi, *Diritto e filologia (risposta di un giurista alle critiche di un filologo,* 1923; Arangio Ruiz, *Romanisti e latinisti, em Studi in onore di F. Mancaleoni (Studi Sassaresi,* 16), 1938, 15 sigts.

16 *El metodo naturalistico nella storia del diritto,* en *Riv. ital. di sociologia,* 21, (1917), 55.

17 Carnelutti, *Di là del diritto,* en Risg, 1947, 108 sigts. Devoto, *Ius, di là della grammatica,* ibídem, 1949, 414 sigts.; de nuevo Carnelutti, *Ius iungit,* en *Riv. di dir. proc.* 1949, 57 sigts.

18 Nencioni, ob. cit. 8 sigts.

gloriaba de haber ofrecido a los estudiosos el *Vocabularium Jurisprudentiae romanae*[19]; pero a sus numerosos méritos científicos no creo que se deba añadir el de haber sido un gran jurista.

Intento considerar la terminología romana bajo otro aspecto, que me ha sido sugerido por recientes estudios sobre el lenguaje jurídico en general. Con más precisión, intento investigar si y hasta qué punto la terminología romana, vertida, al menos en su mayor parte, en el lenguaje moderno, con la inflexión propia de cada lengua, pueda servir a la reconstrucción de los conceptos jurídicos.

Yo creo que la antigua terminología es un medio seguro y precioso, hasta ahora poco utilizado, para la reconstrucción de los conceptos correspondientes, precisamente porque la terminología con la que se expresa el *ius civile* está tomada del uso común y los términos jurídicos tienen justamente el significado que asumen en la vida cotidiana. Ningún preciosismo de lenguaje. Ningún término técnico, es decir, que no pueda ser entendido con exactitud por todos, aún por los no juristas.

Como el antiguo derecho, según la concepción ciceroniana fue *"a natura ductum"*, esto es, tomado de la misma realidad de la vida, así la terminología está tomada del uso común. Las relaciones jurídicas, antes de ser tales, son relaciones sociales, que tienen una propia denominación, asumida por el derecho en el mismo momento en que tales relaciones son atraídas en la órbita del derecho. Por lo tanto los términos jurídicos son intelegibles a todos. Toda palabra es transparente, en cuanto contiene en sí el concepto. En definitiva, la primera y elemental dogmática jurídica está encerrada en la palabra.

En consecuencia, la definición podía aparecer superflua, por estar ínsita en la palabra misma. Es un hecho que para las instituciones fundamentales falta la definición. Esto no deriva de incapacidad congénita en los romanos o de dificultades insuperables. Después, como veremos, la definición se califica *periculosa,* pero en otra época era inútil. El mismo Schulz[20], que sin embargo invoca la incapacidad romana, observa justamente que la doctrina estoica, aceptada por las escuelas, sostenía que "words possess a natural meaning, in which they ougth to be used".

Hoy el profano permanece indiferente ante la terminología jurídica, que le parece casi hermética, ya que a través de un proceso secular de adaptación, y a veces de tergiversación, ha adquirido valor técnico o convencional, hasta el punto que solo los técnicos logran entenderla. Hay una separación entre el lenguaje jurídico y el lenguaje común. No podemos decir lo mismo del antiguo quírite, que aun profano en materia jurídica, podía fácilmente orientarse.

Para tener la noción jurídica de una institución bastaba conocer el significado de la palabra en el uso común. La correspondencia entre el uso jurídico y el uso común llega a tal punto que los vocabularistas latinos, con ocasión de algún término, recogen precisamente textos legislativos o trozos de obras jurídicas, porque esos mismos términos formaban parte del lenguaje común. No-

19 Otto Gradenwitz (necrologia), en SDHI, 1936, 250.

20 *Roman legal science,* 67.

sotros los modernos hacemos un vocabulario jurídico especial, los romanos en cambio no dudan en incluir en los vocabularios comunes textos jurídicos.

Todo esto contribuía a hacer popular el derecho. Entendámonos bien. Un profano difícilmente lograba entender una fina respuesta de Papiniano o un obscuro texto de Africano, pero cualquiera, cuando oía hablar de *servitus o de obligatio,* sabía ya de qué se trataba, y cuando el antiguo pontífice formulaba un esquema de acción o en general de acto jurídico o daba una respuesta, su lenguaje era inteligible a todos, ya que se dirigía al pueblo y no a un exiguo grupo de iniciados. Los pontífices tenían el monopolio, pero el producto de este, sea respuesta o acción, estaba destinada al pueblo.

La antigua jurisprudencia se envolvía en ropajes pontificales debido a la concepción religiosa del derecho, pero la compenetración con la realidad de la vida, que se manifestaba en el mismo lenguaje, era tan plena y total, que el jurista, cuando cesó el monopolio pontifical, no era un técnico, sino un hombre de la vida común, que viviendo en la realidad de la vida, con sensibilidad exquisita, sabía percibir sus exigencias en la triple actividad del *respondere, cavere,* y *agere.*

Yo tomo en consideración el lenguaje ya, formado, cual resulta de las fuentes que poseemos. La investigación podría ser alargada por los filólogos, remontándose en el tiempo con objeto de descubrir la formación misma de la palabra. Esta investigación podría dar fecundos e inesperados resultados en la reconstrucción de las instituciones primitivas, ya que de algunas solo nos ha llegado el nombre. Los estudiosos han procurado lanzarse a este campo, en el que la investigación romanística se alarga en la comparación y en la etnología jurídica; se va en busca de un derecho antiguo, según la concepción de Wenger, o de un derecho ario, según la tesis de Leísta; con renovada y profunda investigación, extiende ahora Kaser su mirada más allá de lo que pueden proporcionar nuestras fuentes. Es seguro que en esta dirección, la investigación filológica, que nos permite precisar el origen y transformación de los términos que después se convierten en jurídicos, pueden dar mucha luz y bases seguras.

No pienso ni lejanamente aventurarme en este campo, recordando el consejo: *sutor ne ultra crepidam.* En esas investigaciones se trataría no de un problema particular del lenguaje jurídico, sino del origen y transformación del término que el derecho acoge.

Si eludimos remontarnos al origen de las instituciones y de todo el sistema y consideramos el *ius civile,* en la fase, si no más arcaica, por lo menos primitiva, el vocabulario jurídico no presenta problemas particulares de carácter filológico, puesto que se trata del lenguaje común.

Presento aquí un ensayo, limitado a las instituciones fundamentales, que se pueden calificar de verdaderas células germinativas de todo el sistema jurídico.

Comienzo con la denominación de la ciencia jurídica y de los términos más generales.

"Jurisprudencia" "Jurisprudenz" y expresiones similares, son términos que traducen por asonancia la palabra latina *iurisprudentia.* La palabra moderna nada dice: se toma en el sentido de "Ciencia del derecho" o de "decisiones judiciales"; pero es un significado convencional, *Iurisprudentia,* en cambio, dice todo; no es lo que hoy llamamos "ciencia del derecho" para la que los romanos no tenían un término adecuado, a no ser *"scientiw"* como simple conocimiento o *ars* como técnica o sistema. La *prudentia* para los romanos no es la *sapientia,* es decir el conocimiento en sí, sino que, como dice Cicerón, consiste en la *rerum expetendarum fugiendarum scientia*[21], esto es, el arte dirigido a alcanzar unas cosas y evitar otras. Por lo tanto la *iurisprudentia* no es más que la *prudentia* en el campo del derecho, o sea el arte de sugerir lo que hay siempre que conseguir o evitar en el ámbito jurídico. Por ello se podía definir bien como *divinarum atque humanarum rerum notitia, iusti atque inmiusti scientia*[22]. Con esto se ha querido dar una explicación, que puede hacer sonreír por su presuntuosa amplitud pero el concepto está ya bien condensado en el término. La *iurisprudentia* no es el común discernimiento que todos practicamos en la vida ordinaria para obtener el mejor resultado, sino que es la *prudentia* que opera en el ámbito del *ius,* es decir, en esa esfera de actividad que Celso califica sintéticamente de *ars boni et aequi.* El jurista se llama precisamente *iurisprudens* o *prudens* o *prudentior,* por autonomasia, en cuanto con pleno conocimiento del derecho *(iuris scientia)* y dueño de la compleja vida social *(divinarum atque humanarum rerum notitia)* tiene capacidad para enderezar la actividad humana hacia la justicia. El antiguo *prudens* no es el técnico, sino la persona sensata y de bien, que, como dice Cicerón es consultada no solo *de iure civili,* sino también *de filia conlocanda, de fundo emendo, de agro colendo, de omni denique aut officio aut negotio*[23].

Iurisprudens se identifica con *iurisconsultus.* La misma persona se califica indiferentemente *iurisconsultus,* en cuanto su actividad se despliega en el *considere, es* decir, en la orientación de la práctica según directrices conformes al *ius,* e igualmente *iurisprudens,* porque solo se puede imprimir esa orientación en cuanto se sea *iurisprudens* o *iurisperitus,* esto es conocedor del arte que puede guiar en tal sentido.

Pero ¿qué es el *ius?* No se trata del concepto sino del término. Aquí tenemos forzosamente que detenemos, ya que es quizá el único término que no tiene aplicación en el uso común. Si fuese posible aceptar la genial intuición de Vico, que hacía derivar *ius* de *Iovis* habríamos captado el concepto primitivo de *ius.* Pero los filólogos modernos rechazan esa derivación, aunque hacen derivar *ius* de *yaos* u otra palabra, que refleja siempre la concepción religiosa. En todo caso yo creo que *ius* para los antiguos quírites era mucho más significativo que los términos modernos "derecho", "diritto", "droit", "Recht", "right", "canon", que nada dicen, fuera del concepto de regla o modelo.

Si se pudiese después determinar la diversa derivación de *ius* respecto a *lex,* determinaríamos la diferencia de estructura y de concepción de las dos diversas y autónomas formaciones jurídicas, que primero se expresan con *ius*

21 De off. 1, 43, 153.

22 D. 1, 1, 10, 2 (Ulp. 5 reg.).

23 De Orat. 3, 33, 133.

y *lex*[24], después como *ius privatum* y *ius publicum;* parece que en una época, así como este no se consideraba *ius,* tampoco el otro se concebía como *lex.*

La palabra "Estado" y sus correspondientes en otras lenguas modernas nada expresan. Es un concepto técnico no encerrado en el significado literal de la palabra, que solo indica situación, modo de ser de personas o cosas. Solo varios siglos después la palabra Estado asumió ese significado técnico que le ha quedado; y sería interesante determinar a través de qué pasos de *status,* término común derivó Estado. En cambio *res publica o res romana* dice mucho, en cuanto nos recuerda el *populus,* es decir la colectividad organizada, y aun el *civis* más ignorante estaba en situación de percibir qué era el *populus.* Si fuese además posible descubrir la derivación de la palabra *populus,* daríamos con esto un paso más hacia la determinación del concepto.

Algunos calificativos de *ius* son por sí significativos a diferencia del correspondiente lenguaje moderno.

Aunque no sea antigua, el fundamento de la distinción entre *ius publicum* y *ius privatum* está ya esbozada en el mismo lenguaje.

"Derecho público" o "öffentliches recht" nada nos dicen; dan la idea de publicidad en oposición a clandestinidad. ¿Pero, quién podría deducir de tal lenguaje una noción, aunque sea lejana y aproximada del concepto jurídico? En cambio el término *ius publicum* da una orientación precisa: es el *ius populicum, o* sea el *ius populi,* es decir el derecho que afecta al *populus;* en otras palabras el derecho que concierne a la *res publica,* o sea al Estado. Ciertamente es necesaria una determinación ulterior, pero la noción está ya incluida en el término.

También *ius privatum,* a diferencia de la análoga frase moderna, es significativa: *privatus* viene de *privus,* que quiere decir individuo: por tanto enuncia sin más el concepto de que se trata de un sistema referente a los individuos.

¿Qué significa hoy "derecho civil" o "bürgerliches Recht? Pero *ius civile* nos dice inmediatamente que es el derecho del *civis,* esto es, el que le es aplicable; la frase enuncia claramente que se aplica al individuo y no al *populus,* ya que el *civis* forma parte del *populus,* pero no es el *populus.* Nos dice además que es el derecho aplicable solo al *civis* y no al que no tenga la ciudadanía romana. Esta última referencia desaparece cuando el *ius civile* comprende también el *ius gentium,* pero se mantiene siempre el significado fundamental de derecho aplicable al individuo. Es el primer paso hacia el significado convencional, que se acentúa cuando *ius civile* se pone en antítesis a *ius honorarium;* pero esta no es una contraposición originaria.

"Equidad" es hoy palabra hermética, a la que solo se puede dar significado y valor remontándose a la *aequitas* latina, que era palabra de uso común. *Aequitas* significa precisamente igualdad, proporción, adecuación; por tanto en el ámbito jurídico, adaptación de la norma abstracta al caso concreto. La noción se alarga para comprender lo que nosotros llamamos justicia; pero la igualdad es el presupuesto primero y esencial de la justicia en todas las épocas. La palabra justicia solo nos habla de conformidad con el *ius,* pero la *aequitas,* igual que la endiadis *bonum et aequm* nos dice sin más que la justicia

24 Véase últimamente GAUDEMET, *Jus et leges,* en *Iura,* I (1950) 233 y sigts.
Véase ahora DE MARTINO, *Storia della costituzione romana* I, 1951, 88.

no puede ser sino igualdad, unida a lo que esto representa bien sea para los individuos o para la colectividad.

"Actio", "acción", "Klage" nos dicen bien poco: son residuos convencionales de una antigua terminología, que en otro tiempo tenía razón de ser. En realidad *actus, agere, actio, gerere* indican que se trata de la realización de una serie de actividades y comportamientos disciplinados por la ley, dirigidos a conseguir un determinado resultado en la órbita del derecho. Nosotros distinguimos el acto de la acción. Pero para los romanos estamos siempre en el ámbito del *agere,* es decir, de hacer, de desarrollar una determinada actividad preestablecida para conseguir resultados igualmente preestablecidos. Existe en efecto un *agere* o un *gerere* tanto en la *legis actio* como en la *mancipatio.* Las *actiones Manilianae* y *Hostilianae* no son más que formularios de ventas y testamentos; Cicerón habla de *actiones* como de fórmulas[25]. Labeón dice que *actum generale verbum est*[26], según Paulo *civilis actio* es el negocio reconocido por el *ius civile*[27], y todavía hoy hablamos de acto aun si este se limita a una simple manifestación de voluntad puramente adhesiva, sin ninguna ejecución de actos.

El antiguo lenguaje se adhiere perfectamente a la concepción jurídica. Según la mentalidad arcaica, la voluntad en si no se toma en consideración: no basta querer para mover la estática o inercia de las relaciones jurídicas, sino que es necesario hacer desplegar una actividad según determinadas reglas para conseguir determinados fines. El efecto jurídico se atribuye en un principio al *agere* más que a la voluntad. Tampoco se puede hablar de voluntad revestida de forma, ya que en un primer momento el *agere* no es forma sino actividad constitutiva de relaciones jurídicas; es absurdo pensar que los antiguos quírites hayan imaginado la ridícula forma del *gerere per aes et libram* como revestimiento formal de la voluntad: por el contrario, es en el *agere,* donde se encontraba la legitimidad de la adquisición del dominio, porque tenía valor real.

Puesto que el *agere* es llevado a cabo por una voluntad consciente, que pretende conseguir un determinado resultado, la voluntad emerge gradualmente hasta llegar a colocarse en un primer plano. Pero entonces *actio* y *actus* asumen significado técnico: tenemos siempre un *agere,* que se convierte, sin embargo, en mera forma, es decir, sin ninguna correspondencia entre el *agere* como hecho y el fin que se quiere alcanzar.

La noción genérica de *actus* y *actio* sobrevive en el lenguaje moderno, en cuanto en la acción judicial, considerada en el aspecto procesal, hay una pequeña serie de actos, tanto que hablamos de proceso o procedimiento. El término *actus,* en cambio, en el aspecto substancial, es una supervivencia puramente verbal del antiguo *actus,* como tiene valor convencional la expresión "negocio jurídico" traducción literal de "Rechtsgeschäft" que nada dice.

---

25 WLASSAK, *Die Klassische Prozessformel,* en *Sitzung Berichte,* Ak. Wiss. Wien, 202 (1924), 35 sigts.

26 D. 50, 16, 19 (Ulp. 11 ed.).

27 Vat. Fr. 47.

¿Qué significa hoy "reivindicación"? Pero *vindicatio* en otro tiempo significó y suponía efectivamente ejercicio autoritario, real y violento de la fuerza, constitutiva y protectora de situaciones jurídicas[28]. La *vindicatio* fue en otra época distinta de la *actio*[29], y es precisamente en esta distinción arcaica donde debemos buscar la base de la separación entre derechos reales y personales: la *vindicatio* es actuación de la fuerza para la posesión de una cosa corporal; la *actio* en cambio, es una actividad que tiende a apoderarse de la persona física del *obligßtus,* tanto que gráficamente se la llama después *actio in personam* en el sentido de que *infertur in personam*[30]. En la *vindicatio* no hay propiamente un *agere,* ya que las partes se disputan por la fuerza la posesión de una cosa que está presente; en cambio en la *actio in personam* hay toda una serie de actos que tienden a apoderarse de la persona; transportada la noción al campo del derecho subjetivo, se podía decir que en la *vindicatio* se afirma un derecho sobre la cosa, en la *actio in personam,* por el contrario, el derecho a alcanzar un poder sobre la persona.

Se ponen así las bases de la distinción entre *ius in re* (situación estática) y *ius ad rem* (situación dinámica).

El ámbito del derecho privado presenta un campo más vasto de observación, precisamente por haberse formado de modo espontáneo y natural, al margen del Estado, que lo reconoce e impone su observancia, pero que permanece ajeno a su formación.

Persona tiene el significado literal de hombre, independientemente de la capacidad, como en el uso común; por ello *persona* es tanto el esclavo como el *civis* en la plenitud de su capacidad[31]. Solo más tarde y fuera desde luego del derecho romano, persona asume el significado técnico de ente capaz[32]. Lo mismo se puede decir de *caput* que solo quiere decir cabeza, si bien el valor del término es discutido[33]; pero en un principio, lo mismo que persona, no entrañaba ningún significado técnico.

Res tiene significado material, precisamente, aquel con el que todos utilizan esta palabra. Solo más tarde se habla de *res incorporales;* el término comienza así a tener un significado técnico, ya que la misma frase debía parecer contradictoria, al identificarse en el uso común *res* con *corpus,* esto es, entidad material; pero la frase aparecía aún inteligible al profano, pues como nota el vocabulario de Forcellini (ad v. res), se trata de *vocabulum inmensi prope usus*

---

28 Betti, *La vindicatio romana primitiva,* en *Filangieri,* 40 (1915), 321 sigts.

29 Mitteis, *Privatrecht,* I, 99.

30 D. 44, 7, 28 (Pap. 1 def.).

31 Biondi, *Diritto e processo nella legislazione giustinianea,* en *Conferenze per il XIV cent, delle Pandette,* 1931, 156; también Pugliese, *Actio e diritto soggettivo,* 1939, 31 admite que en su origen *actio* era un mero acto material y que en las fuentes clásicas *actio* se entiende en el sentido de actividad.

32 Schlossman, *Persona und Prosopon,* 1906; Rheinfelder, *Das Wort Persona,* en *Beihft Zeit röm. Phil.* 77, 1928, 148 sigts.

33 Coing, *Der Rechtsbegriff der menschlichen Person und die Theorien der Menschenrechten, en Deutsch Landesreferaten zum III intemationalen Kongress für Rechtsvegleichung in London,* 1950, 191 sigts.

ad omnia significanda; quae sunt, aut quae fieri dici aut cogitari possunt. Los romanos, sin embargo estuvieron bien lejanos de la noción abstracta moderna de cosa como entidad objeto de relaciones jurídicas.

El término *dominium,* pasado al lenguaje moderno para indicar la institución central del ordenamiento económico jurídico, encierra el concepto mejor que cualquier definición, sobre la que han discutido durante siglos juristas y legisladores. Ese término, en efecto, indica la noción de señorío pleno, total, absoluto de una persona sobre una cosa corporal. *Dominium* y *res* en el sentido de *corpus* eran esferas coincidentes, sea porque en una época no se conocían otras entidades susceptibles de consideración jurídica fuera de los *corpora,* sea porque solo estos podían ser objeto de aprehensión material. Aun hoy, cuando queremos indicar una situación absoluta y total, hablamos de dominio, dominación, señorío, que no puede ser más que pleno y total. También el antiguo formulario con la tajante afirmación categórica *rem meam esse aio* y *rem Auli Ageri esse,* enuncia enérgicamente la exclusividad de la relación, la subordinación total de la *res* a la voluntad del titular, mejor que ninguna otra definición.

Es probable que el término más antiguo fuese *mancipium,* que refleja la concepción arcaica, para la que toda adquisición de cosa se considera legítima solo en cuanto se realizase *manu* o sea mediante el ejercicio de la fuerza y tutelado por esta. *Mancipium* denota poder absoluto, subordinación total[34]. *Mancipium* y *vindicatio,* son términos correlativos que revelan concepciones arcaicas. *Dominium* y *mancipium* son términos más significativos que *propietas,* sin duda más reciente, que denota la pertenencia y puede referirse a cualquier entidad y a cualquier título.

Los términos correspondientes a los modos de adquisición del dominio (*mancipio dare, mancipatio, occupatio, accessio, traditio*) manifiestan el concepto jurídico. *In iure cessio,* más que un término es una circunlocución que describe, sin embargo, la esencia del acto.

"Usucapión" en el lenguaje moderno se ha convertido en un término bárbaro que el nuevo Código Civil italiano ha querido resucitar, siguiendo la terminología romana. Nada significa. Pero *usucavio* dice todo: dice que se trata de una adquisición *usu o* sea mediante *usus,* en otras palabras mediante la posesión. La palabra aparece, pues, más significativa que la definición que se lee en D. 41, 3, 3 (Mod. pand.).

Pasemos a los derechos reales sobre cosa ajena, para los que los romanos no tienen un término global.

El término *servitus* no es originario, como en general los términos generales y abstractos. En un principio solo se conocen los tipos aislados; los más antiguos parece que fueron *iter, via, actus, aquaeductus.* Estos términos indican ya la noción jurídica; denotan, no el derecho, sino el paso y el acueducto como entidades materiales; *iter* no el derecho de pasar, sino el *locus* por el que se pasa; *aquaeductus* no el derecho a derivar el agua, sino los conductos y la conducción misma. El lenguaje confirma, pues, que estas antiguas relaciones se

---

34 GIOFREDI, *Caput,* SDHI, (1945) 301 sigts.

configuraban en una época no como derechos, sino como cosas corporales, y precisamente como partes del fundo, de las que el titular tiene el dominio[35].

Posteriormente, a medida que los tipos se hacen numerosos y se perfila la categoría, se habla de *servitus* y de *iura praediorum.*

Hoy el término "servidumbre", aunque sea con la calificación de predial, lo mismo que el término "services foncières", adoptado por el Código francés, que tuvo fobia a la palabra servidumbre porque recordaba la esclavitud de las personas, o que "Dienstbarkeit" del código alemán, nada expresan. ¿Qué significa servidumbre o servicio predial? En cambio *servitus,* en una sociedad que conoce la esclavitud de las personas es luminosísimo; nos dice en efecto que se trata de la sujeción del fundo, que ha perdido su independencia, es decir la normal *libertas* jurídica, la plenitud de facultades comprendidas en el *dominium,* de la misma forma que la esclavitud de las personas es una sujeción de la persona física. Plenitud del dominio y *servitus* son conceptos contradictorios, de igual manera que *servitus* y *libertas* son incompatibles. La *servitus* es un *status* del fundo[36], como la esclavitud es un *status personarum.* Toda la terminología romana, seguida aún por los modernos, está calcada sobre la esclavitud de las personas. Ciertamente, hay diferencia entre *servitus fundi* y *servitus hominis;* pero el lenguaje es revelador, y en un ordenamiento que admite la esclavitud de las personas debía ser aún más significativo que en el moderno, donde aparece como un recuerdo histórico.

También *iura praediorum* es frase eficacísima para indicar que la relación es inherente al fundo, que es un estado jurídico del fundo. Si traducimos literalmente *iura praediorum* como derechos del fundo, o sea pertenecientes al fundo, enunciamos una frase, que tomada a la letra, escandaliza los timoratos oídos de nuestros dogmáticos.

Instructivo es el término *ususfructus,* que como derecho se define *ius utendi fruendi* traducido literalmente por los intérpretes como derecho de "usar y disfrutar".

El término ha sido acogido en las lenguas neolatinas con las inflexiones propias de cada una; se habla de "usufructo" "usufrutto", "usufruit". También la palabra "Niessbrauch" no es más que la traducción de *ususfructus.* ¿Qué significa este binomio y qué valor tiene la tradicional definición como *ius utendi fruendi* o derecho de usar y disfrutar? No es fácil presentar una justificación. ¿No está acaso el uso implícito en el disfrute? ¿Se puede quizá usar de una cosa sin disfrutar de ella, o, inversamente disfrutar de una cosa sin usarla? ¿Qué diferencia hay entonces entre "usar" y "disfrutar"?

Si la definición de Paulo y las modernas que le siguen servilmente fuese un pasaje literario, podríamos considerar la frase como una endiadis, en que el uso refleja el lado objetivo o de hecho, el disfrute el lado subjetivo y hedonístico. La frase se entendería entonces en el sentido de que el uso supone el disfrute. Pero las definiciones y los conceptos jurídicos no pretenden ofrecer

35 De Visscher, *Mancipium et res mancipi,* en SDHI, 1936, 263 sigts. reimpreso en *Nouv. Etudes de droit romain,* 1949, 220 sigts. Kaser, *Das Altrömische Ius,* 1949, 136 sigts.

36 Biondi, *La categoria romana delle servitutes,* 1938, 659 sigts. y autores alli citados; *Le servitu prediali nel dir. rom.* 1946, 31 sigts.

imágenes, sino atribuir facultades jurídicas. Paulo habla de *ius utendi fruendi* como dos facultades distintas. Y entonces nos preguntamos: ¿qué facultades supone el uso que no estén contenidas en el disfrute? Es difícil individualizarlas. El derecho de usar no se puede entender en el sentido inocuo en que la ley habla del uso como derecho real sobre cosa ajena, es decir, la atribución al usufructuario del derecho de uso, ya que esto sería una redundancia: si el usufructuario tiene el derecho de disfrutar de la cosa, como la disfrutaría el propietario, es evidente que también puede usar de ella dentro de los límites de las propias necesidades y las de su familia, hasta tal punto que la definición de la propiedad habla de derecho de disfrutar solamente, estando implícita en esta facultad la de usar.

La historia de la palabra *ususfructus* y de la definición romana aclara, no solo el concepto romano de la institución, sino que también permite valorar la terminología y las definiciones modernas.

El término romano es *fructus,* que enuncia ya el contenido de la relación porque todos saben lo que es *fructus* de una cosa. Por tanto la institución supone atribución de todo lo que representa social y económicamente *fructus.* En un principio, en una economía esencialmente agrícola, *fructus,* es el fruto natural, o sea el producto del suelo: plena correspondencia por tanto entre realidad práctica y derecho. Posteriormente la noción se alarga y el término comienza a convertirse en técnico a medida que se toman en consideración otras utilidades económicas que no son los productos del suelo, es decir, los frutos literalmente entendidos. *Fructus* entonces no es solo el fruto natural, sino todo lo que representa rédito normal de la cosa.

El *fructus,* entendido no como realidad material, sino como derecho subjetivo o ius *fruendi,* mientras *fructus* se concibe como fruto natural, es el derecho de percibir los frutos, que no se adquieren en razón del derecho mismo, como ocurre con la propiedad, sino mediante la *perceptio,* que es un acto material de aprehensión. Se presenta, sin embargo, una dificultad material de carácter técnico jurídico. Puesto que aún en la época de Gayo[37] el usufructuario, a pesar de tener el *ius fruendi* no es considerado *possessor rei,* ¿cómo hacer posible la *perceptio,* y cómo puede actuar el titular sobre la cosa para producir los *fructus* a los que tienen derecho? Es una situación verdaderamente ilógica y contradictoria: derecho a percibir los frutos sin ninguna injerencia sobre la cosa. La detentación que de hecho puede tener el titular, de nada sirve, porque el *ius civile* no la toma en consideración, y por tanto el *dominus rei* podía impedir cualquier injerencia en la cosa, puesto que el derecho del usufructuario afecta solo al *fructus* y no a la cosa.

Frente a esta situación los antiguos *iuris auctores,* en el momento mismo en que, en el ámbito de la *vindicatio,* reconocieron el *ius fruendi,* se vieron necesariamente obligados a atribuir al titular del *fructus* también el *usus rei. Usus* no en el sentido de derecho real de *usus,* ya que este está comprendido en el *fructus,* sino el significado civilístico de *usus* como poder sobre cosa corporal, precisamente en el mismo significado al que se refieren las XII Tablas al hablar de *usus auctoritas.* Pero no se trata del *usus* que conduce a la usucapión,

---

37 BIONDI, *La struttura delle servitù prediale,* en *Studi in onore A. Scialoja.*

excluida siempre, sino de un poder material atribuido dentro de los límites que son necesarios para el ejercicio del *ius fruendi.*

De esto deriva la misteriosa máxima *fructus sine usu esse non potest*[38]. Un negocio en que se atribuya a uno el *fructus* sin el *usus* no puede tener eficacia, porque es una contradicción en los términos. ¿Cómo es posible que el titular del *fructus* pueda ejercerlo, si explícitamente se excluye el *usus,* que es precisamente el medio necesario para hacer posible su ejercicio? Es una institución análoga a la de la institución *ex certa re* o bajo condición imposible, que es de tal forma contradictoria, como para dudar sí el disponente ha tenido una seria voluntad positiva. Por tanto, como en materia de usufructo no actúa ningún *favor,* que permita salvar la disposición positiva, el acto que otorga el *fructus* es nulo inexorablemente, según la tajante decisión de Pomponio: *si tibi fructus deducto usu legatus sit, inutile esse legatum.* La *deductio* demuestra que el disponente no tenía la seria voluntad de atribuir el *fructus,* ya que un *fructus sine usu* es un absurdo jurídico. Una disposición de *fructus deducto usu* solo es posible y eficaz cuando la *deductio* se considere no puesta; así si *usufructu legato usus adimatur,* la disposición es eficaz, pero solo considerando que la *ademptio* es nula por razones de benignidad: *quae sententia benignior est*[39].

Caso distinto es dejar a uno el *fructus* y a otro el *usus:* en tal caso, a quien se atribuye el *fructus* se concede implícitamente también el *usus rei* que es necesario para ejercitar el *fructus,* y a quien se atribuya el *usus* se concede también el derecho de disfrute, que limita el *usus* ajeno, pero no priva al titular del *fructus* del *usus rei* que le es necesario[40].

Todo esto explica que al *fructus* se añada, como entidad estrecha y necesariamente unida, el *usus,* de forma que la institución se convierte en *ususfructus.* El *usus* es el necesario complemento del *fructus.* No hay sucesión cronológica en el sentido de que al *fructus* en momento posterior se haya añadido el *usus;* un *fructus* sin *usus* nunca ha existido ni puede existir. La institución nace como *ususfructus* y no puede existir de otra manera.

El término parece ahora luminoso y transparente, y anuncia sin más la noción precisa de la institución; es un binomio, en el que el *fructus* enuncia el contenido esencial, el *usus,* en cambio, una facultad accesoria, como medio indispensable para ejercitar el *fructus.* La palabra, por tanto, no entraña ninguna tautología ni tiene valor convencional, ya que *usus* no quiere decir, como el correspondiente término moderno, disfrute.

Ususfructus, en el pensamiento romano no quiere decir "uso y disfrute" sino "posesión y disfrute". Por tanto, la célebre definición de Paulo (*ius utendi fruendi*) se debe traducir, no como se acostumbra "derecho de usar y disfrutar" sino "derecho de poseer y disfrutar", entendiendo el poseer solo con el fin de ejercitar el disfrute; no son dos aspectos del mismo derecho o dos facultades distintas, de las que una comprende a la otra, sino dos facultades distintas, de las que una (*ius utendi*) *es* simplemente accesoria de la otra (*ius fruendi*).

38 Gai 2, 93.

39 Paul. 3, 6, 24.

40 D. 7, 8, 14, 1-3 (Ulp. 17 ad Sab.).

La institución atribuye por tanto al titular dos facultades distintas: a) *ius utendi,* en el sentido de *ius possidendi,* con los límites y finalidad que hemos visto; b) *ius fruendi,* es decir, derecho de disfrutar la cosa. Se trata de facultades diversas, pero tan estrechamente unidas que se dice *ususfructus* y *ius utendi fruendi,* aunque se habla por brevedad, de *fructus,* especialmente cuando la cuestión del *usus* no se discute. También la fórmula de la *vindicatio ususfructus* enuncia el *ius utendi fruendi,* como facultades íntimamente conexas: no es posible, en efecto, que alguien se oponga al *uti* sin discutir el *frui,* ya que el *usus* no tiene existencia en sí, como inversamente no es posible que nadie se oponga al *frui* sin discutir el *uti.* Tan escrupulosa insistencia en tomo al *uti* difícilmente se podría explicar si la palabra se debiese entender en el sentido moderno de uso o disfrute, que indudablemente está comprendida en el *frui.*

El valor del *usus,* concebido como medio para el *fructus,* no decae cuando el pretor concede el interdicto *unde vi* contra quien *vi deiecit utentem et fruentem aut non admisit,* y se habla del que *uti frui prohibuit*[41]. El pretor pretende aquí tutelar el hecho del ejercicio del usufructo, mientras que el *ius civile* considera el *ius utendi* como derecho a tener la posesión, comprendida por sí misma en la propia constitución del *fructus.*

Después de estas aclaraciones sobre la terminología romana, hecha translaticia, podemos decir que merecen alabarse algunos códigos modernos, que, abandonando la tradicional definición que mencionaba el "derecho de usar y disfrutar", definen la institución como "derecho de disfrutar la cosa" o "die Nutzungen der Sache ziehen"[42], sin dar la impresión de suprimir ninguna facultad fundamental de las tradicionalmente comprendidas en la institución. Esta continúa llamándose como el romano, "usufructo" o "Niessbrauch", pero el contenido no corresponde al término que supone dos poderes mientras que la institución atribuye solo la facultad de disfrutar.

Un residuo del *uti* romano se encuentra en el artículo 892 del Cod. Civil italiano y en algún otro código moderno, según el cual el "usufructuario tiene el derecho de obtener la posesión de la cosa". Se puede decir que la ley contempla el *frui* en la definición del art. 891. El *uti* en el sentido romano en el art. 892.

El término asume significado convencional y no expresa el concepto que era incluido en el romano *ususfructus.* El lenguaje puede todavía perpetuarse, pero si queremos referirnos a la definición romana, es preciso traducirla, no "derecho de usar y disfrutar", sino "derecho de poseer y disfrutar".

Del antiguo lenguaje en materia de derechos reales se puede deducir la conclusión de que en la primitiva concepción tales relaciones se consideraban como entidades materiales y desde un punto de vista realista. Para el dominio se dice *res mea est* y se habla de *mancipium,* que indica siempre la cosa más que el derecho. Análogamente se habla de *iter, via, actus, aquaeductus,* que denotan entidades corporales, consideradas como tales en la primitiva concepción jurídica, que admite la posibilidad de una propiedad dividida[43]. *Fructus* indica

41 D. 43, 16, 3, 14 (Ulp. 69 ed.).

42 Cód. Civ. ital. derogado (art. 477), vigente art. 981; cód civ. esp. (art. 467); cod. civ. austríaco (art. 509); cod. civ. al. (1030).

43 Kaser, ob. cit., 99 sigts.

los frutos en su entidad material más que el *ius fruendi*[44] y se discute si es *pars dominii en* el sentido de fraccionamiento de la cosa más que del derecho[45]. Lo mismo podríamos repetir para la *hereditas,* concebida como complejo corporal más que como tus *hereditatis*[46]; para la *superficies* que denota siempre entidad material.

En época posterior, a medida que la ciencia del derecho opera con entidades más abstractas que materiales, mientras la cosa se identifica con el derecho de propiedad, todos los demás derechos se comprenden en la categoría de las *res incorporales,* dando lugar a la dificultad referida por Gayo[47]: cuando se dice que el fundo es cosa corporal, nos referimos a la cosa que forma objeto del *dominium;* pero entonces, en este aspecto, el fundo será cosa corporal aunque sea objeto de servidumbre o usufructo; si además consideramos no ya la cosa, sino el derecho, entonces el *dominium* es tan cosa corporal como la servidumbre o el usufructo. La desarmonía no era percibida por los romanos tan gravemente como por nosotros, porque, precisamente para indicar el carácter absoluto y la totalidad de poder del *dominus,* hablaban de la cosa más que del derecho.

Muchas discusiones ha habido sobre el concepto de obligación tanto en el aspecto histórico como en el dogmático. Se ha pedido auxilio a los más variados derechos de la antigüedad, y para aclarar el concepto se ha acudido a una terminología exótica (Schuld, Haftung) sin tener suficientemente en cuenta la límpida y luminosísima terminología romana.

Obligatio no quiere decir deber, para el que los romanos hablan de *oportere* o *debere,* ni tampoco responsabilidad. La palabra moderna obligación implica el concepto de deber, y, no obstante la asonancia, no expresa en absoluto la idea ínsita en la palabra *obligatio.* Esta no significa más que vínculo, ligamen. Transportada a la esfera jurídica conserva tal significado: denota siempre vínculo o ligamen, que en un principio tiene como objeto la persona en sentido físico y material. Aún hoy, como en el lenguaje romano, se habla de persona obligada en el sentido de persona vinculada. El vínculo tiene una finalidad bien precisa, a saber, el cumplimiento de una determinada prestación. La idea de vínculo no excluye la libertad ni supone en sí sujeción. La idea de finalidad está condensada en el prefijo *ob.* No es por tanto, como la *servitus,* una situación estática o permanente, sino finalística, en cuanto tiende a obtener una determinada prestación.

También la palabra más antigua *nexum* se encuentra en el mismo plano y tiene el mismo significado: quiere decir en efecto ligar; *nectere* significa precisamente ligar y *nexus* es la persona ligada.

---

44 MASSON, *Essai sur la conception de l'usufruit en droit romain* en RH, 13 (1934), 30 sigts., 162 sigts. BIONDI, *La categoria* cit. 665 y sigts.

45 PAMPALONI, *(Il concetto classico dell'usufrutto,* en BIDR, 22, (1910), 109 sigts., opina que esta era todavía la concepción clásica del usufructo.

46 BIONDI, *Obietto dell'antica hereditas,* en Iura, I (1950), 150, sig. antes AMBROSINO, *In iure cessio hereditatis,* en SDHI, 10 (1944), 89 sigts., y ahora *Esercitazioni di dommatica moderna sul diritto romano,* ibidem, 17 (1951), 3 sigts.; ALBANESE, *La sucessione ereditaria in dir. rom.,* en *Annali Seminario giur. Un. Palermo* 20, (1949).

47 Gai 2, 14.

Tanto *nexum* como *obligatio* tienen la misma función y la misma finalidad: son mecanismos jurídicos que tienden a hacer conseguir al titular un determinado comportamiento por parte de otro. Ambos tienen como referencia la persona física del hombre: mientras en el *nexum* existe una sujeción inmediata a servidumbre, salvo liberación *(nexi liberatio)* en el caso de cumplimiento de la prestación, en la *obligatio* aparece, en cambio, una sujeción de la persona tan solo ideal o potencial; el *obligatus* goza de su libertad intacta; pero el vínculo, teniendo siempre como fin el cumplimiento de la obligación, se hace efectivo con la *manus iniectio* en el caso de incumplimiento, porque el acreedor, en la forma y manera que establece la ley tiene el derecho de realizarla plenamente. Cuando esta situación pareció no solo excesiva para el deudor sino también inadecuada para el acreedor, que en definitiva, en lugar de la prestación, solo tenía la flaca satisfacción de adquirir un esclavo, se introduce el sistema de la ejecución patrimonial: la *obligatio* sigue siendo siempre vínculo, aunque este afecta no solo a la persona, sino también al patrimonio del *obligatus.* Con plena adherencia al significado de la palabra, la figura se define por los clásicos precisamente como *vinculum iuris,* para indicar el vínculo tanto de la persona como del patrimonio. El *genus proximum* de la definición (*vinculum*) enuncia el significado literal de *obligatio.*

El *vinculum* tiene una doble referencia (personal y patrimonial). Siempre hay *vinculum,* pero la estructura y realización definitiva son tan diversas que, caso único, se siente la necesidad de remitirse al ordenamiento positivo. A *vinculum* se añade la especificación *iuris,* de forma que se convierte en *vinculum iuris* y la definición concluye con aquel *secundum nostrae civitatis iura,* en el caso de que esta frase se quiera considerar genuina[48].

Sin embargo, se continúa siempre hablando de persona obligada, mas no de patrimonio obligado, porque el vínculo en relación al patrimonio no es tan pleno y efectivo como respecto a la persona; efectivo y actual en el *nexum* se idealiza en la *obligatio,* pero siempre se trata de vínculo, que se realiza en forma específica, en cuanto el acreedor insatisfecho puede, en la forma prescrita por la ley, apoderarse efectivamente de la persona física del *obligatus.* No ocurre lo mismo respecto al vínculo del patrimonio; el acreedor no puede apoderarse de él, solo puede proceder, del modo que la ley señala, a la expropiación, para satisfacerse su crédito por vía de compensación pecuniaria. El vínculo no es ya real, sino que solo indirectamente sirve para satisfacer al acreedor.

También los términos *solutio* y *liberatio* antitéticos a *obligatio* son expresivos, lo mismo que *obligatio;* tienen precisamente el significado literal de los términos respectivos, en relación a *obligatio:* como esta supone vínculo, así *solutio* y *liberatio* entrañan disolución del vínculo.

Entendida la *obligatio* como vínculo personal y patrimonial, y no como deber u obligación en el sentido moderno, para los romanos ni siquiera se presenta el problema que plantean los modernos y que había excitado la fantasía de Perozzi, esto es, el de separar el deber de la obligación. Para los romanos el problema no existe: hay *obligatio* siempre que interviene un vínculo de la persona y del patrimonio. Es, pues, una categoría bien definida en el complejo de los deberes jurídicos.

---

48 BISCARDI, *Secundum nostrae civitatis iura,* en *Studi Senesi,* 38 (1951), 40 sigts.

Contrato, entendido como acuerdo de voluntades, es un término absolutamente convencional, y con extraña contaminación de términos se habla de "estipular un contrato". *Contrahere* en cambio, significa establecer un vínculo, como *contractus* indica el hecho de que se ha establecido un vínculo. Para indicar lo que nosotros llamamos acuerdo de voluntades, los romanos tienen términos más significativos, que han pasado al lenguaje moderno como sinónimos de contrato; son estos: *pactum, conventio, consensus, pactum conventum.* Son todos términos que enuncian el concepto de acuerdo a diferencia del convencional contrato: *pactum* viene de *pacisci,* es decir, hacer la paz, y, naturalmente, no se puede hacer la paz si no se está de acuerdo: *conventio* viene de *venire* juntos al mismo lugar, como dice Ulpiano[49].

Un largo proceso histórico, que no es esta la ocasión de describir, lleva a identificar *pactum* con *contractus,* que viene a asumir, por lo tanto, un significado convencional, no reflejado en el término.

Testamentum viene de *testis* y la palabra dice a primera vista que se trata de un acto que se hace ante testigos, cuya presencia tiene una función constitutiva más que probatoria, como demuestra el hecho de que todas las formas romanas de testamento, desde la antigua *calatatiis comitiis* a las justinianeas, requieren siempre la presencia de testimonios, tanto que se habla aún técnicamente de *testationes*[50].

Successio indica el fenómeno por el que una persona entra en una determinada situación, que en un principio correspondía a otro.

Un bellísimo ejemplo de la aportación que la terminología puede dar a la reconstrucción de los correspondientes conceptos jurídicos nos proporciona ahora la aguda y brillante investigación sobre el tema del *furtum,* de Niederlander[51], que observa en general exactamente: "Die Etimologien und die rechtliche Gestaltung scheinen eng miteinander verbunden gewesen zu sein. Dabei sind sie nicht nur als Entsprechungen rein passiv sekundaren Natur und als bloss wirklichkeifen Spiegelung zu werten"[52].

He querido presentar un ensayo a fin de destacar que aportación más apreciable puede dar la consideración de la terminología para la reconstrucción del concepto jurídico, escogiendo entre los casos más seguros. La investigación podría todavía extenderse a otras instituciones, para los que la incertidumbre sería mayor, o también a los ya desaparecidos, de los que solo sobrevive el término, que a falta de otros datos, siempre será significativo. La tarea no es fácil; sin embargo, la terminología es siempre reveladora o cuanto menos constituye un freno a nuestra fantasía. Precisamente en este campo sería más valiosa que en ningún otro caso la colaboración entre filólogos y romanistas: los primeros darían sus conclusiones sobre el término, que es el único elemento conservado; los segundos proporcionarían una orientación a la investigación y una base más segura al resultado.

---

49 D. 2, 14, 1, 3 (Ulp. 4 ed.).

50 BIONDI, *Successione testamentaria e donazioni,* 1943, 22 sigts.

51 *Die Entwicklung des furtum und seine etymologischen Ableitungen,* en ZSS, 80 (1950), 185 sigts.

52 ob. cit. 257 sigts.

¡Cuántas concepciones antiguas se esclarecerían, si el jurista pudiese valerse de resultados filológicos seguros, y cuántas ideas arcaicas se podrían valorar con una acertada etimología! Si pudiésemos establecer la derivación precisa de las palabras *parecidas, vindex, sponsio, stipulatio, culpa, condictio, heres* y *heres suus, legare, noxa, praes, manceps, vas, reus etc.;* si pudiésemos comprender plenamente el significado de la frase *erctum non cito* y, sobre todo, de la misma palabra *ius,* estaríamos sin duda bien cerca de poder reconstruir los conceptos correspondientes. El campo podría alargarse para comprender los términos en desuso ya en la órbita del derecho, pero que en un principio se relacionaban con él, como *fas* y *sacertas,* y en general los propios del antiguo *ius pontificium,* sobre el cual aún escribían Labeón y Capitón.

La adherencia de la terminología jurídica al uso común la perciben los mismos juristas romanos, cuando presentan sus bien conocidas etimologías de los términos jurídicos. Ciertamente están hechas a oído y a veces horrorizarían a un filólogo moderno; pero por su mediación no pretenden hacer lo que sería para nosotros obra de ciencia filológica, sino esclarecer el significado del término.

Ius se hace derivar de *iustitia*[53]; *consules* de *ab eo quod plurimum rei publicae consulerent*[54]; *furtum a furvo, id est a nigro dictum*[55]; *testamentum* de *testatio mentis*[56], pero Gelio no deja de observar que la derivación es *non inconcinna neque abhorrens*[57]; *mutuum* viene *de meo tuum fit*[58]; *pignus* a *pugno, quia, quiae pignori dantur manu traduntur*[59]. A veces la etimología se resuelve en una tautología; así *donatio* de *doni datio.*

Con el mismo método se hacen derivar algunos términos comunes, tenidos en cuenta en la ley o en los actos jurídicos. Labeón que según Gelio descolló en el estudio de los orígenes de las palabras, hace derivar *supellex,* de *sub pellibus*[60]. Análogamente *militia* se hace derivar *a militia id est duritia... aut multitudine aut a malo*[61]; *servi* de *servare*[62].

Este es el camino que siguió Isidoro de Sevilla en su obra *libri originum sive etymologiarum,* que según Mommsen, *ut rudis indigtestaque moles omni caret iudicio*[63].

Estas derivaciones filológicamente erróneas, demuestran que en el pensamiento romano el lenguaje refleja siempre el concepto jurídico. Los juristas no pretenden presentar ninguna conclusión científica ni penetrar en la ciencia

53 D. 1, 1, 1 pr. (Ulp. 1 inst.).

54 D. 1, 2, 2, 16 (POmp. 1 ench,).

55 D. 24, 2, 2, pr (Gai 11 ad ed. prov.).

56 D. 47, 2, 1 pr (Paul. 39 ed.).

57 Inst. 2, 10 pr.).

58 Gelio 6, 12.

59 D. 12, 1, 2, 2 (Paul. 28 ed.).

60 D. 50, 16, 238 (Gai 6 ad leg. duod. Tab.).

61 D. 39, 6, 35, 1 (Paul. 6 ad leg. Iul. et Pap.).

62 D. 33, 10, 7, pr (Cels. 19 dig.).

63 D. 29, 1, 1, 1 (Ulp. 45 ed.).

filológica, que entonces no existía, sino precisar el concepto jurídico a través de una derivación de la palabra, que a nosotros parece descabellada.

Será erróneo filológicamente hacer derivar *ius* de *iustitia, testamentum* de *testatio mentis, mutuum* de *ex eo quod meum est tuum fit*[64]; pero estas derivaciones reflejan exactamente el concepto jurídico, en cuanto el *ius* no es más que *iustitia,* el *testamentum es* manifestación de voluntad en presencia de testigos, la esencia del mutuo reside en la transferencia de la propiedad. La derivación no agota la noción jurídica, pero proporciona una primera orientación. Quintiliano hace notar que *verborum originatio habet aliquando usum necessarium quotiens interpretatione res de qua quaeritur eget*[65]. Pero la *originatio verborum* se hace no científicamente sino para esclarecer el concepto jurídico.

¿Es lícito continuar, respecto a la terminología moderna, esa misma dirección de las etimologías a oído que seguían los juristas romanos? Lo ha intentado recientemente Carnelutti[66], que hace derivar, p. ej., *ius* de *iungo,* Estado de *lo que está,* determinando la vivaz polémica entre juristas y filólogos a que he aludido al principio. Sin duda, nada impide que sigamos la orientación romana siempre que no pensemos en dar a nuestras etimologías el valor de resultados científicos desde el punto de vista filológico, y dado que con esas etimologías no queremos presentar concepciones puramente personales, porque en este caso la derivación no añadiría nada a tales concepciones.

Estas observaciones se refieren a la antigua y fundamental terminología; en general, como el *ius civile* es a *natura ductum,* así los términos están tomados del uso común.

Si el ordenamiento jurídico se hubiese mantenido firme en sus antiguas posiciones, toda la dogmática jurídica se hubiese agotado en el lenguaje, y quedarían eliminadas las dificultades para los historiadores del derecho, en cuanto la reconstrucción de los conceptos jurídicos se limitaría en su mayor parte a una investigación de vocabulario. Yo hablo, en efecto, de *primera* dogmática jurídica.

Pero el derecho, en realidad, se desarrolla, como se desarrollan las relaciones sociales. Tal desarrollo no se produce sin duda en el ámbito del lenguaje tradicional, que bien pronto aparece insuficiente y no obedece del todo a esquemas lógicos. El lenguaje jurídico no permanece inmutable, como tampoco queda sin evolucionar la vida social, a la que deben adaptarse necesariamente legislación y jurisprudencia. A medida que el ordenamiento jurídico se amplía, sobre todo con los nuevos sistemas del *ius gentium, ius honorarium* y del derecho imperial, y se multiplican con ello las relaciones jurídicas, se alarga también la terminología. Comienza la marcha hacia el tecnicismo del lenguaje jurídico, que va casi al mismo paso que la formación de la jurisprudencia como ciencia[67].

---

64 Inst. 1, 3, 3.

65 Inst. Orat., 10.

66 *Arte del diritto,* 1949, 10 sigts. 65.

67 Sobre la conexión entre lenguaje técnico y ciencia, véase BOBBIO, *Scienza del dir. e analisi del linguaggio,* en *Rivista trim. di dir. e proc. civ.,* 4 (1950), 342 sigts.; en contra OPOCHER, *Positivismo logico e scienza giuridica,* ibídem, 5 (1951), 139 sigts.

El lenguaje jurídico, gradualmente, comienza a alejarse del ordinario para adquirir un significado técnico. A medida que el derecho se hace complejo y complicado y los términos jurídicos asumen valor convencional, recibe nuevo impulso la dogmática como ciencia del derecho, que llega a ser cada vez más complicada y difícil. La antigua dogmática, simple y esquemática, contenida en la palabra, resulta insuficiente. En la dogmática moderna tejida de técnica y especulación, el lenguaje no es ya revelador, como era en un principio, porque ya no se acomoda al uso común. La ciencia del derecho, como cualquier otra tiene un propio lenguaje técnico. Su análisis no es ya el del hablar ordinario, y precisamente a este lenguaje técnico es preciso referirse en la interpretación de la ley y en la elaboración de la ciencia.

El desarrollo del derecho y la formación de la ciencia jurídica lleva a un progresivo tecnicismo. La tendencia en este sentido continúa a medida que el derecho no es ya *a natura ductum,* sino imposición del Estado, y el jurista no es el hombre sabio y prudente que da consejo incluso de *agro vendendo* y *de filia conlocanda,* sino un técnico del derecho. El tecnicismo del lenguaje es una necesidad de toda ciencia; quizá marca el paso del empirismo a la ciencia.

Schulz[68] observa que falta a los romanos el término técnico aun tratándose de importantes conceptos. Esto no es del todo cierto: respecto a lo que nosotros llamamos capacidad jurídica faltaba a los romanos no solo el término, sino también el concepto; hablan en efecto de *connubium, commercium, testamentifactio,* etc., sin remontarse a la noción general de capacidad de la que no sentían la exigencia. Les faltaba sin duda un término correspondiente a nuestro negocio jurídico, pero tampoco tenían su concepto. La tendencia contraria a toda abstracción que no tuviese importancia práctica, vedaba conceptos generales y terminología unitaria.

Los antiguos términos, a causa del tradicionalismo romano, se conservan, pero se entienden de modo diverso, de forma que se produce una divergencia entre el significado jurídico, que se hace técnico, y el uso común, que continúa utilizando el término en significado antiguo, no sin sentir el influjo del nuevo.

Surgen así problemas y dificultades técnicas desconocidas a los antiguos *prudentes,* para los que toda la ciencia del derecho estaba encerrada en el lenguaje ordinario. Esto es debido al desarrollo de las relaciones jurídicas, al surgir de nuevas figuras y a las transformaciones de las antiguas, que requieren un tecnicismo más acentuado del lenguaje, aunque no prescinde del significado común, que aun sobrevive. Se crean nuevos términos técnicos o los antiguos se entienden en un sentido técnico, determinando una nueva dogmática, que supera, sin anularla sin embargo, la incluida en el lenguaje. El jurista no es ya la persona proba y de buen sentido que entiende, p. ej., la *emptio venditio* de la forma que la entiende cualquier ciudadano, sino el técnico que opera no con los términos comunes, sino con términos técnicos, y por tanto a *emptio venditio* atribuye el significado técnico propio del ordenamiento jurídico.

Ius, cuando se pierde la antigua concepción, cualquiera que fuese, asume significado técnico, incluso diversos significados igualmente técnicos. No es tan solo, como en un principio, entidad objetiva, sino que significa también

---

68 *Prinzipien,* 30.

potestas, facultas y asimismo el *locus* en que el magistrado administra justicia. Puede ser incierto el modo en que se pasó del significado primordial a estos otros, pero es seguro que todo esto es fruto y, al mismo tiempo exponente de tecnicismo. Los antiguos no concebían el *ius* como facultad abstracta. Hacían la pregunta: *possetne lege agere?* refiriéndose a un hecho objetivo, como es el *agere;* decían *res mea est,* indicaban la cosa más que el derecho. Más tarde se habla de *ius* en el sentido que nosotros llamamos subjetivo, y el uso técnico pasa después al común, verificándose un fenómeno inverso al ocurrido en un principio.

No son dos nociones distintas, aunque estén entrelazadas, como las modernas de derecho objetivo y subjetivo, sino dos significados de la misma palabra: uno antiguo y común, otro técnico y más reciente, que, sin embargo, coexisten[69].

Ius *publicum* no es solo el *ius populi,* es decir, el derecho a que se refiere al *populus* entendido como organización política, sino también la parte del derecho, que aun afectando a los individuos *interest rei publicae,* con la consecuencia de que *ius publicum privatorum pactis mutari non potest;* este principio de evidencia intuitiva, tiene sentido para esta última acepción del *ius publicum,* pero es absurdo para el *ius publicum* entendido como *ius populi.*

Actio y actus, en una época, entraña en todas las manifestaciones un efectivo despliegue de actividad, *facere* en sentido literal, serie de comportamientos dirigidos a conseguir un determinado fin en el ámbito jurídico; en consecuencia, la antigua ciencia del derecho se limitaba a la descripción de esa sucesión de actos. Pero cuando el *actus* no consiste ya en un *facere,* se continúa sin embargo hablando de *actus,* pero no en el sentido antiguo: el término asume el valor convencional que tiene en el lenguaje y en la ciencia moderna, tan remoto del uso común, que el concepto correspondiente, perdida la adherencia entre vocablo y realidad, aparece arrojado al ámbito de la más sutil especulación.

De los genéricos *actus* y *agere* se destaca la *actio,* entendida en sentido técnico procesal. Mientras que en un principio no solo todo jurista sino también un profano sabía lo que era un *lege agere* ante la realidad concreta del acto, más tarde la reconstrucción de la noción de *actio* no es ni intuitiva ni fácil. Tanto que sobre ella, descartada como insuficiente la definición romana, se han escrito volúmenes de sabiduría dialéctica y Wlassak[70]; tras cuarenta años de estudio sobre la cuestión, ha terminado por reconocer que *actio es* una de las palabras más difíciles en la boca de los clásicos. Esto ocurre porque se ha perdido el significado real de *actio* y el desarrollo del derecho no puede aprisionarse en el antiguo significado de la palabra.

Vindicatio no tiene ya el valor arcaico. La palabra ha pasado también al lenguaje moderno, que habla aún de reivindicación o reivindicar. Pero la *vindicatio* no es ya, como en un principio, afirmación de fuerza efectiva y real, sino de *ius.* Es violencia puramente verbal y simbólica como atestigua Festo[71],

---

69 D'Ors, *Aspectos objetivos y subjetivos del concepto de ius,* en *Studi in memoria Albertario,* 1951, 2, 279 sigts.

70 *Die aquilianische Stipulation,* en ZSS, 42 (1921), 400.

71 Festo, ad h. v.

que dice que *vis potius dicitur quam fit;* aun esta *vis simbolica* se pierde en el proceso *extra ordinem* y moderno. Sobrevive el término, pero con significado convencional.

Cuando la *vindicatio* se encuadra en la órbita de la *actio,* para convertirse en *actio in rem* en contraposición a *actio in personam,* se desvanece la antigua antítesis entre *vindicatio y actio,* que individualizaba y separaba netamente dos categorías distintas de relaciones. Una base formal subsiste en la diversa redacción de la fórmula, que menciona respectivamente un *ius y* un *oportere,* pero cuando se pierde también esta base formal, la antigua contraposición se convierte en la que existe entre derecho real y personal, sobre la que tanto se discute.

Dominium no es ya, como indica la misma palabra, señorío pleno, absoluto, total, cuando poco a poco se introducen variadas y heterogéneas limitaciones y cuando se reconocen situaciones análogas.

Obligatio no es solo vínculo de las personas, que se realiza plenamente mediante la *manus iniectio;* cuando se introduce el sistema de la ejecución patrimonial, se produce la notoria disparidad entre derecho y ejecución, que constituye todavía hoy un problema fuertemente discutido. Y cuando *obligatio* se toma en el sentido de deber, surge otro problema, no menos difícil: separar el deber de la obligación.

El acto *per aes et libram* se convierte en una mera ceremonia y como tal debía aparecer a los romanos, que difícilmente podrían comprender la necesidad de la balanza y del *raudusculum.*

Contractus no se identifica, pero se avecina al *pactum;* es una aproximación, que se convierte después en identificación; pero en tal sentido el valor del término es exclusivamente técnico y convencional, ya que *contractus* no significa realmente *pactum* o sea acuerdo de voluntades.

Sobrevive la palabra *testamentum;* pero la base jurídica y la esencia del acto no reside ya en la presencia de testigos, que se convierte en un aspecto formal del acto, sino en la *voluntas.*

Junto a la reducción en sentido técnico de la antigua y tradicional terminología tenemos el fenómeno de la ampliación del viejo vocabulario, en relación con la ampliación del ordenamiento jurídico y de las nuevas necesidades.

A este propósito los juristas siguen diversas vías.

Con frecuencia el término se toma, como antes, del lenguaje común: se habla de *emptio venditio, societas, depositum, receptum,* etc., etc.

A veces el término para una institución nueva está tomada de entidades materiales: se habla de *codicillus,* que nada dice jurídicamente; a diferencia del antiguo término *testamentum* es un término convencional, que solo sirve para distinguir la nueva figura del testamento.

Algunos términos recientes sobreviven, si bien no se adhieren a la realidad jurídica. *Fideicomissum* y *fideicomittere* eran términos adecuados cuando la ejecución de las disposiciones se dejaban exclusivamente a la *fides* del gravado; se hacen convencionales cuando la disposición es atraída a la órbita del derecho, pero sobreviven para distinguirla de cualquier otra.

Ciertos términos se entienden con significados diversos:

Ius, ius civile, ius publicum, familia, Dominum se entiende tanto como señorío sobre cosa corporal como en la acepción de titularidad de relaciones. *Ususfructus* indica igual el ius *utendi fruendi* que la *possessio* de los fundos provinciales. *Usus* es *possessio* y derecho real de goce. *Possessio* se entiende en el sentido más amplio, de forma que abraza una gama vastísima de relaciones, que van de la simple detentación, privada de tutela jurídica, a la *possessio* de los fundos provinciales y de lo que está *in bonis,* tutelada son una *actio in rem* tan vecina a la *vindicatio* que nosotros los modernos, atendiendo más a la substancia que al lenguaje y a las peculiaridades históricas, hablamos incluso de propiedad provincial y propiedad pretoria.

En general la jurisprudencia romana no es propensa a introducir nuevos términos en el vocabulario jurídico tradicional.

Para las relaciones tuteladas por el pretor y por el derecho imperial, aunque algunos son substancialmente afines a los civilísticos, ni se escoge un nuevo término ni se extiende *sic et simpliciter* el lenguaje civilístico, aunque sobre este último punto la cuestión esté siempre *sub iudice.* Ciertamente para las relaciones pretorias se habla de *ius* y de *actio.* Si la extensión de la terminología civilística no se excluye a priori, es cierto que encontraba resistencia. Gayo dice que el pretor *heredes facere non potest, y* los historiadores entienden esta declaración en el sentido más amplio, es decir, no limitada a la materia hereditaria. Es un hecho que sin llegar al *noli me tangere* se procuraba evitar tal extensión, como resulta no solo de la materia hereditaria sino también del cuidado que demuestra Gayo en procurar evitar el término *servitus* para indicar la relación pretoria análoga.

En algunos casos se prefiere recurrir a una circunlocución, así se habla de *res in bonis esse* y de *res extra dotem,* o bien se acude a la palabra *possessio* que para los romanos tenía vastísimo alcance. Estamos en presencia de frases y palabras técnicas, porque *in bonis esse* y *bonorum possessio* son ciertamente menos expresivos que *dominium* y *hereditas.*

Puesto que, como dice Salustio, la soberbia de los romanos nunca fue tal que les impidiese acoger instituciones extranjeras, en algunos casos no se rehúye introducir o latinizar términos griegos. Dicen *si* ἀντίχρησις *facta est*[72]; *si res dentur in ea, quae Graci* παράφερνα *dicunt quaeque Galli peculium appellant*[73]. Aristón, en el caso de la *datio ut des* procura evitar las palabras *contractus y pactum,* diciendo: *hoc* συνάλλαγμα *ese*[74]. Hablan de *apocha, eremodicium, syndicus, hypotheca,* siempre que no se quiera considerar tales términos o algunos de ellos procedentes de Justiniano. A veces se invoca el término griego para esclarecimiento del latino: se habla, p. ej., de *dotes praediorum quae graeco vocabulo* ἐνδῆχαί *appellantur*[75]; de *possessio quam Greci* χατοχήν *appellantur*[76]; como si la palabra latina no fuese ya significativa.

72 D. 20, 1, 11, 1 (Marc. sing. ad form. hyp.).

73 D. 23, 3, 9, 3 (Ulp. 31 Sab.).

74 D. 2, 14, 7, 2 (Ulp. 4 ed.).

75 D. 33. 7, 2, 1 (Pap. 7 resp.).

76 D. 42, 2, 1 pr. (Paul. 54 ed.).

Desde que Grecia en Roma *artes intulit,* un cierto esnobismo o insuficiencia de las antiguas denominaciones induce a los juristas a titular algunas obras suyas con títulos griegos (ὀρῶν, πειδανῶν, ἐυρηματιχῶν, etc.); o bien, aunque sea con inflexiones latinas *(enchiridion),* a citar pasajes de filósofos y leyes griegas, que tienen función meramente decorativa, con poca correspondencia con la precisa noción romana, hasta decir que la vetusta palabra *donatio* fue *rapta a Graeco*[77].

La historia del lenguaje jurídico romano se puede describir sintéticamente como un paso progresivo del uso común al uso técnico, de la misma forma que la historia de la jurisprudencia se puede hacer consistir en el paso del buen sentido común a la ciencia. Quintiliano observa que la lengua de los juristas era *magis ab usu dicendi remota*[78]; esto vale no solo para la fraseología, sino también para los términos utilizados. La palabra no es ya intuitiva. Así se explica que, aunque sea desde un punto de vista interpretativo, sientan la necesidad de esclarecer el significado de algunos términos jurídicos, como demuestra las dilucidaciones que se encuentran en sus obras. Tal exigencia, en otra época superflua, se hace sentir como mayor intensidad en tiempo de Justiniano; que quiere recoger gran parte de aquellas dilucidaciones en el mastodóntico título *de verborum significatione.* Mientras en un principio, para tener la noción de un término jurídico bastaba consultar un vocabulario común, es preciso ahora un vocabulario técnico.

Ante la transparencia del término, en otros tiempos la definición resultaba superflua; ahora en cambio parece *periculosa* ante la inmensa variedad de la realidad jurídica, que se rebela a ser aprisionada en la rigidez de una fórmula perentoria.

El tecnicismo aumenta hasta nuestros días, como aumenta el desarrollo del derecho. Sobrevive la vetusta terminología, pero con significado técnico, tanto, que una institución se podría también estudiar dogmáticamente, prescindiendo sin embargo de la adherencia entre lenguaje técnico y lenguaje común. Las instituciones son figuras para las que podemos imaginar las denominaciones que queramos; encontramos en los juristas modernos un vasto florecimiento de términos e imágenes nuevas y tendencia a crear otras. Mientras la renovación efectuada en el siglo XIX en el campo de las ciencias experimentales determinó la creación de una nueva terminología, tomada frecuentemente de la lengua griega, para indicar hechos y fenómenos que poco a poco se descubrían, la ciencia jurídica fundada por los romanos y en cuyo campo los modernos bien poco han descubierto y poco hay que descubrir, se encuentra encadenada al antiguo lenguaje que se toma, sin embargo, en un significado harto distinto.

Por tanto, el estudio filológico, con método rigurosamente científico, de las etimologías de los términos jurídicos es precioso para la historia, sobre todo para la prehistoria de una institución, pero puede ser extremadamente peligroso para el derecho moderno; dado el tecnicismo del lenguaje actual, se trata de precisar el significado técnico de hoy, no el contenido originariamente en la palabra, pues de otro modo corremos el riesgo de referir al presente lo

77 D. 39, 3, 35, 1 (Paul. 6 ad leg. Iul. et Pap.).

78 Inst. Orat. 11, 2, 40.

que no afecta más que al pasado más o menos remoto. Podemos, sin embargo, como ya he observado, presentar etimologías a oído o, si se quiere a la romana, siempre que no se trate de opiniones personales; pero tales etimologías no tendrán otro valor que el de enunciar un concepto y no ofrecerán nada científico, es decir, rigurosamente controlado o controlable.

La historia del lenguaje romano, en definitiva, repite idealmente la que se encuentra en cualquier ciencia: partiendo del lenguaje común, que refleja el empirismo, llega al tecnicismo propio de todo conocimiento científico. Del tronco del vocabulario común derivan tantos vocabularios como ciencias existen. Este proceso de conversión al tecnicismo, que en otras ciencias ha ocurrido en tiempos más bien recientes, en el campo del derecho se verificó muy pronto y en el mundo romano, precisamente porque fue en él donde el conocimiento jurídico se elevó *ab antiquo* a la dignidad de ciencia.

La ciencia jurídica como arte de lo justo*

La ciencia del derecho ha seguido a grandes rasgos la evolución de cualquier otra. Del empirismo romano y medieval se pasa a la ciencia, que, partiendo de Augusto Comte, se encuadra en esa general renovación científica que anima el siglo XIX y se prolonga con ritmo siempre más veloz hasta nuestros días. Heraldos de esta renovación han sido los alemanes, que acuñaron la palabra "Rechtswissenschaft" con significado técnico. Se forma gradualmente la "Begriffsjurisprudenz", que atiende al concepto de las instituciones jurídicas, con ánimo de precisarlas y analizarlas con el rigor de método con que proceden las ciencias experimentales.

Esa tendencia imprime carácter universal a nuestros estudios, que tienen valor más allá del tiempo y del espacio. Los sistemas de la pandectística y de la dogmática alemanas pusieron verdaderamente las bases de una ciencia universal del derecho. La nueva orientación no penetra en el mundo inglés, que aun en este campo permanece fiel al viejo principio "nolumus leges Angliae mutari", se difunde escasamente en Francia y en los países latinos; pero ha conquistado victoriosamente Italia. Si consideramos, en efecto, la producción jurídica italiana en los últimos cincuenta años, encontramos más citas de autores alemanes que de artículos de códigos. El primer campo conquistado fue el derecho privado, por razones bien fáciles de comprender, pero después la conquista se extendió al derecho público, al procesal y al penal.

La ciencia jurídica italiana tiene, como es de suponer, palabras de conmiseración para los estudios jurídicos en aquellos países que no siguen su tendencia; se habla de empirismo, de superficialidad, y los trabajos correspondientes, aparte los antiguos comentarios se califican de centones de noticias, obras de pura exégesis legislativa, como si la exégesis fuese ajena a la actividad del jurista.

Tras la magnífica efervescencia científica de los últimos cincuenta años, en la que han participado magníficamente los juristas italianos, hasta el punto de que nuestro orgullo residía en decir que habíamos alcanzado la primacía en los estudios jurídicos, el fervor parece atenuarse ahora, no solo en Alemania, sino sobre todo en Italia. La ciencia del derecho presenta quizá síntomas de cansancio y se comienza a señalar vagamente una cierta desconfianza. El jurista, contemplando el largo camino recorrido, repite acaso en su corazón la frase: "¿y ahora qué, pobre hombre?

No es mi impresión subjetiva, ni consecuencia de pesimismo. Se habla abiertamente de crisis del derecho porque la fuerza lo ha vencido. Pero en

* *Scienza del diritto come arte del giusto.* Publicado en «Jus» N. S. Año I, fasc. II, octubre de 1950, págs. 145-176.

verdad no se puede hablar de crisis del derecho, porque este puede variar hasta el infinito, y, si no es totalmente imposición, se apoya siempre en la fuerza. Recientemente, Leopoldo Wenger en un bellísimo discurso sobre "derecho y fuerza", no excluye la fuerza, pero distingue entre la buena y la mala.

Estamos insatisfechos no del derecho, sino de la ciencia del derecho, que no ha logrado producir una idea capaz de vencer la fuerza. El hombre quiere dominar la naturaleza, y en muchos aspectos lo logra, pero no encuentra el camino para vencerse a sí mismo. Frente a las revoluciones de que somos víctimas y autores, en medio de las innumerables exigencias y necesidades que nos apremian, ¿qué ofrece la ciencia del derecho? Solemnes volúmenes y sutilísimas doctrinas, que tan solo interesan a un reducido número de iniciados. No es crisis en la ciencia, es decir, de métodos, puesto que estos se pueden derivar y perfeccionar, sino de la ciencia; no es crisis de interés, porque el mundo está ávido de derecho; pero aflora más o menos abiertamente, una sensación de incapacidad de nuestra ciencia, cuando se comprueba que el derecho está abandonado a sí mismo, a merced del más fuerte o del más astuto.

Tal comprobación es mortificante. Nuestra ciencia se ha querido alinear con las otras; pero mientras estas proceden con acrecentado empuje y alcanzan mayor riqueza de resultados y aun en la terrible catástrofe pasada hicieron oír su poderosa voz, para bien o para mal, la ciencia del derecho aparece, agotada, cansada, impotente. Todo el glorificado progreso científico, toda la dogmática jurídica, de la que estábamos tan orgullosos, desemboca ahora en un desolado existencialismo. La observación no es mía, como no es mío el término, sino de Francesco Carnelutti. Este insigne jurista, exponente de la dogmática, entusiasta del sistema en oposición al comentario, tras haber construido monumentos de impecable lógica jurídica, no oculta su angustia ante la impotencia de nuestra ciencia, llegando a la conclusión de que la sociedad tiene sed de algo que la ciencia jurídica, con todos sus volúmenes y su vigorosa dialéctica, no le ha dado. Confesar el existencialismo quiere decir que la ciencia jurídica contemporánea ha errado el camino.

La ciencia del derecho puede entenderse como ciencia histórica y en este sentido puede hablarse de ciencia como en cualquier otra historia. También se puede pensar en una ciencia del derecho en el sentido de ciencia que, valiéndose de la historia y de la comparación, puede elevarse a la determinación de leyes constantes en la formación y desarrollo de las instituciones. Con tal orientación es posible hablar de verificación de fenómenos y descubrimiento de leyes, y podemos colocar nuestro estudio en el mismo plano que la ciencia económica y la psicología y ponerla al lado de las ciencias experimentales. Como la glotología descubre leyes constantes del lenguaje, y de sus transformaciones, dentro de su misma variedad, otro tanto se podría observar en el campo del derecho; sin embargo mientras el vocabulario registra el uso de las palabras y su historia enseña transformaciones espontáneas, en el ámbito jurídico, precisamente por la misma naturaleza del derecho no se puede prescindir del elemento autoritario que, aparte lo que se quiera pensar sobre la formación natural y espontánea del derecho, es preciso considerar sin duda como factor constante de formaciones y transformaciones jurídicas. Nadie ha impuesto jamás el uso de una determinada palabra o su transformación o una construcción gramatical dada; pero en cambio el legislador puede imponer una conducta concreta.

Pero no pretendo tratar aquí de estos aspectos de la ciencia, sino de la ciencia de la que tanto se habla hoy y que nos deja insatisfechos.

Hemos querido calificar de ciencia nuestros estudios, pero quedamos confusos cuando tenemos que precisar el objeto de nuestra labor. Aun no sabemos con certeza qué estudia nuestra ciencia, o sea en qué difiere de la ley y de su aplicación práctica. Tenemos a este propósito numerosas disertaciones y discusiones infinitas; el campo ha sido reivindicado después por los filósofos y cada cual ha dado al problema su propia solución, según su particular temperamento o concepción filosófica. Si se quisiesen recoger las distintas conclusiones, creo que se formaría un volumen de respetable tamaño. A simple título de curiosidad y para demostrar a qué puede llegar a reducirse nuestra ciencia, recordaré que Gareis, en un libro de metodología jurídica publicado en 1887, es decir, cuando en Alemania la dogmática estaba en pleno fervor, definía la ciencia del derecho como ciencia sistemática. ¡Por lo tanto un índice bien ordenado sería obra científica! No es irreverente ironía, puesto que aun recientemente se ha escrito que el valor científico de un libro se ve ante todo en su índice. Ciertamente, toda ciencia requiere clasificaciones y sistema, para mejor conocimiento, pero no se puede hacer que todo consista en eso.

Se suele decir que se hace ciencia, cuando superado el empirismo, se va de lo concreto a lo abstracto: de la venta concertada entre Tirio y Cayo, se asciende hasta el concepto de compraventa; reuniendo compraventa, arrendamiento, mutuo y relaciones similares nos elevamos al concepto de contrato; si a esta noción unimos las de testamento y adopción llegamos al concepto de negocio jurídico; podríamos avanzar más aún y obtener la noción de acto jurídico, humano y aun otras más. Pero formar categorías siempre más generales, ¿puede considerarse como obra de ciencia y como índice o manifestación de progreso científico? ¿Se puede verdaderamente hablar de ciencia cuando el naturalista llega a determinar el concepto de animal, de ser viviente y así sucesivamente? En todos estos casos habremos hecho, en realidad, un excelente trabajo dialéctico más que científico, sobre todo en el campo del derecho, donde tendremos después que andar, por así decir de espaldas, volviendo al concepto de negocio jurídico, contrato, compraventa y llegar por último a la compraventa ocurrida entre Ticio y Cayo. Verdadero trabajo de Sísifo, pues cuando hemos construido la doctrina del negocio jurídico, nos encontramos con que lo que vale para el contrato no sirve para el testamento, lo que es cierto para la compraventa no lo es para el mutuo, y lo que se adapta a la compraventa entre Ticio y Cayo no se ajusta a la acaecida entre Mevio y Sempronio. Y entonces ¿para qué valen nuestras construcciones, consideradas tanto más científicas cuando más abstractas son, si después tenemos que demolerlas?

No pienso exponer las opiniones presentadas hasta ahora, ni enunciar nuevas doctrinas, porque debo confesar mi escepticismo sobre una ciencia en cuyo objeto no hay acuerdo y cuyo único capítulo es su justificación y la determinación de su objeto. Ninguna ciencia plantea tales problemas; solo con fines prácticos o académicos se puede discutir sobre el objeto de una ciencia para distinguirla de otra.

Sin embargo, se dice que la ciencia progresa igualmente aun sin una precisa determinación de su objeto. Es cierto que se acumulan trabajos y disertaciones, generales y especiales y la bibliografía jurídica se alarga siempre más; pero ¿cómo podemos saber si se trata verdaderamente de obras de ciencia, si no conocemos en qué consiste esta? ¿Qué haremos para separar la ciencia de ese *quid* que no lo es, ya se llame empirismo o práctica?

Observa justamente Koschaker que el término "Rechtswissenschaft", hallazgo de la escuela histórica, se ha convertido en fuente de numerosos equívocos.

Estas dudas no son nuevas, puesto que ya Kirchmann, casi hace un siglo, en su libro "die Werthlosigkeit der Jurisprudenz als Wissenschaft" negó al derecho la dignidad de ciencia. Kirchmann decía: ¿Qué valen vuestros conceptos y vuestras doctrinas si una ley cualquiera puede deshacerlos? La objeción fue brillantemente superada por la dogmática, que no teme ni la voluntad de los hombres ni las injurias del tiempo, porque marcha intrépida en la construcción de doctrinas que superan espacio y tiempo. La ciencia ha ido más allá del derecho positivo, hacia lo abstracto y universal, tocando el empíreo de la filosofía y perdiendo, naturalmente, contacto con la tierra.

Colocadas sobre estas bases y en tal dirección, la ciencia contemporánea considera la historia jurídica como un embarazoso bagaje de curiosidad, igual que la historia de la filosofía y de la química. La doctrina y los métodos de Papiniano, de Bartolo, de Graciano, de Pothier, se han juzgado de igual forma que las enseñanzas de Galeno y de Paracelso.

Pero, ¿es realmente cierto que la historia jurídica sea letra muerta y que Celso y Papiniano deban hacernos sonreír, como las sugerencias de Hipócrates, cuando nuestra conciencia jurídica está impregnada de historia? El modelo o paralelismo de las ciencias exactas ha sido deletéreo. Si un descubrimiento verdaderamente científico permite relegar al desván de la curiosidad investigaciones y hallazgos precedentes, en el orden de las relaciones humanas la experiencia pasada cuenta siempre, porque es siempre el hombre el que con sus necesidades y actividad hace la historia, y el hombre es siempre el mismo en el variar de los siglos. Difícilmente un problema humano es del todo nuevo.

Con gran frecuencia se trata solo de magnitud o manifestaciones distintas o más intensas. El que tenga, aunque sea poca, familiaridad con documentos papirológicos, que se remontan a una docena de siglos y representan la realidad de la vida en su aspecto concreto, con la historia de los pueblos antiguos, sobre todo el griego y el romano, con el pensamiento filosófico y jurídico antiguos, o con la doctrina patrística advierte enseguida que el problema de conciliar intereses opuestos, o el conflicto entre libertad y autoridad y la existencia de leyes injustas son todo experiencias que la humanidad ha vivido al correr de los siglos. Si en el campo de la técnica Augusto y Papiniano quedarían estupefactos ante las realizaciones contemporáneas, siempre en progreso, no creo que los mismos personajes tendrían igual sorpresa frente a los problemas que angustian hoy la humanidad en la esfera moral, jurídica y política.

Igual que tenemos una herencia biológica, llevamos encima otra psicológica. Prescindamos hoy de Hipócrates y Galeno, pero no de Sófocles, Dante, Aristóteles o Rafael. Lo mismo se puede decir para el derecho y la ciencia jurídica. Goethe, no en sentido desdeñoso, sino como observación de un hecho, dijo que "las leyes y derechos se heredan como una enfermedad eterna, se transmiten de generación en generación, y pasan sumisos de lugar a lugar".

Esta evidente observación puede ser útil a nuestros fines. Los modernos sentimos el orgullo de haber creado la ciencia del derecho. Pero la ciencia jurídica la crearon en realidad los romanos, como demuestra la tradición secular, abandonada los últimos cincuenta años con los resultados que ya hemos visto.

Se han derrumbado templos y monumentos que forman objeto de la arqueología, la lírica de Horacio y la épica de Virgilio pasan a la historia literaria, pero la ciencia jurídica es la herencia más viva y brillante que ha dejado el mundo romano.

Fueron los romanos quienes fijaron el objeto de nuestra ciencia, su método, su finalidad. Puede cambiar hasta el infinito el contenido del derecho, pero su ciencia no es otra que la indicada por los romanos o sea *iurisprudentia:* no es la σοφια de los griegos, es decir, el conocimiento en sí; no tiene fin especulativo, sino práctico. Se separa, pues, de la filosofía, que contempla lo absoluto y universal, y también de las ciencias exactas, que tienden a la búsqueda de verdades y leyes. El jurista no es un hombre de ciencia en el sentido moderno, sino un técnico o, si se prefiere, un artista. Frente a una necesidad que se manifiesta en la vida de relación entre los hombres, la ciencia del derecho es la llamada a encontrar el camino, el medio más adecuado para satisfacerla; en otros términos, a hallar la norma que discipline la actividad de cada uno en interés de todos. En el inevitable conflicto de intereses la ciencia del derecho es la que permite separar el interés de la justicia, logrando que esta se realice; no la justicia abstracta predicada por los filósofos, ni la meramente subjetiva de algún pensador solitario, sino la sugerida por la conciencia social, que para el jurista no es una fórmula verbal, destinada a ocultar la voluntad de la ley o del intérprete, sino una realidad viva y operante para cuya interpretación se le llama precisamente.

La escuela histórica ha fijado el principio de que el derecho es emanación espontánea de la conciencia social; en realidad, esta manifiesta la exigencia, la orientación; el jurista es el llamado a interpretar tal conciencia, traduciéndola en derecho. Y en esto los romanos fueron maestros. Principios y decisiones presentados por ellos, estaban tan ajustados a la conciencia social y parecían de tal forma justos a los contemporáneos, que se calificaban precisamente de *ius* y el jurista podía considerarse bien como *iuris auctor.* Es claro que no estaba autorizado para emanar decretos-leyes, sino para desarrollar y adaptar basta el infinito el derecho, con arreglo a una exigencia superior de justicia.

Donde no puede llegar la *interpretatio* así entendida, la jurisprudencia actúa a través de los órganos legislativos. Siempre es la ciencia jurídica la que labora incesantemente y guía el movimiento del derecho.

A este objeto de la ciencia se adapta la celebérrima definición de Ulpiano, quien enseña que *ius est ars boni et aequi. Ars* se puede entender como sistema o bien, literalmente como arte o técnica, pero esto importa poco. Lo que interesa es el objeto: el *bonum et aequum,* o sea, lo justo. La ciencia del derecho tiende al *bonum,* concebido no como bienestar, sino como bien, es decir, como valor moral, sea individual o colectivo. El *aequum* indica igualdad, en el sentido de proporcionalidad para llegar a lo justo. *Bonum et aequum* es una endíadis para designar la justicia.

La ciencia del derecho no es, pues, otra cosa, que sistema o arte de la justicia. La tarea del jurista es únicamente buscar lo justo, tanto en la aplicación como en la formación del derecho.

El enunciado de Celso, repetido y venerado durante siglos, es pasado en silencio entre los modernos, considerándola como vacío o peligroso. Lo encontramos mascullado por algún antiguo jurista, esculpido en el frontispicio de algún palacio de Justicia; pero hoy es una noción inerte, ineficaz, incluso algún romanista lo ha creído no genuino, considerándolo fruto de decadencia o enfática frase retórica. Estas apreciaciones se explicar. ¿Cómo se pueden valorar de otra forma esas tres cortas palabras frente a las doctas y voluminosas disertaciones modernas sobre el concepto del derecho que presentan filósofos y juristas? Es concebible que Celso, en pleno empirismo, pueda enseñar a los más profundos y aguerridos científicos modernos en qué consiste la ciencia del derecho?

Sin embargo, entre tanta erudición, en medio de tanta dialéctica, el pensamiento de Celso resplandece con luz meridiana, ya que con toda simplicidad enuncia un verdadero descubrimiento en la ciencia del derecho, quizá el único verdaderamente científico, porque tiene valor eterno y universal. La definición nos enseña qué es el derecho y en qué consiste su ciencia. Los romanos no se calificaban a sí mismos como científicos en el sentido moderno de la palabra, aun habiendo construido un monumento que ha desafiado los siglos, ni pretendieron descubrir verdades universales y eternas, solo quisieron determinar, expresar, formular la justicia hacerla actuar: *iustitiam colimus et boni et aequi notitiam profitemur.*

Esta es la ciencia que cultivan: *iustitiam colimus;* esto es lo que profesan: *boni et aequi notitiam profitemur.* Nada más. En muy pocas palabras nos han dicho qué es la ciencia del derecho: arte de lo justo. Ulpiano hace derivar la misma palabra *ius* de *iustitia.*

Los juristas romanos no son hombres excepcionales. Es nuestra fantasía la que los califica de tales. Su lógica no es superior a la nuestra, pero tienen el mérito inmenso de haber dirigido su lógica, que Leibnitz calificaba de geométrica, no hacia una dialéctica abstracta, sino a descubrir y realizar la justicia. Y en eso fueron verdaderamente grandes, casi diría insuperables. Cicerón exalta de Servio la *admirabilis quaedam incredibilis ac poene divina in legibus interpretandis aequitate explicanda scientia* hasta el punto de que lo califica *non magis iuris consultus quam iustitiae.* Los juristas romanos se llaman con orgullo a sí mismos sacerdotes de la justicia y la opinión pública los coloca a una altura, en la que ningún pueblo los puso jamás, de tal forma que parecía inmoral, casi absurda cualquier recompensa pecuniaria. Si quisiésemos hacer una comparación, podríamos parangonar la altísima consideración en que era tenido el jurista romano con la que hoy gozan los grandes hombres de ciencia o las más geniales artistas. Y en verdad ¿qué labor más noble y más elevada que la dirigida a satisfacer la necesidad universal de justicia?

Y precisamente en este aspecto el jurista romano pasa a la historia, y por esto la jurisprudencia permanece siempre la parte más interesante de la tradición jurídica romana, mucho más que el centenar de leyes que nos queda del mundo romano, que, en su mayor parte, pueden relegarse al vasto campo de las *antiquitates iuris,* junto a las innumerables leyes que, desde Hammurabi a nuestros días, ha tenido la humanidad.

La tradición romana de la jurisprudencia fue seguida por canonistas e intérpretes hasta los comentaristas de los códigos francés e italiano. En sus exposiciones y polémicas oíamos aún resonar las palabras "justicia" y "equidad", como orientación, aunque fuese latente, de todo razonamiento jurídico. La preocupación más o menos patente era presentar una doctrina justa. Desde las *Exceptiones Petri,* en cuyo preámbulo se dice que *pedibus subculcamus* todo lo que sea *contrarium aequitati,* al principio ciceroniano por el que *ius enim semper est quantum aequabile neque enim aliter ius,* hasta Pothier, que invoca aún los *mores,* la *pietas* y la *verecundia* y alguna codificación moderna que habla todavía de derecho natural, tenemos una secular continuidad histórica, reforzada y avalorada por los canonistas, en la que se busca identificar derecho y justicia.

En nombre del positivismo tal orientación se ha considerado incompatible con la tendencia científica.

Mientras las codificaciones siguieron la tradición, en el campo de la ciencia se verificó una gran revolución, que como cualquier otra, quiso abatir y destruir la vieja concepción y los antiguos métodos. También los términos fundamentales que utilizó la ciencia y la práctica durante miles de años fueron desterrados de nuestro lenguaje. En el *Corpus Iuris,* se invocan *iustitia* y *aequitas* sin preocupación alguna, como fundamento o prueba del principio o decisión deducida por medios puramente lógicos; a veces, incluso, la *aequitas* es la única *ratio decidendi.* Encontramos instituciones basadas en la *aequitas;* acciones *ex fide bona, in bonum et aequum, exceptio doli* imponen al juez la obligación de juzgar con arreglo a equidad. Constantino recogiendo en una fórmula general la tradición anterior, sanciona como cosa obvia y sin tener aspecto de introducir ninguna novedad (*placuit*) que *in omnibus rebus praecipuam esse iustitiae aequitatisque quam stricti iuris rationem.* Luego *in omnibus rebus* es preciso tener en cuenta la justicia y la equidad.

Nosotros, los romanistas, adhiriéndonos a aquel prejuicio científico y dando por supuesto que los juristas clásicos tenían nuestra misma mentalidad, hemos hecho una verdadera carnicería de los textos en que se menciona *aequitas* y *iustitia,* buscando de esta forma aproximar la jurisprudencia clásica a los dictados y postulados de la ciencia jurídica contemporánea.

Si ahora pasamos a considerar el lenguaje moderno, comprobamos que esos términos están en desuso. ¡Cuidado con invocar hoy la equidad, cual si fuese un peligroso instrumento! También las codificaciones, precisamente porque se las quiere orientar científicamente, procuran evitar esos conceptos. El número de disposiciones de nuestro viejo Código Civil en que se invocaba la equidad, ha disminuido en el nuevo, que se ha querido calificar de más científico, en relación con el anterior, como si desterrar la *aequitas,* tradicional y universal, fuese prueba de progreso científico. ¡Cuidado también con hablar de derecho natural, con el que se nutrió la ciencia jurídica hasta los umbrales del positivismo! Pero se vuelve a hablar de él; ese concepto, puesto en el índice, que parecía ya muerto y enterrado, resurge y es objeto de atento estudio.

No es ya patrimonio de teólogos y filósofos, antiguos y modernos, sino de juristas contemporáneos. Se ha llegado a decir que el derecho positivo no es más que un conjunto de normas ejecutivas del derecho natural. Recientemente se celebró en Gazzada (Varese) una asamblea de los más eminentes juristas italianos, tomando como tema el estudio del "derecho natural vigente", y las importantes comunicaciones y las discusiones de ellas derivadas no parten de premisas teológicas o filosóficas. En el lejano estado de Indiana existe un "Natural Law Institute", donde se organizan reuniones y conferencias. Y es también significativo que el mismo Carnelutti, a quien ciertamente no se puede negar la calidad de científico, e insigne, en el sentido moderno de la palabra, señale el derecho natural como el remedio más eficaz, el único incluso, contra el existencialismo jurídico.

Siempre en nombre del positivismo y del progreso científico, el derecho se ha separado de la moral, considerando la confusión como producto de obscurantismo e ignorancia medieval, sin advertir que el derecho hunde sus raíces en la moral, y que en su mayor parte no es más que norma ética, codificada y sancionada. La reacción contra el positivismo, que consideraba zonas separadas derecho y moral, es hoy decisiva, igual en el ámbito público que en el privado, facilitada por recientes experiencias, que nos han dado la medida tangible de las funestas consecuencias de tal separación.

Equidad, moral, derecho natural, admitida su múltiple variedad de contenido, expresan la exigencia humana y universal de justicia. No es volver a concepciones superadas, sino comprobar la desviación de nuestra ciencia, que en todo tiempo y lugar tiende a la justicia o no es ciencia jurídica, o, más exactamente, no es toda la ciencia jurídica.

La calificación de jurídica no se puede dar a la ciencia por el simple hecho de que labore con instituciones jurídicas o las describa. Una elegante disquisición no en sí jurídica, sino que constituye el primer paso, mero instrumento para la ciencia del derecho, si no está orientada hacia lo justo o permite orientarse hacia esa meta. En otro caso solo es ciencia a medias. También los filósofos pueden trabajar sobre instituciones jurídicas, pero no construyen ciencia jurídica alguna, porque tienden a una justicia abstracta. Fueron en cambio científicos los juristas romanos, que en forma programática, tienden a la *aequitas* y se proponen enseñar a alcanzarla. Se llaman a sí mismos filósofos, no de lo abstracto, sino de lo concreto, es decir, no de la justicia abstracta, sino de la que realmente siente la justicia social. Presentan construcciones y ficciones (recuérdese el famoso *perinde ac*), aproximaciones y analogías (cuantas veces utilizan el *quasi*), etimologías e historia de instituciones absolutamente fantásticas, acuden a *favor*, consideran no puestas cláusulas testamentarias, discurren infinitas combinaciones, no con una finalidad dialéctica, sino para llegar a un resultado que a la conciencia social parecía justo.

También fuera de los técnicos podemos encontrar juristas.

Como decía Kohler, se podría llamar jurista a Shakespeare, sobre todo cuando ante la desorbitada e inicua pretensión de Shylock, presenta un sutil razonamiento, que sirve para destruir aquella petición, fundadísima según la ley, pero absolutamente injusta. Como jurista se puede calificar también a Rousseau, cuando presenta la famosa doctrina del contrato social, no como vana elucubración filosófica, o arbitraria hipótesis histórica, sino como construcción jurídica, que busca rechazar pacíficamente y en el ámbito de las instituciones jurídicas, un régimen que ya no parecía justo. Jurista y aun maestro del derecho se ha llamado, no sin razón, a Pío XII que, incesantemente, desde la silla de San Pedro, en numerosas ocasiones, ha proclamado la fusión integral de derecho y justicia.

Los resultados de la orientación que se ha querido calificar de rigurosamente científica, son dañosas para la vida del derecho y mortificantes para las personas. Se ha producido una gradual y absurda escisión entre teoría y práctica, a medida que la ciencia progresaba y la práctica debía seguir el antiguo y único camino. No hay duda que desde las obras de los juristas romanos, de los canonistas, de los intérpretes medievales, de los voluminosos comentarios a los elegantísimos sistemas y preciosas monografías modernas, a veces verdaderas obras maestras de cincel, hay un progreso inmenso, pero también es verdad que hay una progresiva separación entre esos sistemas y la vida del derecho que los ignora y puede ignorarlos sin reparo. No es reprochable ignorancia, sino conocimiento consciente de que en esas obras no se encuentra lo que la sociedad necesita. Y no se diga que la ciencia contempla la verdad y no la utilidad, o que está destinada a producir frutos no inmediatamente, sino a largo plazo, porque estoy convencido de que para la ciencia del derecho, entendida como ciencia de lo justo, valen más aquellas intuiciones que los romanos tenían de acción y de obligación, que las dudas y discusiones en que, sobre esos conceptos, se enreda la dogmática contemporánea. ¿Debemos quizá esperar que se alce un jurista de genio, capaz de expresar en una sucinta definición qué es la acción o la obligación? Yo creo que la vida del derecho puede ahorrarse esa espera, porque habrá decisiones justas e injustas, independientemente de que se fijen esas nociones, como las ha habido durante miles de años. Además, si el matemático logra encerrar en una fórmula una verdad, cuando lo es efectivamente, dura eternamente; no creo, en cambio, que para la ciencia jurídica fuese igualmente ventajosa aprisionar en una fórmula absoluta la realidad del derecho que está siempre en continuo movimiento.

Más que de progreso, yo hablaría, por el contrario, de desviación o mutilación de la ciencia jurídica o si se prefiere, de paso de un campo a otro. Nuestra ciencia, de un lado ha desbordado hacia lo abstracto, de otro ha perdido de vista su objetivo. Salió de lo que se ha querido llamar empirismo, para entrar en un campo, en que lo único jurídico son las instituciones o constituye solo la premisa para la verdadera ciencia del derecho.

Bien lejos estoy de renegar del progreso científico contemporáneo, ni de sus métodos, solo digo que no es toda la ciencia.

También la terminología refleja la separación. Para los romanos, aun en el lenguaje, es íntima la conexión entre justicia y derecho; dicen: *nomen iuris est autem a iustitia appellatum;* estamos en presencia de una de las habituales derivaciones formadas a oído, pero sea cual sea la etimología de *ius,* es innegable la conexión entre *ius* y *iustitia.* Tal relación ha desaparecido en muchas lenguas modernas; si se mantiene entre "Recht" y "Gerechtigkeit", las palabras "derecho", "diritto" y "droit", nada tienen que ver con "justicia" "giustizia" o "justice".

Este distanciamiento entre ciencia y vida del derecho, sería aun menos nocivo, si el camino seguido por los juristas romanos, no fuese utilizado por nuestros magistrados. Estos, en efecto, recordando que el derecho no es más que *ars boni et aequi,* tratan de alcanzar en cada caso concreto el *bonum et aequum,* con combinaciones y argumentos discutibles en sí, no siempre ortodoxos desde el punto de vista dogmático, pero prudente y oportunos, en cuanto procuran llegar a un resultado justo. Son nuestros magistrados, como los juristas romanos, sacerdotes de la justicia, y en cierto sentido continuadores de la tradición científica romana. Quizá no es por azar que la palabra jurisprudencia, en otros tiempos aplicada a la ciencia del derecho, designe hoy esa actividad jurídica, y que igual que los romanos llaman *ius* al *locus ius quo redditur,* se hable hoy de palacio de justicia.

Al lado de la ciencia jurídica destinada a pasar a la bibliografía, al lado del derecho de los profesores, el "Professorenrecht", según frase feliz de Koschaker, bien distinto del "Iuristenrecht", tenemos la ciencia o derecho jurisprudencial, que continúa la tradición secular. Y allí donde el derecho no puede actuar, el campo queda abandonado a la revolución y a la bomba atómica.

El resultado de la dirección contemporánea es mortificante para las personas. Labeon y Papinio sobreviven, como Irnerio, Graciano, Domat, Pothier, o Blackstone. Estos grandes juristas estaban rodeados de la general veneración. Las urnas de los glosadores se colocaron en el centro de Bolonia para testimoniar la gratitud universal; hay toda una multitud de juristas, que sin pretender pasar por hombres de ciencia, ni tener la presunción de descubrir ninguna verdad, pasan verdaderamente a la historia, mientras que nuestros científicos solo pasarán probablemente a la bibliografía. Esos grandes juristas no tenían cualidades superiores a las nuestras, pero supieron dirigir su genio hacia la meta. Comprendieron cuál era su misión y la sociedad les estaba agradecida porque les daba lo que les pedía.

Los modernos han creído exaltar o ennoblecer su tarea, alineando nuestros conocimientos al lado de las demás ciencias; han despreciado las antiguas concepciones, calificándolas de empirismo. De este modo abandonan el altísimo pedestal en que estaban colocados aquellos grandes juristas, y como su ciencia no tiene la virtualidad de las otras, terminan haciendo la figura de la rana que quiso imitar al buey. Si no es posible comparar ni de lejos a Pasteur o Marconi con el más grande dogmático contemporáneo, si no ponemos en el mismo plano al que descubra el origen y la curación del cáncer con el que dé la noción exacta del negocio jurídico o del delito, podemos, sin embargo, colocar al lado de aquellos genios, al sacerdote de la justicia, y a la refinada investigación experimental es lícito asimilar la busca de lo justo.

Fatalmente el jurista moderno se hace escéptico o existencialista y lamenta la crisis del derecho, porque abandonada la tradición milenaria, que tantos buenos frutos había dado, advierte que su ciencia tiene bien poca eficacia en la vida del derecho.

Abandonados las directrices y métodos de la jurisprudencia romana, se explica el desinterés por el derecho romano, del que hacen gala los modernos, y que a nosotros, los romanistas, nos permite hablar de crisis del estudio del derecho romano, precisamente en el sentido de esa indiferencia, ya indicada, que el jurista moderno tiene por nuestros estudios.

La responsabilidad de esto es. en gran parte nuestra, de los romanistas, a causa de la orientación histórico-erudita que domina en nuestros estudios. Ofrecemos eruditas disertaciones históricas, encuadradas en una selva de discusiones que no interesan a la dogmática; presentamos textos y comentarios erizados de unciales, paréntesis y otros signos casi cabalísticos, y una separación sistemática entre el derecho clásico y el justinianeo, totalmente indiferente para los modernos. Nuestras obras se han hecho tan técnicas, por no decir herméticas, que el profano, aunque sea jurista, ha terminado manteniéndose alejado de nuestros trabajos, que dan la impresión de una inmensa cantera donde solo hay ruinas y en que no se ve más que un grupo de ingenieros y obreros, siempre en continua riña sobre lo que hay que destruir o construir.

Pero la razón fundamental está en la disparidad entre el método jurídico romano y el moderno, en la tan proclamada miseria rudimentaria de la dogmática romana en comparación con la moderna. Y en verdad, cuando en torno a cada institución se escriben volúmenes nutridos de formidable dialéctica y sutiles argumentos conceptuales, ¿qué juicio se puede formar del jurista romano, tan alejado de tal tendencia que aun de las instituciones fundamentales solo incidentalmente presenta alguna noción, y en forma programática afirma incluso que *omnis definitio in iure civili periculosa est?* Por tratarse de difuntos que son además nuestros antepasados, se ha llamado a los juristas romanos "empíricos geniales". Yo estoy convencido de que nuestra admiración por la civilización romana es. más verbal que efectiva, y que si tuviésemos que ser sinceros no dudaríamos en calificar a Juliano y Papiniano de aficionados carentes de método científico.

¿Pero es realmente verdad que el método intuitivo seguido por los romanos deba relegarse al mundo de las antiguallas ante las sutiles y penetrantes disertaciones de la dogmática moderna? Me asalta esta duda cuando veo que un insigne jurista como Santi Romano, tras haber consumido toda su vida en la elaboración dogmática de las instituciones de derecho público, concluye su carrera de infatigable trabajador con estas precisas palabras: "es siempre preferible incurrir en alguna imprecisión, inexactitud o torpeza a extraviarse en un laberinto, en el que es fácil entrar, pero del que es difícil salir". Se trata precisamente de las imprecisiones, inexactitudes y torpezas que los modernos censuran en los juristas romanos y hacen considerar sus métodos como superados.

Cuando yo digo que es preciso enraizar la ciencia jurídica en la tradición romana, no pretendo renegar de la dogmática moderna, ni desconocer el progreso del método jurídico, siempre que este se entienda como desarrollo gradual y adaptación de medios técnicos para conseguir el fin a que se dirige nuestra ciencia. Como hay un progreso desde los *veteres* a Labeón y Papiniano, aunque respetando la orientación del *bonum et aequum,* así es también innegable el progreso entre dogmática romana y moderna. Determinación y análisis de conceptos, estudio profundo de la estructura y función de las instituciones, encuadramiento en categorías precisas y homogéneas, son cosas necesarias, casi como el alfabeto, que nos permite leer y escribir. Pero, igual que la literatura no se reduce al alfabeto, ni consiste en su descripción, tampoco debemos imaginar que la dogmática sea toda la ciencia jurídica. Es tan solo un medio, de la misma forma que el alfabeto, las ondas sonoras y los colores son medios del arte. La ciencia del derecho no puede agotarse en una bien articulada serie de silogismos o elegantes descripciones y sistematizaciones de conceptos en que la justicia esté ausente e incluso hollada.

La dogmática es un bellísimo hallazgo de la ciencia contemporánea y es también sumamente útil: pero no es toda la ciencia jurídica, que tiene un fin mucho más elevado que la descripción y sistematización de instituciones. Es un armazón que sirve para sostener los enunciados normativos de la ley y en este aspecto puede considerarse necesaria; pero debemos decir que es peligrosa cuando se quiere sostener con Betti que "está destinada a orientar la vida social en la directriz de sus valoraciones"; esto significa aprisionar la vida social en esquemas y tipos de la dogmática, o sea, admitir en definitiva que el hombre sirve al vestido o el habitante a la casa.

La "*Reine Rechtslehre*", que rehúye por definición todo contacto con la vida social, no es por sí más que la introducción, el primer paso, la orientación general de la ciencia jurídica. La dogmática es útil, pero no es aún toda la ciencia jurídica. Esta es eminentemente ciencia lógica, es sistema y razón; el único medio que poseemos es la lógica. Pero no es toda lógica ni toda razón. Si nuestra ciencia no quiere ser vacía abstracción o ejercicio académico, la lógica debe dirigirse hacia lo justo. El sistema no puede ser tan solo un edificio de elegante arquitectura, sino sistema de lo justo; es tanto más perfecto, no en cuanto observa más rigurosamente las reglas del razonamiento y de la clasificación, sino sobre todo en cuanto es sistema de lo justo.

La experiencia romana, que orienta la dialéctica, hacia lo justo, puede ser aún instructiva. Los juristas romanos, de las escuelas y enseñanzas de la retórica toman sistemas, medios y procedimientos dialécticos, no para discutir sobre lo abstracto como hacían los retóricos, sino para llegar a un resultado justo, intentando superar el *tritum proverbium* ciceroniano *summum ius summa iniuria*. El jurista no posee una lógica y una potencia de razonamiento superior al retórico, pero la orienta hacia lo justo. Papiniano no es superior dialécticamente a Quintiliano. La diversidad está en la dirección; razonamiento puro en el retórico, orientado hacia lo justo en el jurista.

El derecho y su ciencia, fundados solo en la razón, es abstracción filosófica, fuera de la realidad, ya que todo ordenamiento jurídico provee a las necesidades de la vida, que con sus cambiantes exigencias no siempre se desarrolla según los dictados del raciocinio. Con frase drástica Jemolo dice que "en la vida, los factores irracionales o, en general, no lógicos, son mucho más importantes que los racionales". Y entonces, ¿cómo pretender que el derecho y su ciencia sean un sistema geométrico?

Por lo tanto si el jurista quiere evitar el pernicioso distanciamiento entre derecho y justicia, debe considerar la vida tal como es, adaptar a ella sus esquemas y no viceversa. La vida es siempre un *prius* mientras que el derecho es *posterius*. Recordemos siempre el consejo de Juliano: *multa autem iure civili contra rationem disputandi pro utilitati communi recepta esse innumerabilibus rebus probari potest*[1].

1 D. 9, 2, 51, 2.

La *communis utilitas* vence, pues a la razón; y en innumerables casos ¿no se han introducido instituciones *contra tenorem rationis?* Irracionalidad no quiere decir, sin embargo arbitrio, ya que la *utilitas,* valorada prudente y objetivamente, pone límites a lo que a primera vista parece irracional. La vida del derecho no se puede fosilizar en nombre de la racionalidad, en esquemas preestablecidos lógicamente: es como si se aprisionase un organismo siempre en continuo desarrollo dentro de una coraza rígida, aunque elegantemente estructurada. Los romanos nos enseñaron que *ius strictum* y *subtilitas iuris,* es decir derecho lógico y consecuente, son superados por la *ratio aequitatis,* es decir, por la justicia, a medida que se manifiesta el desequilibrio; y es siempre la justicia la que triunfa y supera la lógica.

¿Y es necesario acaso que recuerde el consejo evangélico contra las rígidas conclusiones de los doctores de la ley?

El jurista está llamado a crear, directa o indirectamente, un sistema que satisfaga las exigencias prácticas. Dogmática y construcción jurídicas, siempre que estén dirigidas a ese fin, dan la medida de la genialidad del jurista.

Las analogías, los innumerables *quasi,* hasta las ficciones, los *favores* que encontramos en abundancia en la jurisprudencia romana, no son ejercicios de una discutible dialéctica, sino instrumentos que tienden a alcanzar un resultado justo, de forma que la conclusión es apreciadísima, no por su valor lógico que en abstracto podría ser dudoso, sino por ese resultado. La base de la jurisprudencia no es la autoridad formal, ya que el jurista, por muy sabio que sea, es siempre un ciudadano particular, que piensa y razona como cualquier otro, pero cuya lógica no se pierde en el vacío, sino que procura conseguir un resultado oportuno y justo.

Acojamos la dogmática moderna, pero no abandonemos el punto de vista romano, que tiene en su favor la experiencia de los siglos, mientras la ciencia moderna que no quiere ser más que dogmática y sistema, conduce a la indiferencia, cuando no al existencialismo. Distingamos la dogmática del dogmatismo, que es su degeneración, pues la dogmática, es solo un medio, no un fin en sí mismo. No tengamos reparo en rehabilitar a los antiguos, por respeto a la ciencia que se considera un producto moderno.

No se reniega de la ciencia del derecho para relegar nuestros estudios al limbo del empirismo, pero se reconoce lo que esa ciencia fue y lo que debe ser también hoy. Roscoe Pound, uno de los más insignes juristas americanos, repite que la ciencia del derecho no es ciencia de lo abstracto, sino de lo concreto. El derecho inglés está formado por casos prácticos y precedentes; y no creo que en estos países en que los juristas huyen de las doctrinas generales, se actúe menos la justicia que en los países continentales, con todos sus perfectos sistemas e impecables doctrinas. Por lo demás, aún sin discutir sobre los límites entre ciencia y empirismo, si tuviésemos que reconocer que los empíricos curan a los enfermos mejor que los científicos, creo que todos gritaríamos a coro: ¡Viva el empirismo!, ¡Abajo la ciencia!

La ciencia del derecho supone aplicación y desarrollo del derecho guiado por el sentido de justicia.

Los *praecepta inris* de Ulpiano, los inmortales principios de la Revolución Francesa, las modernas declaraciones de derechos fundamentales, el principio cristiano de la caridad, constituyen directrices y orientaciones; nada dicen de lo que deben hacer en concreto el Estado y el ciudadano, el propietario, el acreedor, el deudor, el comerciante, y podríamos seguir la enumeración. Es el jurista quien, partiendo de aquellas directrices sabrá concretarlas, inspirándose en las exigencias del momento, variables en el tiempo y en el espacio. El principio es general y eterno, pero las aplicaciones concretas son infinitas y cambiantes.

El mérito de los romanos no está tanto en haber formulado esos *praecepta,* verdaderos ejes de toda convivencia humana, como en haber deducido de ellos normas precisas de conducta, según las exigencias sociales que paulatinamente se presentaban.

En este proceso continuo de aplicación y desarrollo encontramos la lección perenne de la jurisprudencia romana, que, partiendo de pocos preceptos fundamentales, tomados de la realidad misma de las cosas, logró constituir, utilizando solo la lógica, ese macizo y fundamental ordenamiento jurídico que es el *ius civile,* del que se podía decir con razón que *in sola prudentium interpretatione consistit.* De esta forma, con el simple auxilio de una lógica adecuada, sin esperar ninguna medida legislativa, pudo introducirse una nueva forma de testamento, se reconoció el acto de emancipación, en este sentido ausente antes de la ley, y un nuevo modo de constitución de relaciones jurídicas como es la *in iure cessio.* No pocos preceptos arcaicos fueron demolidos sabiamente, no con un improvisado y general derribo, sino en la medida y hasta el punto en que parecían inicuos.

Esta actividad creadora continúa en la doctrina canonista, en la obra de los doctores del derecho común, en la pandectística. ¿Y qué otra cosa es la interpretación evolutiva, de la que se habla hoy, sino la *interpretatio* romana? Es un fenómeno no limitado a los pueblos occidentales, pues fruto es de interpretación, entendida de ese modo, el desarrollo del derecho talmúdico e islámico, ni es propio solo de los pueblos atrasados, ya que vemos en nuestros días, aunque parezca extraño, que el pueblo inglés sigue instintivamente la tradición romana que los pueblos neolatinos han querido abandonar. Se ha dicho que el mundo moderno ha conocido dos grandes sistemas originales: el derecho romano y el derecho inglés; en realidad, aunque sea inconscientemente, este último sigue el camino recorrido por el primero.

Con las codificaciones modernas, esa secular potencia creadora se ha atrofiado; la ciencia jurídica, perdida en el dédalo de las disertaciones abstractas, espera todo de la ley, renunciando a esa tarea de desarrollo y continua adaptación a la que el jurista está siempre llamado. También frente a la existencia de códigos e innumerables leyes y a la primacía actual de la voluntad legislativa sobre la formación espontánea del derecho, no creo que la *interpretatio* romano sea imposible para el jurista moderno, ya que el jurista romano es *iuris auctor,* no en el sentido absurdo de que dicte leyes, sino en cuanto adapta el derecho al desarrollo de la vida social. Si es verdad que hoy el fin último de la interpretación es la reconstrucción de la voluntad legislativa, entendida como voluntad presente, no pasada, si hoy no se duda ya respecto a la interpretación evolutiva, no creo que el jurista desborde la tarea que le asigna la ley, si continúa procediendo con los métodos seguidos durante siglos por los romanos.

A pesar de la abundante literatura jurídica y del énfasis científico, me atrevo a decir que en este aspecto, nuestra época señala, una fase de decadencia frente a la elefantiasis legislativa. Cuanto más se esteriliza la potencia creadora del jurista, más se exaspera la actividad del legislador. Desconfianza hacia el jurista no revestido de función oficial e inercia de la ciencia hacen que hoy se legisle incluso cuando bastaría la más elemental *interpretatio.* Ocurre quizá lo que aconteció en el Bajo Imperio, cuando, yerma la ciencia del derecho, la legislación tuvo que atender a todo, con la sola diferencia de que esos juristas, llamados por Justiniano héroes o maestros del Universo, seguían las huellas romanas, mientras que los modernos han preferido andar por otros caminos. El absolutismo no justifica del todo la supremacía casi total de la ley, porque es un fenómeno que volvemos a encontrar hoy en plena democracia. Se puede decir que la concepción científica contemporánea ha impedido que la ciencia pudiera ser eficaz en la vida del derecho.

La interpretación creadora tiene naturalmente diversos grados de eficacia según los distintos campos del derecho, pero no es posible negarla en absoluto, sin negar la misión misma del jurista, a no ser que se le quiera reducir a la repetición mecánica de las leyes. Es cierto que no todo se puede conseguir por interpretación, como demuestra la misma experiencia histórica. Pero siempre será la ciencia la encargada de orientar el movimiento legislativo, como hacían sabiamente los juristas romanos, que siempre estaban tras los bastidores de los órganos legislativos. Los edictos de los magistrados jurisdicentes, que se vierten en el *edictum perpetuum* y que producen ese macizo ordenamiento constituido por el *ius honorarium,* que tanto espíritu moderno aportó al antiguo sistema, no son en verdad obras de esos magistrados, que se suceden año tras año en el cargo, sino más bien de los juristas, que donde no podían llegar mediante la *interpretatio,* dado que el derecho no puede ser en todo un desarrollo lógico, sugieren a los magistrados las oportunas reformas. ¿Se puede creer que edictos y fórmulas técnicamente perfectos, fuesen obra de un magistrado que podía ser un eminente político y al mismo tiempo ignorante en materias jurídicas?.

También cuando el Imperio se desliza hacia el absolutismo y se insinúa el principio *quod principi placuit legis habet vigorem,* el príncipe proporciona solo la autoridad formal, pero siempre es el jurista quien sugiere aquellos justos y oportunísimos rescriptos y decisiones que constituyen una etapa más en el desarrollo del derecho. De Adriano se dice que *in consilio habuit non amicos suos aut comites solum, sed iuris consultos et praecipue Iuventium, Celsum, Salvium Julianum, Neratium Priscum aliosque*[2]; y lo mismo de Alejandro: *neque ullam constitutionem sacravit sine X iuris peritis*[3]. Cuando el Imperio y la legislación se van cristianizando, son obispos y sacerdotes quienes sugieren al príncipe la vasta legislación que quiere inspirarse en los preceptos de la nueva religión.

Esta función de la ciencia jurídica es irreprimible y no puede confiarse a otros, de igual forma que el tratamiento de un enfermo no se puede entregar a un arquitecto. Savigny hablaba de derecho científico (wissenschaftliches) para indicar que "la clase de los jurisconsultos influye en la legislación, sea

2 Vita Hadr. 18.

3 Vita Alex. 16.

porque el derecho popular elaborado por aquélla, igual que el originario, pasa a la legislación, sea porque las personas que reciben instrucción jurídica ejercen en diversos grados influencia en la legislación"

El jurista digno de este nombre que quiere ser verdaderamente científico, y no pedestre repetidor, está llamado a interpretar no solo leyes y actos jurídicos, sino lo que es más importante y difícil, esa compleja y delicada entidad que es la conciencia social, de la que brotó el derecho, que se identifica con la justicia cuando se ajusta a esa conciencia. Nadie mejor que el jurista, con su técnica y experiencia histórica, es apto para tal misión, o sea para traducir en derecho el sentido de justicia difuso en la sociedad.

El jurista moderno que contempla toda la ciencia incluida en la dogmática, considera como contaminación lo que se ha llamado, quizá con frase desdeñosa, política del derecho, confiándola a otros. Y con esto a la ciencia, fruto de experiencia y sabiduría, se ha substituido hoy la voluntad legislativa, a la persuasión intuitiva, que ve en la norma la determinación de lo justo, sucede la orden autoritaria... El derecho es tal porque es impuesto, no por conveniente o justo. La voluntad se requiere siempre, ya que no puede haber norma sin mandato; pero la busca de la substancia del derecho no puede ser más que tarea de la ciencia, de la misma forma que los juristas romanos, ocultaban su obra tras las insignias de los fascios y las segures o tras el cetro imperial.

Frente al desinterés o escasa eficacia de nuestra ciencia, se yergue por necesidad la omnipotencia legislativa, con las consecuencias ya lamentadas por la escuela histórica y que hoy comprobamos a diario. No se trata de volver a plantear la vieja cuestión, agitada por dicha escuela, de la relación entre derecho popular y legislación, sino de la ineludible necesidad de que sea la ciencia la encargada de guiar el movimiento del derecho. De otra forma se cede fatalmente a la arbitrariedad, o cuando menos, a la improvisación del legislador, que es mucho más peligrosa que la tímida *interpretatio* o la famosa *aequitas cerebrina.*

Distingamos siempre entre *ius conditum* y *ius condendum,* entre derecho y política del derecho, entre realidad y aspiración, pero debemos persuadirnos de que no se trata de compartimientos estancos, sino solo de dos aspectos de la misma ciencia, dos posiciones que asume el jurista, deseoso, de estar a la altura de su misión y de cumplir la tarea que la sociedad le asigna. El jurista está llamado a llevar, no solo a la aplicación, sino también a la formación del derecho, su preciosa aportación de experiencia histórica y social, de sabiduría y técnica. Todo esto es siempre quehacer científico. Siempre ha habido científicos que han preparado las codificaciones, desde el Corpus Iuris al código francés, e incluso el código civil alemán y las más recientes codificaciones italianas. Tales codificaciones, por explicable vanidad, se han atribuido a los jefes de estado y por necesidad formal provienen del poder legislativo, pero en realidad son fruto de la ciencia jurídica. El científico se despoja casi siempre, por desgracia no en todos los casos, de su doctrinarismo, para realizar la tarea que le es propia: dictar normas que sean oportunas y justas.

La misión del jurista es grave, me atrevo a decir más divina que humana.

En el mundo antiguo, el derecho y la misma terminología tienen espíritu religioso. La mentalidad primitiva amaba rodear de aureola religiosa toda manifestación jurídica y los más antiguos juristas romanos no fueron laicos, sino pontífices. Justiniano encabeza las distintas partes de su compilación *in nomine Domini nostri Jeshu Christi* y se considera a sí mismo como *lex animeta* en relación a la ley divina. En el prólogo del "Espejo de Sajonia" se dice "Gott ist selve Recht". Bracton, ya en el siglo XII, considera a los juristas como sacerdotes de la justicia, en cuanto *sacra iura administramus.* Mito y concepción teocrática que se encuentra hasta la saciedad en la historia, no se puede ciertamente resucitar en el mundo moderno, pero sirven para demostrar la alta función de la ciencia jurídica, que casi trasciende lo humano.

Concepciones antiguas, que divinizan a Temis y Dike, junto a la cristiana que atribuye a Dios la justicia más perfecta, concurren para demostrar que la justicia se considera un atributo de la Divinidad.

Ante tal gravedad, el jurista no puede retroceder temeroso, ni está autorizado a refugiarse en la elaboración de otra ciencia que será más cómoda y menos comprometedora, pero que no es ciencia del derecho.

Por otra parte no hay que tener la ilusión de que la justicia pueda realizarse siempre en su totalidad, de igual forma que la ciencia biológica, con todas sus geniales investigaciones, no puede llegar a creer que perpetuará la vida de los individuos. *Beati qui exuriunt et sitiunt iustitiam!*. Injusticias en las leyes y en su aplicación han existido y existirán siempre, patrimonio casi de la humanidad, porque la percepción y actuación de la justicia no está confiada a una máquina, que en forma pronta y segura responda a nuestras exigencias, sino a un cerebro pensante con todas sus imperfecciones y posibilidades de error, La injusticia no es una necesidad como la aleación en las monedas, sino una fatalidad inherente a nuestra imperfección. Cicerón decía que era *stultissimum* creer que todo lo que se encontraba en las leyes e instituciones fuese justo y recuerda, ya como *tritum proverbium,* la frase *summum ius summa iniuria.!* Y cuántas veces los juristas romanos aun proclamándose sacerdotes de la justicia, exclamaban, *dura lex, sed lex!*

Si no siempre coinciden derecho y justicia, la adaptación es continua. Aún desde altísima sede se habla de derecho verdadero y derecho falso, de derecho justo e injusto, de derecho equitativo e inicuo. Al viejo derecho, entendido como derecho vigente, se contrapone el derecho nuevo, como derecho en formación, de igual manera que los romanos contraponían *subtilitas iuris* a *ratio aequitatis.* Y es un problema secular, discutido por Platón, resuelto tácitamente por Jesús y los primeros cristianos, vuelto a plantear por canonistas y juristas antiguos y modernos, si se debe obedecer al derecho que se califica de injusto.

La exasperación de esta antítesis no debe conducir a la peligrosa conclusión de negar carácter de derecho al precepto que se considera injusto; pero debe excitar el genio del jurista a determinar ante todo si el precepto es verdaderamente justo, y a encontrar después los medios para suplantarlo en el ámbito de la convivencia humana, es decir, pacíficamente. El filósofo plantea el problema de si se debe obedecer a la ley y a la sentencia injusta, colocándose en un plano moral, el político sugiere la rebelión abierta, el magistrado tendrá que aplicar la norma injusta, el jurista si quiere ser verdaderamente sacerdote de la justicia y no hombre de partido o doctrinario, no puede quedar inoperante, sino que, con su exquisita sensibilidad que le hace percibir las exigencias en su realidad y le permite aislar lo justo del interés particular, valiéndose de su técnica perfecta, es el llamado a restablecer la armonía entre derecho y justicia, a sugerir el medio más adecuado para alcanzarla, que no sea la violencia o el atropello.

Por otra parte no hemos de dramatizar con exceso o generalizar, viendo por todas partes la iniquidad, cuando podría tratarse de meros hechos contingentes, ni proponer remedios drásticos o inversiones de doctrina, como sería la negación del carácter jurídico al derecho del Estado solo porque se considere injusto, para evitar que con el laudable intento de reparar alguna viga o cornisa de la casa hagamos que se hunda todo el edificio.

La ciencia del derecho, como la *iurisprudentia* romana, no obra igualmente y con la misma intensidad en todos los campos. La principal aplicación se encuentra en el derecho privado. En cambio, en el ámbito del derecho público, la tarea no es del *iuris prudens,* sino del político. La *iurisprudentia* apenas interviene; es necesario otro género de *prudentia;* entramos en el campo de elementos que no pueden manejarse con la misma lógica con que se manejan las instituciones privatísticas. Se trata siempre de la *utilitas,* pero considerada bajo otro aspecto. Aquí cuenta, no el razonamiento impecable, sino el hecho, aunque sea violento. Estamos, como dicen los romanos, en un *positio distinta;* no en el ámbito de la autonomía de la voluntad, que se mueve en la órbita del derecho guiado por el jurista, sino en el de la voluntad del individuo creadora de derecho en la órbita del *populus;* estamos en presencia de un elemento importantísimo: la *auctoritas* que en este sentido no tiene parangón en la órbita privada.

La *auctoritas,* que a pesar de interesantísimos estudios recientes, difícilmente puede condensarse en una fórmula precisa, es percibida por los romanos como una entidad viva pero fluida, que esquiva la *interpretatio* del jurista y por tanto no forma objeto de ese análisis y desarrollo lógico en que son maestros los juristas.

La escisión entre las *duae positiones,* es una realidad, antes que una doctrina. Quinto Mucio y Sabino construyen admirables sistemas de *ius civile,* pero es Augusto, quien sin ser jurista y sin consultar a ninguno de ellos, implanta un *novus ordo;* consulta a Trebacio sobre la oportunidad de reconocer, no el nuevo ordenamiento, sino tan solo el fideicomiso y el codicilo. Mientras que en el ámbito privatístico pasan a la historia Aquilio Gallo, Sabino y Celso, en el campo publicista la historia recuerda a Sila, Julio César y Augusto; Labeon, que dio tan gran impulso al desarrollo del derecho privado, permanece mudo frente a la nueva situación, y a Papiniano, aclamado *primus omnium* se le impone el silencio definitivo. Los romanos perciben que derecho público y derecho privado no son distinciones de la misma entidad, sino formaciones históricas distintas hasta en la terminología. En una época, la distinción era entre *lex* y *ius,* imposición autoritaria y estatal la primera, formación popular y extraestatal el segundo. Y he aquí por qué fueron grandes en el ámbito del derecho privado, bien modestos en cambio en el ámbito publicístico.

La ciencia contemporánea, que se identifica con la dogmática, partiendo del concepto de unidad del derecho, coloca en el mismo plano derecho público y privado, disertando abstractamente en torno a los conceptos de Estado y soberanía, como se podría disertar sobre el testamento y la propiedad. En realidad, el método no es diverso y la tarea del jurista se ejerce igualmente en el ámbito público que en el privado. Pero la ciencia jurídica, entendida como *ars boni et aequi* tienen distinta eficacia en ambos campos.

Así se explica la bien probada pobreza de la jurisprudencia con relación al derecho del Estado. No obstante la intentada rehabilitación del derecho público romano y las modernas investigaciones sobre la materia, es seguro que la elaboración jurisprudencial en materias de derecho público no puede compararse ni de lejos a la del derecho privado. En el ámbito de los *crimina publica,* tenemos comentarios a cada una de las *leges* que pueden estar a la altura de los comentarios *ad Sabinum* o *ad edictum,* pero en lo referente al derecho del Estado, la obra de la jurisprudencia romana aparece pedestre y puramente descriptiva. Todo el derecho público del Imperio se encierra en la frase *quod principi placuit legis habet vigorem.* Es cierto que no se podía decir más, pero también lo es que mientras en la época de la República hubo juristas que *fundaverunt ius civile,* y la historia registra los nombres de Sexto Elio y de Quinto Mucio, las noticias y los restos que tenemos de la jurisprudencia en materia de derecho público, demuestra la pobreza de sus trabajos. Hubieran podido disertar en torno al concepto de Estado, *comitium* o Senado, como habrían hecho sin duda los juristas modernos, pero es precisamente esta aptitud para la dogmática abstracta lo que falta a los juristas romanos y cuya ausencia no lamentan en absoluto. La diversidad de la materia determina la distinta postura de la jurisprudencia.

Esta diversidad se nota siempre en la historia hasta nuestros días, porque deriva de la misma realidad de las cosas. La dogmática publicista moderna no ha hecho menos progresos que la privatística; sin embargo, constituciones y declaraciones contemporáneas no proceden de los más geniales dogmáticos del derecho público: Jellinek y Laband no tuvieron ni remotamente el influjo que tuvieron Pothier y Windscheid. Si dejamos a un lado las leyes administrativas para considerar solo las verdaderamente importantes, las que dan una estructura al Estado y a la sociedad, desde la declaración de los derechos del hombre hasta la carta de la ONU, encontramos que son obra de políticos, precisamente porque la determinación exacta de las nociones de Estado, soberanía y otras instituciones importa bien poco.

Es preciso recordar que la pura dogmática es ineficaz, tanto en el campo del derecho público como en el del privado. Lo que cuenta es el sentido de justicia, de oportunidad, de conveniencia, que tiene diversa orientación y aun diversas personas para actuarla, según se trate de la esfera pública o de la privada.

Si el problema fundamental de nuestra ciencia, el fin último de nuestros estudios es la justicia, puesto que dogmática y construcción jurídica son únicamente medios para su busca y actuación, preguntémonos: ¿Qué es la justicia? Mucho se ha escrito y mucho se escribirá a este propósito porque el tema no es de los que se puedan agotar. El problema fue discutido ya por los filósofos, de Aristóteles a nuestros días, pero no por los juristas modernos, prisioneros de la dogmática, ni por los juristas romanos que se califican, sin embargo, de sacerdotes de la justicia. La discusión en. el campo filosófico está destinada a perpetuarse, tanto que Leibnitz podía confesar con razón que tras tantos *praeclari scriptores,* los conceptos de *ius* y *iustitia,* no resultan claros. Y en verdad la justicia pertenece a esas nociones que como el arte y lo bello más forman objeto de intuición que de definición categórica. Es una entidad indefinida e indefinible que no se puede fijar en una fórmula perentoria y absoluta. Al Jurista además no le interesa la noción abstracta de justicia, cuya discusión podemos encomendar sin inconveniente a los filósofos, sino la justicia concreta, tal y como se siente en un momento histórico y en el ámbito en que se actúa. Cuando desde Aristóteles a la patrística, de Santo Tomás a los filósofos contemporáneos, se dice que la justicia supone atribuir a cada uno lo que es suyo, se enuncia una verdad universal, profesada también por los juristas romanos y que constituye solo el punto de partida para el jurista, cuya misión es precisamente concretar lo suyo. Tanto Aristóteles como Ulpiano formulan el principio general del *suum cuique tribuere,* pero mientras el primero se limita a lo abstracto el segundo, directa o indirectamente, concreta el *suum* en norma precisa de conducta. Cuando se habla de *aequitas,* si no se quiere entenderla como igualdad absoluta y aritmética, sino como proporción, se trata siempre de concretar esa proporción. Y en esto se encuentra, para nosotros, la distinción entre filosofía y derecho. Cicerón presenta doctrinas magníficas sobre la *iustitia,* la *aequitas,* el *ius naturale:* sin embargo, ni los contemporáneos ni los modernos le consideran jurista, porque se mantiene en lo abstracto. El mismo reconoce: *aliter leges, aliter philosophi;* y no hay duda que como abogado hablaba en forma distinta que como filósofo.

Todos los siglos hablan de justicia y siempre la invocarán en el futuro. Hoy quizá se ha convertido en una palabra huera, por el largo uso, por no decir maltrato.

La justicia es el problema fundamental de toda convivencia humana, sea grande o pequeña, la misma esencia y fin del derecho. En tomo a este problema, desde Aristóteles a nuestros días se afanan juristas, filósofos, políticos y legisladores.

En realidad no ven todos la misma entidad. El filósofo y el moralista contemplan la justicia abstracta. El hombre de partido, sea abogado o político, tiende a identificarla con el interés individual o de la propia clase o nación. Para el jurista la justicia es una realidad concreta. Es la síntesis de la vida real, en lo que pueda interesar al derecho. Es una entidad heterogénea, integrada como el hombre de materia y espíritu, de oportunismo y de moral, que no se excluyen mutuamente, sino que se equilibran, de razón y utilidad, de pasado y porvenir, de tradición y renovación, que coexisten de la misma manera que en la máquina freno y motor. Supone la continuidad, que da seguridad a las relaciones humanas, sin la cual la convivencia social, no sería ni siquiera concebible, siempre que por continuidad se entienda, no inmovilidad, sino desarrollo. Es un camino siempre abierto. Son contrarios a la justicia tanto la inmutabilidad como los cambios imprevistos.

La justicia participa de la moral, más aún, está impregnada de ella. Si derecho y moral no son esferas coincidentes, tampoco son entidades autónomas e independientes, porque la valoración de los hechos humanos, antes de ser jurídica es humana, es decir, moral.

El primero y fundamental *praeceptum iuris* es *honeste vivere* pero al ser un *praeceptum iuris,* el *honeste vivere* se entiende solo respecto a aquello que es relevante para el derecho, en cuanto aparece justo; los mismos romanos enseñan: *non omne quod licet honestum est.* Por tanto no hay ni coincidencia, ni independencia programáticas. La moral es siempre el substrato del derecho, su elemento preponderante, que no excluye a veces la consideración de otros elementos, siempre que queramos mantenernos en el ámbito de la justicia humana, o sea, de la justicia que forma el objeto de nuestra ciencia.

Derecho y moral coinciden, no, como alguien ha dicho, por mero azar, sino por su intrínseca naturaleza, porque el hombre obra más por impulso interior que por coacción externa. La frase del jurista romano: non *omne quod licet honestum est,* que se invoca siempre como tajante afirmación de la independencia entre derecho y moral, dice *non omne,* es decir, no todo, lo que significa que en su conjunto y en su mayor parte, lo *licitum* coincide con lo *honestum.*

El particularismo y el carácter histórico de la justicia, no excluyen, sin embargo, un movimiento gradual hacia lo universal, a través de un proceso de asimilación y nivelación en el que fueron maestros los romanos. Estos, sin ninguna imposición violenta, lograron dar y también recibir preceptos e instituciones extranjeras, que respondían a una necesidad y que parecían justos. En nuestros días se tiende a un ordenamiento universal, que proporcione una garantía segura a la humanidad. Pero tal desenvolvimiento, como el *ius gentium* romano, tiene que estar dominado por la *aequitas,* como superación de todo particularismo e ideología, y como coordinación superior de intereses opuestos. Una justicia abstracta y absoluta no interesa al jurista si no penetra en la conciencia social. Los juristas romanos dicen que cultivan la *philosophia,* y en cierto sentido son todos filósofos pero de lo concreto; cultivan *veram philosophiam non simulatam,* es decir, la filosofía no de lo abstracto, que se designa mediante símbolos, sino de la realidad. No disertan, como los filósofos en torno a la justicia, sino que la sienten y procuran actuarla.

Precisamente porque la justicia es algo concreto y expresión de la conciencia social colectiva, el jurista no puede recluirse en la torre de marfil de sus doctrinas, no puede abstraerse de la vida real, como no se abstraía el jurista romano, quien tenía la presunción de definir la jurisprudencia como conocimiento de las cosas humanas y divinas. Esta expresión, a primera vista parece ridícula, pero tiene un sentido profundo cuando se la interpreta rectamente. El jurista conoce las cosas humanas y divinas, no como objeto de conocimiento en sí, sino en función de su tarea; es necesario que tenga el dominio de la vida en toda su complejidad, para atender a sus necesidades y comprender qué es la justicia. Conviene recordar siempre que todo problema jurídico, antes de ser tal, es un problema social y humano.

Compraventa y transporte, propiedad y testamento, antes de ser embalsamados en los códigos, viven en la realidad de la vida, y es por esto que el jurista tiene que conocer bien esa realidad. No por azar los juristas romanos y medievales son hombres de la vida común. Con razón se ha dicho que el verdadero jurista debe tener la mirada capaz de escrutar en los más mínimos detalles un horizonte sin límite, o al menos más vasto que el de las otras disciplinas. Mientras estas pueden aislarse y tienden a la especialización, el horizonte del jurista es siempre el mismo: es decir, la *divinarum humanarumque rerum notitia,* precisamente porque su función es siempre la misma: conocimiento de las cosas humanas y divinas con la finalidad de la *iusti atque iniust scientia,* que limita y circunscribe aquel enunciado, absurdo si se le da carácter aislado.

La justicia no se identifica con la mera ideología, hasta que esta no se traduce en conciencia colectiva; solo entonces puede convertirse en motivo y orientación de la ciencia jurídica. La ideología es el resorte del desarrollo del derecho, pero no es aun derecho.

Séneca lanza sublimes doctrinas; pero, a pesar de ser prefecto del pretorio en tiempos de Nerón y escribir un tratado *de clementia* dedicado *al Neronem Caesarem,* no piensa ni remotamente en verter en leyes sus consejos, porque con exacta percepción jurídica, comprende bien que tales doctrinas se mueven en una esfera superior, constituyen el patrimonio de una élite, pero no son aún conciencia colectiva, no son esa justicia que interesa al jurista, destinada a convertirse en derecho. Tampoco Marco Aurelio, corifeo del estoicismo, piensa en introducir de lleno sus doctrinas en su vasta legislación, que presenta manifestaciones de suavidad, calificables incluso de estoicas, al lado, sin embargo, de otras cuyo extremo rigor repugna sin duda a la doctrina estoica, como p. ej. la posibilidad de un proceso penal contra un muerto para lograr la confiscación de sus bienes. Se ha dicho que todos los juristas clásicos están empapados de estoicismo; sin embargo, el influjo estoico fue limitado: solo llegó hasta donde las nuevas doctrinas habían invadido la conciencia social.

Por el contrario, la humilde palabra de Jesús irrumpe ampliamente en la legislación, desde Constantino a Justiniano, porque no se trata de una ideología profesada por algún pensador solitario, sino de una religión que conquistaba poco a poco estratos siempre más amplios de la conciencia social. Cicerón diserta *de officiis,* pero no deja rastro en la jurisprudencia; S. Ambrosio toma como modelo la obra ciceroniana e influye en la legislación.

En ciertos momentos no es fácil separar la ideología de la justicia, ni la separación puede tener lugar por referéndum u otro medio estadístico, porque tales recursos darían la suma, pero no la superación de intereses y aspiraciones, que es el fin de la justicia. Hasta hace algún tiempo no era difícil hacerse intérprete de la conciencia social, pero hoy la empresa es ardua cuando todos proclaman la justicia identificándola muchas veces con el interés. La dificultad no debe hacer asignar a nuestra ciencia otra tarea, de la misma forma que ante una grave epidemia, el médico no se pone a estudiar filosofía o historia del arte.

La justicia que interesa al jurista es en extremo variable en el tiempo y en el espacio, ya que es variable la vida, como demuestra la experiencia histórica. Todos sabemos que lo que parecía justo a los romanos es para nosotros totalmente inicuo, igual que lo considerado hoy justo dentro de un siglo o quizá de un decenio será juzgado injusto. H. Mitteis, en un libro reciente sobre la función de la historia del derecho, concluye que esta nos libera de la creencia en la eternidad de los dogmas jurídicos y nos da la sensación de la perenne mutación del derecho.

Existen sin embargo verdaderas supremas, que universalmente se transmiten a través de los siglos y de los que se puede prever la supervivencia por otros siglos aún; pero también respecto a estos preceptos formulados por los romanos y que se repiten como la esencia de la justicia, la experiencia histórica demuestra que en el ámbito de la justicia positiva presentan forma y aplicaciones distintas. *Honeste vivere, alterum non laedere, suum cuique tribuere* son verdades eternas, base de toda convivencia humana, bien difíciles de renegar, hasta el punto de que no las rechazan ni siquiera los ordenamientos más lejanos de la tradición romanista. Pero todo el problema está en dar determinación positiva a esas fórmulas, que precisamente por su vaguedad se adaptan a todos los tiempos y lugares. Lo que parecía *honestum* en el mundo pagano, puede no serlo ya para nosotros; el *suum cuique tribuere* vale siempre, pero se trata de precisar lo *suum; alterum non laedere* es una máxima siempre verdadera, pero varía la fijación de los límites en los que el ejercicio del propio derecho se puede conciliar con la lesión del derecho ajeno; tampoco el principio *qui suo iure utitur neminem laedit* resulta siempre cierto.

Junto a la justicia positiva, encerrada en la ley, interpretada y desarrollada por los juristas en armonía con la conciencia social, existe una idea de justicia, de orden superior, que conquista las mentes más selectas, pero que no es aún la justicia que toman en cuenta la ley y la ciencia jurídica.

La historia está llena de tales aspiraciones. Cicerón preconiza que el derecho debe brotar *ex intima philosophia,* tanto como de las XII Tablas o del edicto del pretor; contrapone con frecuencia el deber jurídico al *officium,* impuesto por un principio superior de solidaridad humana. La doctrina filosófica es una aspiración a algo más alto. Con esto el pensamiento filosófico antiguo tiende a laborar en lo íntimo de la conciencia humana, pero no pretende traducir en normas coercibles, esto es en leyes del Estado, sus propias enseñanzas; en cierto modo procura incluso anular el ordenamiento estatal, substituyéndolo por la norma ética. Y es por esto que ni Séneca, prefecto de Nerón, ni Marco Aurelio, legislador él mismo, pensaban en verter en leyes su pensamiento.

La situación cambia con el advenimiento del cristianismo. La predicación de Jesús, como la tradición mosaica, se presenta como ley en las relaciones con Dios y entre los hombres; se habla sin más de ley, como norma vinculante, y también de justicia. No se trata de ideología, sino de norma, que para el creyente tiene bastante más eficacia vinculante que la del Estado. Surge así la contraposición entre el derecho positivo y justicia, que se hace dramática cuando se presenta, no ya en el terreno ideal, como en la doctrina estoica, sino en el práctico. La ley se entiende como ley humana, o sea del Estado, la justicia como ley divina, calificada de ley por antonomasia. Recordaré solo a S. Agustín, que habla precisamente de dos justicias: *iustitia Dei* y *iustitia hominis*[4]. La antítesis se acentúa en los primeros siglos frente a las feroces persecuciones, tanto que todavía Lactancio, a su solo recuerdo, afirma que *leges etiam sibi nomine iustitiae iniquissimas iniustissimasque sanxerunt*[5]; se atenúa gradualmente a partir de Constantino, cuando no solo cesan las persecuciones, sino que el Estado, convertido en confesional, trata de adaptar sus leyes a los preceptos cristianos. Sin embargo, la adaptación no es total, porque si la Iglesia, debido a esa misma conformidad de sus propios principios a la ley romana, pudo reconocer que *vivit de lege romana,* quedan a pesar de todo, algunas zonas de discordancia, tanto que S. Jerónimo, no sin exageración, termina oponiendo la *lex Christi* a la del César, los *praecepta Dei* a los de Papiniano[6]. En realidad, si consideramos el desarrollo último de la legislación romana, la discordancia se

4 En. in Ps. 6, 54, 11.

5 Div. inst. 6 6.

6 Ep. 77 ad Oceanum.

reduce al divorcio, no eliminado totalmente, y a la disparidad de trato entre el hombre y la mujer en relación al adulterio.

De esta desarmonía deriva la noción de ley injusta, concepto y término que encontramos en la patrística: ley injusta es la no conforme a la ley divina; se dispone por tanto de un módulo, claro y preciso, de comparación, independiente de toda valoración humana.

Tenemos, pues, una justicia humana y otra más alta de origen divino; la relación entre ellas depende del clima de la época: en un clima religioso, la conciencia social será igualmente religiosa y por tanto la ley y la ciencia jurídica se orienta en ese sentido, como hicieron los emperadores cristianos, desde Constantino a Justiniano.

Si prescindimos de la ley divina entramos en el campo de la ideología, que se presenta a la mente del jurista, no como imperativo, como ocurre con el mandato religioso, sino como factor que puede tomarse en consideración solo en el caso y en la medida en que se convierte en conciencia social.

Percibir la justicia y darle actuación no es operación mecánica, sino de nuestro espíritu. De aquí la posibilidad de discusiones y contrastes, de que está llena la ciencia jurídica de todos los tiempos. Tales discordancias no proceden de diversas concepciones teóricas o de método, sino de distintas valoraciones de lo justo.

Desde la célebre causa curiana, debatida en Roma en el último siglo de la República, hasta la pandectística y la ciencia contemporánea se ha discutido el problema de la relación entre la voluntad y su declaración. Se invocan tradiciones y opiniones de doctores, textos legislativos y pensamiento del legislador. Pero el razonamiento, aunque sea en forma latente, se dirige hacia una solución justa. Labeon y Próculo discuten en torno a la eficacia de las condiciones imposibles en los testamentos o sobre la atribución de la propiedad como consecuencia de la especificación; pero para llegar a una solución justa. Y cuando se discutía si la ciencia del derecho debiera ser "Begriffsjurisprudenz" o más bien Zweck" o "Interessenjurisprudenz", ¿no se consideraba, aunque fuese inconscientemente, lo justo? ¿No sería mejor hablar abiertamente de "Iustitia-Jurisprudenz"?

Si la ciencia no logra encontrar por sí sola un orden que pueda considerarse *ius receptum*, es decir, una solución universal e intuitivamente reconocida justa, interviene la autoridad, en forma de sentencia o de ley, para establecer lo que sea justo. Entonces tenemos el *ius quia iussum* y diremos eventualmente *pro ratione stat voluntas.*

Lo justo surge de la conciencia colectiva, como necesidad y exigencia y vuelve a ella en forma de derecho. La justicia no es por tanto la tan execrada *aequitas cerebrina,* que es su caricatura, ni la *aequitas* o el derecho natural pueden arruinar la seguridad jurídica, de la misma forma que las drogas más peligrosas pueden ser instrumento de bien en manos del médico hábil. Como siempre, es más cuestión de hombres que de doctrinas. Si el jurista sabe ser verdaderamente sacerdote de la justicia, tendrá los loores que le tributaban los romanos; en caso contrario, hallará la censura de L. A. Muratori y la ironía de Erasmo.

¿Más que ciencia, es la nuestra un arte? ¡Vieja cuestión! Todo consiste en entenderse. Se ha dicho que la ciencia es el reino de lo abstracto, el arte, de lo concreto. La ciencia es la investigación de las reglas, el arte consiste en su aplicación. Pero la investigación de la reglas es siempre un arte, una técnica, ya que no se trata de descubrir leyes objetivamente puestas, sino de escoger reglas oportunas y justas. Si es cierto que el derecho es un instrumento que permite la coexistencia y sigue incesantemente el desarrollo social, siempre es un arte preparar y adaptar continuamente tal instrumento. Ontológicamente existen los hechos (convivencia, matrimonio, cambio); se trata de disciplinarlos; la realidad objetiva nada dice, salvo la absoluta necesidad de una reglamentación.

La ciencia tiende a la determinación de la verdad. Pero ¿cuál es la verdad jurídica que queremos buscar? ¿La encerrada en la ley? Pero en este caso ¿basta leer y comprender la ley? ¿El pensamiento objetivo comprendido en la ley? Mas es bien sabido que este no es una realidad estática e inmóvil, sino mudable, pensamiento no pasado, sino actual. Si además el derecho natural se considera como entidad objetiva y eterna, tendremos la ciencia del derecho natural, entendida como investigación de esa verdad. Pero cuando queramos traducirla en normas concretas, como intentaron hacer los iusnaturalistas a partir del siglo XVI o como quiso hacerlo Justiniano y se quiere hacer hoy, esto es, adaptar el derecho positivo al derecho natural, haremos siempre obra de arte más que obra científica.

No creamos rebajar nuestra tarea, calificándola de arte. El artista no se siente humillado por calificarse de tal más que de científico del sonido o del color. De *ars* hablaban los romanos; de arte habla Zitelmann (*die Jurisprudenz als Kunst*); arte del derecho se titula un libro reciente, aunque en él de arte, en el sentido que yo digo, no hay más que el título. Claro está que no todos podemos ser artistas; contentémonos, pues, con ser artesanos, pero dotados siempre de un cierto gusto.

Considero el arte como técnica dirigida a alcanzar un determinado resultado, no en el sentido carneluttiéano, justamente rechazado por Cesarini Sforza, de que "el estudio del derecho y el arte significan atacar por dos lados distintos el mismo problema": el arte es fantasía, el derecho y su ciencia son realidad concreta.

En el campo del arte del derecho podemos tener graduación de juristas, según sus diversas aptitudes y capacidad, pero la clara y esencial separación que se nota en el campo del arte entre artistas y artesanos, no tiene sentido.

Como el artista, aunque sea modesto, lo es en tanto posee el sentido de lo bello, así el jurista tiene que poseer el sentido de la justicia, la capacidad de precisarla, suprimiendo todo particularismo de ideologías o de intereses, el poder de expresarla en normas concretas y de actuarla con los medios de que dispone. Es una sensibilidad peculiar, un *habitus mentis,* que se forma y afina con las experiencias de la vida, sea pasada o presente.

La ciencia del derecho no es más que arte de lo justo. Aunque sea en el subconsciente, en el fondo de nuestros razonamientos, está siempre la valoración: es justo, no es justo. La dogmática, por tanto, no agota la ciencia jurídica, que se presenta como una entidad mucho más compleja. Comprende la historia;

ya que no hay ordenamiento jurídico, por remoto que sea que no haya dejado huella, no solo en las leyes, sino sobre todo en la mentalidad jurídica. La historia, sin embargo, no considerada en sí, sino como parte de la ciencia jurídica, no supone descripción de ordenamientos pasados, sino determinación de cuanto del pasado puede sobrevivir o ser superado. Comprende el conocimiento de la realidad de la vida, en el sentido romano de la *divinarum atque humanarum rerum notitia,* o sea, en lo que pueda interesar al derecho, precisamente porque el derecho y su ciencia tienden a satisfacer las necesidades de la vida, para lo cual la dogmática es muda, si no peligrosa, como ocurre cuando pretende que la vida se sujete a sus esquemas. Comprende no solo la técnica dirigid? a la aplicación de la norma al caso concreto en forma justa, sino sobre todo la interpretación de la conciencia social, para adaptar siempre la norma a la necesidad práctica. El político podrá orientar la vida en un sentido o en otro, pero será siempre el jurista quien traducirá, directa o indirectamente, la conciencia social en derecho, que precisamente por esto, parecerá justo.

No al azar se habla comúnmente de sentido jurídico. ¿Pero en qué consiste esta cualidad considerada esencial para el jurista, comparable según la misma terminología a lo que se llama sentido clínico o artístico? El jurista debe conocer la ley y toda la técnica interpretativa: pero esto es el presupuesto indispensable, de igual forma que es necesario conocer antes que nada la técnica de los sonidos o de les colores para ser artista. Mas evidentemente esto no basta. Es preciso añadir a esos conocimientos algo más, que da precisamente el espaldarazo de jurista, o sea el sentido jurídico. Este no es la aptitud de presentar doctrinas en el campo del derecho o de fabricar impecables silogismos sobre las instituciones jurídicas, ya que en tal caso estamos en el ámbito de la filosofía o de la retórica. Ni Platón ni Quintiliano se pueden considerar como juristas, aunque especialmente el último traten y discutan cuestiones jurídicas. La lógica aplicada a las instituciones jurídicas no es aún el sentido jurídico, de la misma forma que la lógica aplicada a la medicina o al arte no es aún sentido clínico o artístico.

El sentido jurídico se funda en la lógica y procede de ella, pero es algo más elevado que un simple razonamiento: es la exacta percepción de lo justo, la capacidad de expresarlo y darle actuación, de igual manera que el sentido artístico es la sensación de lo bello y la capacidad de manifestarlo en formas externas. Se revela en la fijación de normas justas o en la aplicación justa de la norma al caso concreto. Aplicar la norma al caso concreto no es operación mecánica y es pueril repetir que se trata de un simple silogismo, cuya premisa mayor es dada por la norma, la menor por el caso concreto. Si así fuese, todos serían juristas, ya que cualquiera es capaz de hacer un silogismo. Pero escoger la norma y adaptarla al caso concreto no es empresa tan fácil y es precisamente en este campo donde se descubre el genio del jurista. No se trata de fabricar un silogismo cualquiera, con tal de llegar mecánicamente a un resultado, sino que es necesario llegar a un resultado que parezca justo. Aun los que voluntariamente evitan en sus razonamientos las palabras justo e injusto se inspira en su subconsciente por estos conceptos. El absurdo jurídico no es el absurdo lógico, sino lo injusto.

Lo que importa y a lo que tiende el jurista es la justicia objetiva. No basta presentar una norma o una solución que al jurista se le antoje justa, sino que es necesario que a través de un razonamiento convincente, explícito o implícito, parezca justo a todos, con arreglo al sentido de justicia difuso en la conciencia social. Precisamente por sus reflejos prácticos el arte del jurista se separa de todos los demás. Mientras que el artista puede dar libre curso a su fantasía sin preocuparse del juicio popular, y puede también hablar a las futuras generaciones, el jurista no puede abandonarse a un subjetivismo ni desafiar los siglos, sino que debe sincronizar su sentido jurídico al de la conciencia colectiva de la época; traicionaría su tarea si presentase una norma o una solución que no pareciese justa a esa conciencia, aunque lo sea para las futuras generaciones. La ciencia del derecho es un arte actual y esencialmente popular.

El jurista siente en toda su gravedad el consejo *cave a consequentiariis.* Pero ¿en qué punto debe pararse la deducción lógica? Es siempre el sentido de la justicia, o sea, el sentido jurídico, el que pone límites: debe, en efecto, guardarse de las consecuencias que aunque estén deducidas lógicamente, parezcan repugnar a la justicia.

Algunos hacen consistir nuestra ciencia en la sistemática, entendida sin embargo, no como ordenación material de su contenido, sino como reconstrucción orgánica de los principios no expresados pero que están en el fundamento de la ley. Mas tampoco esta operación presenta carácter mecánico, ni esos principios son una entidad objetiva, suficiente para formar objeto de una investigación científica, en forma tal que, como ocurre en toda labor científica, una vez descubiertos, sean siempre ciertos y valederos. Por el contrario es harto sabido que la búsqueda de esos principios tiene algo de subjetivo; es un arte que ha de tener en cuenta el clima en que la ley vive y donde está destinada a actuar, así como otras exigencias; razones de oportunidad inducen al jurista a orientarse más en un sentido que en otro. ¿Se puede sostener seriamente que los principios en que se basaba nuestro código civil de 1865 sean iguales que los que se podían deducir del mismo código en 1940, a pesar de mantenerse inmutable la ley? Esto demuestra que no es una verdad objetiva lo que queremos alcanzar, sino un resultado justo y oportuno; estamos, pues, fuera de la investigación científica, a menos que se entienda en otro sentido del que tiene en el campo de las otras ciencias.

Volvamos a la experiencia romana, que no se puede suprimir. Las ciencias experimentales han dado sin duda pasos gigantescos y podemos oponer bien ciencia moderna y empirismo; pero en materia de ciencia jurídica estamos siempre en las posiciones romanas. Si el derecho, a pesar de su constante variar, es siempre la misma entidad, su ciencia no puede tener otra orientación, de igual forma que el concepto de arte es siempre el mismo, en cuanto responde a un movimiento del ánimo que es siempre idéntico.

Cuando preconizo un retorno al *ars boni et aequi* no pretendo hacer revivir la noble y austera figura del jurista romano en el tumulto de la vida contemporánea, en la que difícilmente podría tolerarse que un ciudadano cualquiera pudiese ser considerado *oraculum civitatis,* como lo calificaba Cicerón. La democracia determina fatalmente la crisis de la autoridad del individuo, aunque se pueda observar que los *iuris auctores* florecieron precisamente, no en el tiempo del despotismo sino en la libre y democrática república, y el gremio de los juristas fue siempre una clase selecta, pero nunca una casta cerrada.

No pienso ni remotamente que la ciencia jurídica pueda ser hoy fuente del derecho, ya que nuestra actividad, arte o ciencia, como se la quiera llamar, no puede por definición imponer a nadie normas de conducta; pero no se puede desconocer el carácter, en cierto sentido creador, que tiene toda interpretación. Esta es tanto más científica cuanto más convincente sea, no solo por proceder de la ley y obrar con criterios y métodos legales, sino por parecer justa y oportuna. Los notorios y tradicionales medios de interpretación (extensiva, restrictiva, analogía, principios generales del derecho) pueden encaminar no hacia una, sino hacia varias soluciones, todas igualmente lógicas; es más bien el sentido de justicia del intérprete que quiera estar a la altura de su misión, el que le hace escoger la que parece justa, es decir, la que convenza no solo en el aspecto formal, sino sobre todo, porque coincida con la justicia.

Recientemente Betti, en un libro de altísima dogmática, reconoce que la interpretación está: "siempre subordinada a valoraciones inmanentes y latentes en el mismo orden jurídico, aunque sea encuadrado en el ethos general de la época" y que la jurisprudencia conserva la "posición de órgano de la conciencia social", siempre que, como es obvio, por conciencia social se en tienda no la del momento de la ley, sino la conciencia actual. Observa justamente Betti que el ordenamiento jurídico "es algo que no es, sino que se hace con el ambiente social históricamente condicionado precisamente por la obra asidua de la interpretación". El "Iuristenrecht" se ha hecho estéril, no porque tengamos códigos y leyes respecto a los cuales, a diferencia de la "freie Rechstfindung", es siempre posible, como interpretación y estímulo del ordenamiento jurídico, sino porque la ciencia jurídica ha abandonado la vieja tradición, prefiriendo orientarse hacia la dogmática abstracta. No obstante la distancia milenaria, la enseñanza y la experiencia romana no pueden abandonarse en nombre de una ciencia, que precisamente porque ha perdido de vista su último fin, desemboca en el existencialismo.

Nadie piensa hoy llevar a la escena los mitos de la tragedia griega o imitar los motivos de la lírica horaciana o perpetuar el misticismo de las vírgenes de Perugino, pero no podemos renegar de tales obras, que seguirán siendo siempre obras maestras de lo bello. Análogamente no podemos renegar de la ciencia jurídica romana, solo porque floreció hace miles de años o porque lleve siempre el paradigma del *servus Stichus*. El arte evoluciona, pero tiende siempre a lo bello, como el arte del derecho tiende siempre a la justicia. Cambian las instituciones, se perfecciona la técnica, pero el objeto es siempre el mismo: la justicia.

Existencialismo jurídico y jurisprudencia romana*

Existencialismo jurídico es el título de un breve y, como siempre, incisivo artículo de Francesco Carnelutti[1]. Término y concepto están tomados de la conocida doctrina filosófica que, tras haber determinado algunas corrientes artísticas, amenaza ahora con invadir la ciencia del derecho.

El jurista contemporáneo, si no pretende refugiarse en la especulación, cerrando los ojos a la realidad, o no se resigna a ser repetidor y puro exégeta del derecho escrito, siente que le va dominando el escepticismo, cuando no la angustia, pues no puede menos de advertir la escasa eficacia de la ciencia del derecho. La iniciativa no es del jurista, sino del político. El legislador ha arrinconado al jurisconsulto, cuyo genio es ya estéril ante la elefantiasis o inflación legislativa en que ha degenerado el derecho escrito. Con ello la fuerza ha terminado ahogando a la razón.

Es significativo que esta sensación de angustia surja cuando la ciencia del derecho presenta un desarrollo prodigioso, y no es menos sintomático que hable de existencialismo precisamente Francesco Carnelutti, que encarna una admirable síntesis de teoría y de práctica y que en sus escritos y desde su cátedra, durante más de cuarenta años, lleva recorrido en toda su extensión casi todos los campos del derecho, construyendo monumentos de impecable dogmática jurídica.

Tampoco es quizá casual que el fenómeno se manifieste tras la terrible catástrofe mundial que trastornó nuestros espíritus, incapaces aun de encontrar un equilibrio estable. Tanto es así, que apenas cesó el fragor de las armas, el mismo Carnelutti hablaba de crisis del derecho[2].

¿Por qué esto? ¿De qué deriva este estado de ánimo, latente entre los juristas y que ha hallado en Carnelutti formulación y término precisos? ¿Crisis de la ciencia o del método? ¿Crisis de renovación o de decadencia?

Diagnóstico y remedio se imponen. Mientras el existencialismo en el mundo de la filosofía o del arte puede convivir con otras corrientes espirituales y se puede defender o combatir, en el campo del derecho se presenta como una verdadera enfermedad, de la que es necesario investigar las causas y proponer el remedio. Un jurista no puede ser existencialista; la angustia que le invade es imposible que llegue a ser fundamento de una doctrina o que se convierta en

---

* *Esistenzialismo giuridico e giurisprudenza romana.* Publicado en «Scritti giuridici in onore d F. Carnelutti», Padua, 1950, vol. I, p. 97-115.

1 *Foro italiano,* 1949, parte IV, pág. 1 y sigts.

2 *La crisi del diritto,* en *Giur ital.,* 3.ª parte, 1946, 65 y sigts.

estado permanente. Es un mal del que debe salir: "Ay de nosotros —decía el mismo Carnelutti en 1946— si nos dejamos abatir por la catástrofe".

No es crisis del derecho, sino de la ciencia del derecho. En algunos momentos el derecho positivo puede ser repugnante, y es posible incluso que, ante tal situación, el jurista deba inclinar la cabeza, repitiendo *dura lex, sed lex;* pero esto no afecta al derecho en su perenne esencia. En realidad, excita y no deprime al jurista. Si el médico se encuentra a veces desarmado, su corazón de hombre quedará entristecido, pero no se derrumbará en él la fe en su ciencia y pensará que mañana quizá se alcance lo que hoy no se consigue, aun sabiendo que nunca se logrará anular la muerte, que es ley natural de la vida.

Se trata, pues, de la ciencia, y el fenómeno se verifica solo hoy. No se sentían ciertamente angustiados los juristas romanos, que, conscientes de su alta misión, estaban orgullosos de la ciencia que profesaban, considerándose sus sacerdotes. Ni tampoco la Glosa, cuando afirma que *amnia in Corpore Iuris inveniuntur;* ni Bártolo y Baldo, que abrieron nuevos caminos al desarrollo del derecho; ni el Cardenal De Luca, que no vacila en proclamar con orgullo la primacía de la ciencia legal sobre todas las otras; ni Ludovico Antonio Muratori, que, aun denunciando los defectos de la jurisprudencia y de los jueces de su tiempo, nada tiene de escéptico respecto a la función del jurista; ni la serie de comentaristas franceses e italianos anteriores a la revolución científica del siglo XIX; ni tampoco, en fin, los juristas de lengua inglesa, como resulta de un brillante estudio de Filippo Vassalli, si bien estos se han mantenido alejados de la dogmática: según Roscoe Pound, el jurista, habitualmente, "looks in the concret, not in the abstract" y Jolowicz afirma últimamente, que en cuestiones de derecho, la utilidad no debe ser sacrificada a la elegancia.

En general, se puede repetir la aguda observación de Erasmo: "Entre los eruditos, los jurisconsultos se atribuyen el primer puesto, y no hay nadie que se muestre tan satisfecho de sí mismo." ¿Tanto orgullo es quizá fruto de inconsciencia o falta de madurez científica? Si así fuese, el existencialismo no tendría razón de ser; conscientes de la amplitud y dificultad de la ciencia, más que detenernos con desaliento y angustia, deberíamos perseverar intrépidos en el camino, perfeccionar métodos y mejorar sistemas, como hicieron Pandectística y dogmática, sobre todo alemana e italiana, que día a día y libro tras libro han impulsado la ciencia sin reposo. De igual forma, en todas las demás disciplinas, el progreso científico, cada vez más acelerado, no produce angustia, sino fervor y vivo entusiasmo.

Mientras que en las ciencias físicas, químicas o naturales, el investigador siente el ansia de descubrir nuevos filones, el jurista queda insatisfecho de su obra y misión; más que avanzar, se detiene escéptico, angustiado o, al menos, vacilante. Se diría casi que el existencialismo es consecuencia del avance científico.

La crisis se encuadra en la más vasta de las ciencias morales, pero tiene distinto sentido. En el ámbito de las ciencias morales, significa escasez de estudiosos e investigadores, que corresponde a un difuso desinterés; pero todo filósofo o historiador tiene fe en la ciencia que cultiva. El jurista, en cambio, siente que su ciencia no resuelve el problema del derecho, más aún, que ni siquiera lo plantea. Tras haber construido una ciencia sobre las ruinas del antiguo empirismo, después de haber presentado sistemas perfectos que han sepultado los antiguos comentarios, se pregunta: ¿para qué sirve todo esto? Y se hace esta pregunta porque siente instintivamente que, a diferencia del filósofo y del historiador, tratados y doctrinas no desembocan en una investigación que sea fin en sí misma.

La confesión existencialista me da la impresión de un caminante que tras largo y fatigoso viaje, se da cuenta que ha extraviado la ruta y se para angustiado.

¿Cuál es el fin y cuál es el camino?

Nos fueron indicados hace cerca de dieciocho siglos por Celso, cuando dijo que el derecho es *ars boni et aequi.* Esta celebérrima definición, cuyo valor ha sido reafirmado magistralmente por Riccobono como síntesis de la jurisprudencia romana, entraña un descubrimiento científico en el campo del derecho, ya que es verdaderamente universal y eterna. Se entienda *ars* como técnica o como sistema, lo que importa, sobre todo, es su objeto: el *aequum et bonum,* o sea, todo lo que es justo y conviene al bien común. Traduciendo menos literalmente y con menos palabras: técnica o sistema de la justicia.

No es una concepción original de Celso, sino bien arraigada en la conciencia romana y que orienta a la jurisprudencia. Cicerón define el derecho como *aequitas constituta*[3] y dice que el fin del derecho es *aequabilitatis conservatio*[4]. Paulo habla de *ius* como lo que *semper bonum et iustum est,* no en el sentido de derecho eterno e inmutable como entiende la concepción cristiano-justinianea, sino como ordenamiento jurídico que responde a los dictados del *bonum et aequum,* es decir, de la justicia.

Derecho y justicia son entidades inseparables. La *iustitia* se define como *constans et perpetua voluntas ius suum cuique tribuendi*[5], de la misma forma que poco después, el mismo Ulpiano incluye entre los *praecepta iuris* el *suum cuique tribuere.* La palabra *ius* se hace derivar de *iustitia: est autem a iustitia appellatum. Legitimus* indica conformidad con la *lex,* pero *iustus* es lo que responde no solo al derecho positivo, sino ante todo a la justicia. Significativa es también la declaración de Paulo: *nec minus ius recte appellatur in civitate nostra ius honorarium; praetor quoque ius reddere dicitur etiam cum inique decernit relatione scilicet facta non ad id quod fecit sed ad illud quod praetorem facere convenit;* es decir, se llama acertadamente *ius* al derecho pretorio, aunque disponga injustamente porque se tiene en cuenta, no lo que el pretor ha dispuesto, sino lo que hubiese debido disponer. La *aequitas* no es doctrina abstracta, sino entidad jurídica o medio técnico para adecuar *ius* a *iustitia* en todos los casos en que surge una oposición entre ellos. Ulpiano pudo decir que *neque iure ullo neque aequitate tale desidenum admitti.*

Una separación o, peor aun, una oposición entre *ius* y *iustitia* es desconocida al pensamiento jurídico (digo jurídico, no filosófico) romano, como ha confirmado la recientísima investigación de Lübtow.

3 Top. 9.

4 De orat. 1, 188.

5 D. 1, 1, 10, pr.

Los romanos nos enseñan, por tanto, que el derecho es justicia y nada más que justicia, y, en consecuencia, la jurisprudencia, entendida como ciencia del derecho, tiende a alcanzarla.

Esto representa una lección de la que es difícil prescindir, un descubrimiento que no se puede superar sin desnaturalizar la función misma del derecho.

La actividad científica no puede tener otro objeto o meta que la justicia, si el jurista quiere seguir siendo tal y permanecer en el ámbito de la ciencia jurídica. Si pierde de vista esa meta, desborda hacia otros campos. Puede variar en concreto la justicia, según los tiempos y lugares, como demuestra la experiencia histórica; se han hecho y se pueden hacer hasta el infinito, disquisiciones filosóficas en torno a la noción abstracta de justicia, desde Aristóteles a nuestros días; pero la ciencia jurídica no puede tener otro objeto. Mientras se tenga presente esto, ningún jurista ha estado ni puede estar angustiado; lo llega a estar cuando lo descuida para seguir otros derroteros. Especialmente nosotros, los italianos, honramos el derecho romano, veneramos sus juristas, repetimos máximas y principios de su sabiduría, pero hemos olvidado su enseñanza fundamental. Creímos superar sus métodos, despreciamos la orientación del derecho canónico y del derecho natural, que seguían sus huellas y... quedamos insatisfechos.

La definición de Celso, invocada en otros tiempos por juristas y filósofos relegada en la sombra por la Pandectística, denunciada por el positivismo jurídico como un concepto peligroso, repetida hoy solo por algún práctico o esculpida sobre el frontispicio de algún palacio de Justicia, resulta ajena a la ciencia jurídica contemporánea. La encuentra demasiado vaga e indeterminada, considerándola como ideal más que definición, y hasta ha sido tachada por la crítica de enfático enunciado retórico.

Sin embargo, es una verdad científica que ha sido honrada durante siglos. Reconocida por Santo Tomás cuando dice *ius sive quod iustum est, ut speciale obiectum virtuti iustitiae attiribuitur,* la siguieron juristas y canonistas hasta el siglo XIX. Por el contrario, los modernos la rechazan: el arte que profesaban los romanos ha sido substituido por la ciencia, poniéndose la jurisprudencia al nivel de las demás ciencias; a la investigación de lo justo ha sucedido la investigación dogmática.

Escindido conceptualmente el derecho de la justicia, los juristas modernos han creído que a estas dos entidades correspondían ciencias distintas: tras limitar su propia competencia al derecho positivo, que se prolonga en la dogmática abstracta, dejan que la justicia sea objeto de filosofía y de política. La consecuencia ha sido que, mientras el jurista, encerrado en el campo del derecho escrito y de la construcción dogmática, acaba siendo existencialista, la justicia vaga errante por las nubes de las discusiones filosóficas o se abandona a las improvisaciones, no siempre desinteresadas, de los políticos.

En nombre de la ciencia y con la intención de superar un empirismo tachado de arcaico, se ha demolido una tradición milenaria y sobre sus ruinas se encuentra hoy angustiado el jurista, al advertir que en lugar del edificio, útil para sus fines, aunque inconexo, tiene delante un magnífico castillo de palabras. Perdido voluntariamente el camino señalado por Celso, se puede repetir, hoy con más razón que nunca, la desdeñosa observación de Kant de que los juristas andan perpetuamente en busca de la noción de derecho.

Carnelutti ha publicado hace poco un atractivo libro titulado "El arte del Derecho", lleno de brillantes imágenes: se califica de artistas a los grandes juristas, pero la definición de Celso tiene solo función decorativa; el arte del *bonum et aequum* apenas despunta; encontramos siempre el acostumbrado escudriñamiento conceptual sobre el derecho, el deber, la sanción y análogos problemas generales.

Es necesario que el jurista, reconquistando la conciencia de su noble misión vuelva a las enseñanzas romanas, fruto de una experiencia secular. En vano opondremos empirismo a ciencia, si la ciencia en el transcurso de medio siglo conduce al existencialismo y el empirismo aporta un ímpetu milenario. O ponemos a Celso en el mismo plano que Hipócrates y Galeno, o seguimos sus enseñanzas.

¿La jurisprudencia romana fue verdaderamente rudimentaria?

Los juristas romanos fueron en realidad grandes, no porque su lógica o capacidad constructiva fuesen más perfectas que las nuestras sino porque comprendieron plenamente la esencia del derecho y a ella supieron adecuar la ciencia. No fueron hombres de ciencia, si por tales tenemos a los descubridores de verdades eternas. En este sentido no tuvieron noción alguna de ciencia; en el campo del derecho hablan de *scientia* como equivalente a *notitia, es* decir, simple conocimiento. Lo que nosotros llamamos ciencia del derecho era para ellos *iurisprudentia;* se llamaban a sí mismos *iuris prudentes* o tan solo *prudentes.* La *prudentia* no es ciertamente lo que nosotros llamamos ciencia. Los juristas romanos no son, pues, más que *prudentes;* se proclaman sacerdotes de la justicia y afirman con orgullo: *iustitiam colimus, boni et aequi notitiam profitemur.*

Precisamente porque la *iurisprudentia* tiende, no a alcanzar verdades eternas y universales, sino a la actuación de la justicia, que es siempre algo concreto, los romanos tuvieron la sensación de la extrema variabilidad y adaptabilidad del derecho. Nunca parten de una ideología o premisa teórica, ni intentan aprisionar el movimiento del derecho en fórmulas perentorias y absolutas.

Escriben obras y monografías tan modestas desde el punto de vista de la ciencia contemporánea, que si se presentasen a un concurso para una cátedra universitaria, serían solemnemente rechazados por carecer de método científico. Desconocen la especialización: escriben y enseñan derecho público y privado, penal y procesal, convencidos de la unidad de la ciencia y del método. Todo esto no procede de superficialidad o de falta de madurez científica, sino del conocimiento de la función del jurista que en todos los campos es la misma. La actividad científica, concretada en obras, razonamientos, construcciones, tiene para ellos como meta la realización de la justicia, como la entiende la conciencia social.

En esto reside la grandeza de los juristas romanos y el carácter eterno de sus enseñanzas: arte dirigido a la busca de lo justo, fina y exacta interpretación de la conciencia social, que para los romanos no es un mito ni una frase sino una realidad; descubrimiento de los medios adecuados dirigidos a actuar la justicia. Se valen de una lógica que se ha calificado justamente como geométrica, pero que no es abstracta, sino al contrario, orientada siempre a la finalidad de conseguir resultados justos. No el arte por el arte, sino el arte por la justicia; no la doctrina por la doctrina, sino la doctrina por la justicia. De la retórica toman argumentos, métodos y sistemas; pero no se dejan seducir por una lógica abstracta.

En sus obras encontramos cosas que con frecuencia horrorizarían a los modernos: etimologías por el sentido (camino este que veo ahora emprendido por nuestro Carnelutti); recuerdos históricos casi siempre imaginarios. Todo esto no con fines decorativos o científicos, sino para sostener principios y llegar a soluciones que se creen justas. Por ej. Sabino, cuando la permuta no estaba reconocida por la ley, rechaza el principio tradicional de que en la compraventa es necesario un *pretium,* no por afán de novedad, sino para hacer entrar la permuta en el esquema de la venta, y para alcanzar tal resultado, por otra parte bien oportuno, se limita a afirmar que la permuta es antiquísima, citando en su apoyo cuatro versos de Homero. Tampoco faltan doctrinas contradictorias, enunciadas también por un mismo jurista, que no vacila en sacrificar la lógica formal con tal de obtener un resultado justo y adecuado. Así se dice que en ciertos aspectos la posesión es un hecho, mientras en otros es un derecho; o que la herencia yacente representa al difunto, o al heredero y, en otras ocasiones, que tiene personalidad propia.

Con gran frecuencia se enuncian las decisiones con un simple *aequum est;* hoy serían anuladas inexorablemente por falta de motivación, pero en la conciencia romana esas cortas palabras tenían mayor peso que cualquier disertación, porque la decisión aparecía intuitivamente y sin más conforme a la justicia.

Los modernos destierran esa fórmula por insuficiente, cuando no por peligrosa; pero en realidad las discusiones jurídicas giran en torno a la justicia, y todo razonamiento, que no sea estrictamente de pura lógica formal culmina, aunque sea en el subconsciente, en la calificación "es justo", "no es justo".

El mérito de los juristas romanos no está tanto, como se suele decir, en haber fijado los *praecepta iuris* o las categorías jurídicas fundamentales, sino sobre todo en la fina percepción de lo justo y en escoger los medios adecuados para alcanzarlo. Esto explica por qué eran tenidos en la más alta estima por la opinión pública, colocados a una altura a la que ningún jurista moderno, con todas sus doctrinas y sistemas, no puede ni lejanamente aspirar. Como hoy se aclaman los nombres que hacen progresar la ciencia, así los romanos aclamaban a los grandes juristas, porque con sus doctrinas satisfacían una necesidad social y daban a la comunidad lo que de ellos se esperaba.

La ciencia del derecho en Roma no era hermética, sino popular; todos la entendían y apreciaban, porque respondía a una necesidad efectiva. Una doctrina de los *veteres* o de Sabino, como una respuesta de Papiniano condensada en brevísimas proposiciones, con un lenguaje tomado del uso común, inteligible a todos, tenía el mismo valor que puede tener hoy un descubrimiento científico, y como tal se aplaudía.

Los juristas romanos no son practicones o empíricos geniales, como con frase desdeñosa o delicadamente compasiva acostumbran a calificarles los modernos; no son tampoco hombres excepcionales, dotados de virtudes divinas; pero tuvieron conciencia de lo que es el derecho y supieron crear un mecanismo, un sistema, un método perfectamente adecuado. Y por esto, precisamente, la jurisprudencia romana representa para nosotros la parte viva e interesante de la tradición jurídica romana, con preferencia, sin duda, a aquella pléyade de leyes votadas en los comicios o recogidas en los códigos Teodosiano y Justinianeo, que se pueden relegar al mundo de la arqueología y de las curiosidades jurídicas.

Volver a los métodos de la jurisprudencia romana no quiere decir renegar de la dogmática moderna, sino recordar que dogmática y método pueden calificarse de jurídicos solo en cuanto tienden a alcanzar el fin del derecho indicado por Celso, que es único, eterno y universal[6]. La actividad del jurista (no interesa discutir aquí si es verdaderamente científica) no puede enderezarse más que a la busca y realización de la justicia. Para que una obra o doctrina merezca llamarse jurídica, no basta que trate de conceptos e instituciones jurídicas y que profundice su esencia, es preciso ante todo que tienda a la realización de lo justo. La ciencia abstracta en el campo del derecho no tiene sentido o es peligrosa. El mismo Celso advertía: *plerumque sub auctoritate iuris scientiae perniciose erratur*[7]. En forma no menos expeditiva se desembaraza Ulpiano de toda tentativa doctriniana: *de bona fide enim agitur cui non congruit d, e apicibus iuris disputare*[8]. De estos consejos más que milenarios no se puede desentender tan fácilmente el jurista moderno, cuando Vittorio Scialoja, a quien nadie podrá discutir el título de excelso jurista ni tachar de empírico, advertía: "Hemos llegado a un punto en que el carácter que se da al estudio teórico del derecho no sirve más que para llevar ese estudio a una esfera nebulosa, de la que no puede bajar hacia la práctica más que pernicioso granizo y no benéfica lluvia. Deberíamos decir a nuestros teóricos que conecten con las necesidades prácticas sus trabajos, que abandonen la meditación de ciertos teoremas, que son absolutamente inútiles para el derecho y que se pueden dejar a la filosofía abstracta." Transportar la ciencia del derecho al empíreo de la especulación no significa hacer progresar la ciencia, sino entrar en otros campos, no menos nobles e interesantes.

Ius y *aequitas*, es decir, derecho positivo y justicia, pueden también no coincidir, ya que el derecho no está siempre dispuesto a ajustarse a la *aequitas*, como demuestra la experiencia histórica y los mismos avatares del derecho romano, hasta el punto que la antítesis *ius-aequitas* cristaliza en aquel *tritum proverbium summum ius summa iniuria*, enunciado por Cicerón[9], y constituye el drama de la vida cotidiana del derecho. Pero limitarse a destacar y ahondar la escisión, asistir impasible al drama, es estéril, si esta contemplación no tiende a superar la antítesis con el triunfo de la *aequitas*. Estos son los descubrimientos auténticamente científicos para un jurista romano. Cicerón, como título de honor, dice de Aquilio Gallo: *iuris civilis rationem numquam ab aequitate seiunxerit*[10].

6 D. 2, 14, 52, 3.

7 D. 45, 1, 91, 3.

8 D. 17, 1, 29, 4.

9 De off. 1, 33.

10 Pro Caec. 27, 28.

Los romanos no dejan de destacar la distinción entre *aequitas* y *ius* calificándose a este en la contraposición de *strictum;* hablan también de *rigor* o *subtilitas iuris;* pero la antítesis es señalada a posteriori, desde un punto de vista que puede llamarse histórico, esto es, cuando el derecho ya se ha ajustado a la *aequitas.* Un derecho separado conceptualmente de la *aequitas* no existe y la misión del *iuris peritus* no es para los romanos la exégesis de la ley o la construcción puramente doctrinal, sino el ajustamiento del derecho a la *aequitas,* por medios directos o indirectos. Pedio, a propósito de las lagunas de la ley, dice: *vel interpretatione vel certe iurisdictione suppleri*[11].

En este campo resplandece la genialidad del jurista romano, cuyos métodos constituyen enseñanza permanente. Podemos prescindir de las decisiones referentes al *servus Stichus,* pasar por alto los límites positivos del dominio o el sistema contractual romano; pero siempre serán instructivos los medios que utilizaron los juristas romanos para adecuar el derecho a la justicia. Basta recordar el *favor,* que presenta variadas y numerosísimas aplicaciones en todo el campo del derecho: *libertatis, testamenti, matrimonii, dotis,* etc. El *favor,* tendencia no seguida arbitrariamente por el jurista, sino tomada de la misma conciencia social, inspira decisiones jurisprudenciales e innovaciones legislativas, guiadas siempre por el jurista; supone también desviación de la aplicación rigurosa de los principios jurídicos. ¿Y qué otra cosa representa el *favor* más que la expresión de la justicia en los campos en que opera? Los romanos, como todo el mundo antiguo, conocen la institución de la esclavitud; los juristas no se dejan seducir por la ideología estoica, que proclama la igualdad humana, y no rechazan la institución, porque la conciencia social no exigía que desapareciese, pero de esa conciencia toman el *favor libertatis,* que supone una tendencia favorable a la adquisición de la libertad y a la eliminación de cuanto parecía cruel en el ejercicio del dominio respecto a los esclavos. El jurista no rompe las cadenas, pero tampoco se convierte en baluarte frente a las nuevas corrientes; las tiene en cuenta dentro de los límites sugeridos por la justicia, tal y como entonces la sentía realmente la conciencia social.

No creo que ante una situación inicua el jurista moderno esté desarmado. Tiene siempre amplias posibilidades, como las tenían los juristas romanos, que no esperaban todo de la ley. También el derecho positivo moderno ofrece medios suficientes; se trata solo de saberlos utilizar para un resultado que sea objetivamente justo. En esto reside la altura y la nobleza de la función del jurista, y es en este campo donde se pondera su genialidad.

Ciertamente, la vida moderna es mucho más compleja que la romana; hemos de reconocer también que los fuertes contrastes de intereses e ideologías hacen más difícil la investigación de lo justo, pero todo esto no es razón suficiente para que el jurista, fortalecido por una rica experiencia secular, abandone el campo y rehúya su tarea para refugiarse en una tranquila e inocua elucubración.

Tampoco vale destacar la diferencia entre el jurista moderno, considerado como simple conocedor e intérprete de la ley y el jurista romano, a quien se califica de *auctor* o *conditor iuris;* entre la interpretación moderna, meramente intelectual, y la *interpretatio* romana, de la que se dice con razón que *ius civile*

---

11 D. 1, 3, 13.

in sola interpretationes consistit. En realidad, la diferencia no es tan enorme como parece: el jurista romano no es *auctor iuris* en el sentido de que, sentado en la silla curul, tenga el poder jurídico de emanar leyes o decretos-leyes (sólo pensarlo sería absurdo); se le considera, en realidad, *conditor iuris,* porque con actividad puramente declarativa fija algunos principios, tomados de la misma realidad de las cosas, pues, como dice Cicerón, *ius a natura ductum;* los desarrolla y adapta a las nuevas exigencias de la vida que paulatinamente se van presentando, sin otra arma que la lógica, ni otro fundamento que la certeza de alcanzar un resultado justo ante la conciencia social. Baste recordar, entre innumerables ejemplos, cómo los juristas, apoyándose en unos preceptos de la Ley de las XII tablas, que tenían otras finalidad, llegaron a introducir una nueva forma de testamento, cuando las antiguas parecían ya inadecuadas y engorrosas, y a reconocer una nueva institución, como la *emancipatio.*

La *interpretatio,* por lo tanto, más que obra de ciencia, se considera *ius,* ya que responde a la misma finalidad que el derecho. ¿Qué importa que un sistema o un principio jurídico se forme al margen de la voluntad estatal, si está de acuerdo con la justicia? Es necesario que lo reconozca y lo haga valer el Estado, pero este no era entonces tan obstinado y soberbio como para negar juridicidad a un ordenamiento justo, solo porque no fuese creación suya.

El fetichismo por el derecho estatal, que llega a considerar como jurídico solo el ordenamiento impuesto por el Estado, va a la par de la inercia e incapacidad de la jurisprudencia, como demuestra la plétora legislativa del Bajo Imperio, a la que nada tiene que envidiar la contemporánea. Cuando la jurisprudencia no quiere o no puede desarrollar el derecho con arreglo a las nuevas exigencias, es bien natural la hipertrofia legislativa. No hay duda que hoy desconfiamos de la actividad progresiva de la jurisprudencia. ¿Por qué tanta desconfianza hacia la formación natural del derecho guiada por la prudente labor de los juristas, cuando aparte el derecho romano, vemos que un macizo ordenamiento como es el derecho común se ha formado por obra suya y que la caótica recopilación del monje Graciano pudo ser acogida por la Iglesia?

Los modernos han desterrado la *aequitas* que transpira del Corpus Iuris y con la cual han trabajado en todos los tiempos juristas y canonistas, haciendo progresar el derecho; han desconocido, por no decir injuriado, la preciosa enseñanza que se lee en D. 50, 17, 90: *in omnibus quidem maxime tamen in iure aequitas spectanda est;* es decir, en todas las cosas y sobre todo en las jurídicas es preciso considerar la *aequitas,* que al igual que la *fides,* es la directriz básica de la vida social. La obra de Voigt, en cuatro grandes volúmenes, aparecida de 1856 a 1875, dirigida a demostrar que todo el derecho romano se ha desarrollado y está dominado por la *aequitas* es casi ignorada aún por los romanistas. La guerra a la equidad la emprendió en Italia Scialoja, que en 1879, siendo aún un adolescente, invirtió el antiguo aforismo *ius legislatori, aequitas iudici magis convenit,* afirmando *aequitas legislatori, ius iudici magis convenit.*

En nombre de la ciencia se ha querido enviar al ostracismo la misma palabra equidad, de la que alguna huella se encuentra en nuestro nuevo Código Civil, sin advertir que de esa forma se enviaba al ostracismo la justicia, porque la equidad no es más que justicia.

Si se cree que es una entidad peligrosa, esto no es debido ni a su esencia ni a su función, que son insustituibles, sino al modo en que se aplica. Para condenar la *aequitas cerebrina,* se ha eliminado su mismo concepto, como el cirujano que antes de curar un órgano, lo amputa, sin reparar que se trata de un órgano vital. La guerra a la equidad entraña desconfianza hacia el jurista o el juez, lo que quiere decir que ambos no están a la altura de su misión.

No se utiliza ya aquel poderoso instrumento, sabiamente usado por los romanos, que era el *favor*. Pero ¿acaso es herejía hablar, p. ej., de *favor laboris,* no en cuanto creación arbitraria del jurista, sino como tendencia derivada de la legislación de los últimos cuarenta años y de la conciencia contemporánea, que da en este punto una orientación precisa?

Se habla hoy de método jurídico y se escribe de metodología jurídica; pero son métodos que se refieren a la construcción doctrinal y a la elaboración de sistemas, no a la actuación de la justicia.

Si comparamos el jurista romano con el moderno, no es ciertamente este último el que sale favorecido, por muy orgullosamente que se proclame científico y moteje al primero de empírico. Sin embargo, no puede negarse que el sistema romano, con la vasta serie de *actiones bonae fidei* e *in bonum et aequum conceptae,* completado con la posibilidad de oponer en todos los demás casos la *exceptio doli,* ofrecía mayores posibilidades, como no puede desconocerse que el jurista antiguo se encontraba en una situación particular, que no puede repetirse en la historia. Dueño de la compleja realidad de la vida, hasta tal punto que la jurisprudentia se define como *divinarum atque humanarum rerum notitia,* pero considerando tal conocimiento no en sí mismo, sino en aquello que puede interesar el campo del derecho, privada su labor de cualquier ventaja económica, de tal forma que se juzgaba inmoral recompensarla, por encima de todo espíritu de parte o contraste de intereses, impermeable a toda ideología que no se hubiese convertido en conciencia social, bien se le podía llamar sacerdote de la justicia y tener su labor por nobilísima, más que cualquier otra actividad.

No es, pues, difícil comprender que un principio, una doctrina, una respuesta, desde los antiguos pontífices a Sabino y Papiniano, se considerase *ius,* y también es fácil imaginar que las voces de hombres de ese temple fuesen escuchadas por los órganos lgislativos. Junto al pretor que avanza con los fascios y las segures, encontramos al jurista, lo volvemos a hallar en el *consistorium principis,* y después, en época cristiana, vemos en él a obispos y sacerdotes, como viva voz de la justicia.

Platón decía que no es posible la terminación de los males sociales "si los filósofos no reinan en los Estados" o si los que gobiernan no practican "legítima y buena filosofía".

Cicerón preconiza que el derecho debe brotar *ex intima philosophia.* Esta idea, que permaneció como simple aspiración entre los griegos, por no tener una jurisprudencia, se realiza plenamente en los juristas romanos, que dirigen el movimiento del derecho y, al mismo tiempo, declaran en forma programática: *veram nisi fallor philosophiam non simulatam affectantes;* bien comprendió G. B. Vico que *philosophi autem romanorum erant iurisconsulti.* La filosofía cultivada por los juristas, que hacen coincidir con la *iurisprudentia,* no es la filosofía abstracta, elaborada con categorías y símbolos (*non simulata*), sino la filosofía de la realidad (*vera*), precisamente la que Platón llamaba "legítima y buena filosofía".

Para el jurista romano no tiene sentido, más aún, es repugnante, la separación entre derecho y justicia, no solo en la teoría sino también en la práctica, en cuanto se atribuye al jurista la función de adaptar, directa o indirectamente, el derecho a la justicia. En los campos en que la *interprptatio* resultaba insuficiente, el jurista romano, con intuición exacta, sabe siempre sugerir al pretor y, después, al órgano legislativo, la reforma oportuna, sin partir de una ideología, sin quedar nunca encadenado al pasado ni propenso a provocar revoluciones improvisadas en el ordenamiento jurídico. Por esto la jurisprudencia se puede calificar a la vez, sin contradicción alguna en los términos, de tradicionalista y progresiva.

En la historia de la jurisprudencia romana hay un progreso desde los antiguos pontífices a Paulo y Ulpiano. Pero este progreso supone tendencia continua a satisfacer las exigencias sociales a medida que se presentaban.

El progreso así entendido no está vedado *a priori* a la ciencia contemporánea. Es posible que el derecho positivo presente lagunas e incluso que sea injusto; pero es tarea del jurista colmar las lagunas y superar las *iniquitates iuris.* Cualquier ordenamiento, sin excluir el arcaico *ius Civile,* ofrece un cierto grado de elasticidad que permite al jurista realizar su labor. En último término, el derecho escrito presenta dos obstáculos infranqueables: los números y las formas. Si la ley prescribe que un determinado delito se castigue con una cierta cantidad de pena o que un acto deba revestir determinada forma, el jurista, si con toda su habilidad no puede esquivar tales prescripciones, debe siempre encontrar el camino justo. ¿No lo halló quizá aquel doctor de Shakespeare, contra la desorbitada pretensión de Shylock, aunque reconocida fundadísima en la ley, para "hacer un acto de gran justicia"?

Esto no es fantasía de poeta ni herejía jurídica. Si es verdad que en la interpretación de la ley es preciso tener en cuenta la voluntad del legislador, objetivada en la ley, no como voluntad pasada, sino presente, ¿es posible que tal intención no se concrete en la justicia y, por tanto, la investigación de la voluntad legislativa no suponga búsqueda de lo justo? Y si el artículo 1124 de nuestro Código Civil, saturado de tradición romanista, y en parte modificado por el vigente art. 1374, disponía que "los contratos deben cumplirse de buena fe y obligan... a todas las consecuencias que según la equidad, el uso o la ley derivan de ellos" ¿no quiere decir, por ventura, que en materia contractual, como en todos los casos en que la ley remite a la equidad, no se excluye la actuación de la justicia, más allá de las disposiciones taxativas del derecho escrito? Interpretación extensiva, restrictiva, analógica y todos los otros medios técnicos de que se vale el jurista moderno, sin exceder de su función concreta, ¿deben acaso utilizarse mecánicamente?

Hoy la situación es un tanto diversa. Si el jurista romano, en la simplicidad de la vida de su tiempo y habiendo sabido situarse en una esfera tan elevada para ser calificado con razón de *oraculum* o *princeps civitatis*[12] lograba realizar su tarea felizmente, en la tumultuosa vida contemporánea, que apenas deja

12 Cic. de orat. 1, 45, 200; de fin. 1, 4, 12.

adivinar una conciencia general, frente al violento contraste de intereses e ideologías, no es fácil hallar y actuar la justicia. Tanta dificultad, sin embargo, no justifica que el jurista deserte de su misión y pida a otros que realicen su labor, para encerrarse sereno en la dogmática o "reine Rechtslehre".

Es mérito del positivismo jurídico haber separado claramente el *ius conditum* del *ius condendum,* lo que es de lo que debe ser, pero se trata, en todo caso, de la misma ciencia del derecho. Distingamos siempre la postura del *subditus* de la del *conditor iuris;* ¿pero quién es más apropiado que el jurista para franquear el paso de una a otra posición, aunque sea a través del órgano legislativo?.

Carnelutti pide que a la fase empírica (romana) y a la científica (contemporánea) suceda la filosófica. ¿Por qué esta apriorística abdicación que supone un cambio de mentalidad y de método?. ¿Por qué el jurista no debe acumular su mentalidad, sus métodos y su experiencia para devolver a la filosofía y a la política lo que es de su privativa competencia?. En la confección de los códigos, se llama a los juristas para formar parte de las distintas comisiones, pero se les traza una dirección política, y así en Italia, en los últimos treinta años se han hecho códigos fascistas, a los que suceden ahora códigos antifascistas o no fascistas. ¿No sería mejor que los códigos respetasen la justicia objetiva como la siente un pueblo determinado?.

En otros tiempos, desde Justiniano a Napoleón, fueron los juristas quienes prepararon leyes y códigos. Hoy, en cambio, la ciencia jurídica proporciona al legislador poco más que la dogmática y el sistema, porque los problemas se ven en forma prevalentemente política. La tan lamentada elefantíasis legislativa va casi al mismo paso que la decadencia de la ciencia del derecho, en el sentido que esta tenía hasta el siglo pasado, y es una muestra de la inercia o incapacidad del jurista para guiar la marcha del derecho.

Pero la vida se venga. El pretendido progreso científico determina una deletérea escisión entre teoría y práctica, inconcebible para los romanos y para los juristas que hasta el siglo XVIII han seguido sus huellas. Desde los viejos comentarios a los modernos sistemas hay, sin duda, un progreso, pero hay también un continuo alejamiento de la práctica, que conocían y apreciaban los antiguos comentarios, y que, en cambio, olvidan los modernos sistemas. ¿Ignorancia o pereza?. No. Los artificiosos sistemas modernos son ignorados porque en ellos no se encuentra lo que ansiosamente se busca.

La práctica del derecho abandona a la doctrina para seguir instintivamente el verdadero camino.

El arte del derecho, como búsqueda y realización de lo justo, no es fácil. Cicerón reconoce: *difficile est... servare aequitatem, quae est iustitiae maxime propia*[13]; el mismo Cicerón nos dice que es una tarea casi divina: *paene divina eius in legibus interpretandis aequitate explicanda scientia*[14].

Ciertamente, es más fácil, o menos complicado, escribir libros de fina y alta dogmática, que descubrir y llevar a la práctica la justicia. ¿Pero la dificultad autoriza a cambiar de camino?.

---

13 De off. 1, 19, 64.

14 Phil. 9, 10.

La justicia no es una entidad objetiva que se pueda percibir en forma segura con nuestro intelecto o de la que podamos tener una experiencia, salvo la histórica. Si Celso descubre que el derecho no es más que *ars boni et aequi,* es decir arte de la justicia, no nos dice qué es el *bonum et aequum.* Si nos lo hubiesen dicho sus palabras, no tendrían el mismo valor universal que presenta esa definición.

Ulpiano afirma que la *iustitia* es *constans et perpetua voluntas ius suum cuique tribuendi*[15]; pero el problema de la justicia está precisamente en determinar lo *suum,* y esto el jurista se guarda bien de intentarlo.

La justicia, como el arte, lo bello, el amor, es una de esas nociones que se intuyen, más que se definen. Una definición, sobre todo si es precisa y categórica, sería siempre inadecuada frente a la variabilidad de la intuición.

La justicia tiene una parte universal y eterna, por ser congénita con la misma naturaleza humana, y sobre ella todos están de acuerdo; pero presenta también una parte variable. Cualquiera, si no tiene la mente nublada por prejuicios ideológicos o intereses, está en condiciones de encontrar donde está la justicia, y sabe discernir lo justo de lo injusto; pero hay campos en que lo justo no está tan claro y pueden existir pareceres discordes, como demuestran las mismas discusiones y opiniones dispares que encontramos también en los jurista romanos. Los médicos pueden no estar de acuerdo respecto al diagnóstico y el tratamiento, pero la intención es en todo caso la misma: cuidar al enfermo y hacer que se restablezca.

Una determinación de la justicia es imposible a causa de su relatividad: el *bonum et aequum* pagano puede no coincidir con el *bonum et aequum* cristiano, porque la justicia no es igual en todos los pueblos.

La justicia no es ideología, sino síntesis de la vida, en la que confluyen diversos elementos. En primer lugar, el factor moral; pero no la moral abstracta o la predicada por filósofos solitarios, de forma que no penetran en la legislación las doctrinas de Séneca, a pesar de ser prefecto del pretorio bajo Nerón, y muy escasamente las de Marco Aurelio, mientras triunfa la ética en las leyes de los emperadores cristianos, porque se convierte en conciencia social.

La separación entre derecho y moral, proclamada por el positivismo y de la que deriva el desinterés de la ciencia jurídica por las corrientes éticas, es desconocida por los romanos, aún en la misma terminología: *mores* son tanto las costumbres jurídicas como las normas éticas. Uno de los *praecepta iuris* (¡el primero!) es precisamente *honeste vivere;* Papiniano llega a equiparar las condiciones inmorales a las imposibles: *contra bonos mores fiunt nec facere nos posse credendum est*[16].

Sin embargo, no toda la moral se recoge en el derecho, ya que el ordenamiento jurídico no puede prescindir de otros elementos; de aquí el principio afirmado por Paulo: *non omne quod licet honestum* est; esto significa, ante todo, que la moral constituye gran parte del ordenamiento jurídico (*¡non omne!*) y nos enseña, no la. indiferencia por la moral, sino la posibilidad de que el derecho no coincida en algún punto con ella. El ordenamiento jurídico que

15 D. 1, 1, 10, pr.

16 D. 28, 7, 15.

se identifica con la justicia social no abstracta, puede a veces considerar otros elementos y otras exigencias.

El retorno al método romano puede ser conveniente. No se trata de renegar del progreso científico, volviendo a un obscurantismo medieval o a épocas superadas, sino de honrar de nuevo una verdad descubierta por los antiguos.

Lejos de mí la idea de condenar la dogmática moderna, siempre que no se pierda en lo abstracto. Sin duda, es necesaria la elaboración de los conceptos como base fundamental de nuestra ciencia. Distingamos la dogmática del dogmatismo, que supone abuso del método o pretensión de agotar toda la jurisprudencia; distingamos también la doctrina de los doctrinarios; pero no se debe olvidar que el derecho es justicia y que la ciencia del derecho no puede tener otro objeto ni otra función que la búsqueda y actuación de lo justo. Todos los métodos y todos los medios son buenos si tienden a alcanzar ese resultado. Se ha discutido si la ciencia del derecho debe ser "Begriffjurisprudenz" o más bien "Interessenjurisprudenz". Pero ¿no sería mejor hablar de "Iustizjurisprudenz", que incluye todo y no excluye nada?

En definitiva, el retorno a las antiguas enseñanzas es propugnado hoy por el mismo Carnelutti que, tras haber vilipendiado viejos métodos y doctrinas, reconoce ahora que "la angustia que se ha apoderado en los últimos tiempos de los juristas no significa más que la sed de algo eliminado últimamente de nuestras aspiraciones espirituales. Ese algo se llama derecho natural".

Eso es cierto, si el derecho natural se entiende en el sentido más amplio de justicia. ¿Acaso era necesaria la terrible catástrofe para persuadirnos de una verdad, de la que jamás se dudó durante siglos?

Mitteis, situándose en un punto de vista histórico general, escribe: "el derecho natural triunfa sobre el derecho positivo. Toda la historia jurídica se resume en la vigorosa lucha entre los dos ordenamientos". La lucha, en otros tiempos acaudillada por los juristas, está ahora en manos de algún pensador solitario. La ciencia de derecho se limita a contemplarla, no sin una sonrisa compasiva ante una batalla que dirige una vaporosa entidad filosófica de antaño contra una férrea realidad como es el derecho positivo.

Educados todos en el positivismo, hemos renegado o ridiculizado el derecho natural como una antigualla, empezando por el mismo Carnelutti. Se había creído enterrarlo, pero tras las últimas experiencias resurge de sus cenizas, dando lugar a un nuevo florecimiento de investigaciones.

El abandono de los métodos de la jurisprudencia romana, que trabajaba siempre con los conceptos de *aequitas, natura* y *ius naturale*, no ha dejado de tener consecuencias significativas. Mientras la sociedad apenas se preocupa del jurista, porque no le da lo que ella necesita, el jurista, a su vez, encerrado en la torre de marfil de la dogmática, desemboca en el existencialismo.

Si consciente de su tarea, que es la búsqueda y actuación de la justicia, el jurista orienta su labor a conseguir ese fin, nunca será existencialista, como no lo fueron los romanos ni las generaciones que siguieron su ejemplo. Los modernos han creído elevar y ennoblecer su obra, promoviéndola a dignidad científica; pretendieron poner su ciencia al nivel de las otras, hablando de investigación y verdades científicas, sin darse cuenta de que en realidad estaban degradando su misión. ¿Qué tarea más elevada que la de buscar lo justo y contribuir a su realización? Nadie tiene tantos motivos para complacerse en su tarea como el jurista, siempre que esa tarea se dirija a la actuación de lo justo. En otro caso, su orgullo no es más que el de la rana y el pavo real. Nadie repara en él porque no da a la sociedad lo que esta le pide, y la ciencia del derecho es la cenicienta de las demás, sin que jamás goce de la importancia que tenía la *iurisprudentia romana.* A medida que el jurista se aleja de la vida y de los métodos marcados por los romanos, se convierte en un solitario elaborador de sutilísimas doctrinas abstractas, del que la vida puede prescindir tranquilamente.

Por otra parte, si el jurista verdaderamente es sacerdote de la justicia y no su artesano, si sabe elevarse a la altura en que se colocaba con su prudencia y autoridad el jurista romano, si no se aferra a la tradición ni tiene manía de novedad, no hay miedo de que la busca de la justicia degenere en la tan execrada *aequitas cerebrina.*

Crisis y destinos del estudio del derecho romano*

La ciencia del derecho romano está en crisis permanente, casi diría por su intrínseca naturaleza: latente en unos momentos, clamorosa en otros, estalla a veces en abierta repulsa y declarada hostilidad. En el mejor de los casos se limita al desinterés general.

¿Es una crisis de la ciencia o en la ciencia, es decir, de la ciencia en sí o de sus métodos? El jurista romano, con su latín y su *servus Stichus*, ¿puede decir todavía algo a los modernos? El derecho romano, con su horizonte limitado desde hace 14 siglos por su última codificación, ¿está definitivamente muerto y sepultado, o puede ser aún instructivo, en pleno siglo XX, cuando la técnica no piensa en poner límites a la audacia humana?

Nuestra ciencia está en crisis desde el día en que el derecho romano, con la caída del imperio, dejó de ser derecho vigente; en otras palabras la crisis se insinúa en el preciso momento en que el derecho romano pasa a la historia. Sin embargo, la crisis no se percibe desde el primer momento, porque no se observa este paso del derecho romano del ámbito positivo al histórico. Es una realidad que el derecho romano sigue estando en vigor, independientemente de la autoridad imperial. Los historiadores discuten para dar justificación y estructura formal a tan singular fenomeno: se habla de costumbre, se recuerda la fascinación de Roma y la reconstrucción del Sacro Imperio, se invoca la perfección técnica del derecho romano, que destaca con más fuerza, comparado con las deficiencias de los otros ordenamientos de la época. La dogmática, por su parte, queda desconcertada ante hecho tan extraño, que no encaja ciertamente en los esquemas habituales.

Pero lo que está en vigor no es el derecho romano, como lo concibieron Teodosio o Justiniano, sino un derecho, que aun procediendo de los textos romanos, se separa de ellos gradualmente, porque está llamado a regular las relaciones de una sociedad, que poco a poco se va diferenciando de la romana. Por lo tanto el derecho romano no solo sobrevive, sino que se desarrolla floreciente, de la misma forma que en todo tiempo se desarrolla el derecho positivo y continúan las elaboraciones doctrinales. Recobra nueva vida el derecho romano y se ha dicho con justicia que su historia presenta dos fases: desde los orígenes hasta Justiniano, de Justiniano a nuestros días.

La tradición romanística, completada con otros elementos, continúa hasta el umbral de las modernas codificaciones, aunque sea con varias denominaciones y aspectos, según los diversos momentos y países de Europa: derecho común, derecho de Pandectas, derecho romano actual, no son más que la úl-

---

* *Crisi e sorti dello studio del Diritto Romano.* Publicado en «Conferenze romanistiche» (Università di Trieste), Trieste, 1950, págs. 13-38.

tima fase de tal continuidad. Más que de crisis, se debe hablar de desarrollo, de ese mismo desarrollo que presentan la legislación y la doctrina; se puede decir que la ciencia del derecho romano se identifica con la ciencia jurídica. Tenemos así un ininterrumpido florecimiento de estudios romanísticos, desde la Glosa a Pothier y a Windscheid. No existe crisis: y en verdad la ciencia del derecho como tal, no puede conocer crisis, mientras exista el derecho; en otras palabras, mientras haya convivencia social, habrá ciencia del derecho. Naturalmente, al lado de los grandes juristas, que dan tono a una época y orientación a la ciencia, encontramos una pléyade de nombres obscuros. Tropezamos con discusiones, diversidad o incertidumbre de método, repulsa del derecho positivo, y por tanto movimiento continuo hacia su transformación, suceden doctrinas a doctrinas. Son fenómenos normales en la historia del derecho, y, se podría decir, de cualquier ciencia. Todo esto denota vitalidad. Ningún romanista, desde los glosadores a los pandectistas, tuvo jamás la sensación de que su obra fuese vana, o de que requiriese particular justificación, ni la sociedad de entonces consideraba aún remotamente tal actividad como superflua, en cuanto respondía a una necesidad; más aún, los juristas estaban rodeados de respeto, casi de veneración, que recordaba la alta estima en que eran tenidos los juristas romanos. Ludovico Antonio Muratori, aun cuando denunciaba los defectos de la jurisprudencia de su tiempo, no osó decir que la actividad del jurista fuese ociosa, ya que negar tal actividad hubiese sido lo mismo que rechazar la necesidad de que haya cultivadores del derecho.

En esta tradición que se desarrolla incesantemente, se introduce un germen de disolución. Una corriente de estudios, que encuentra en los humanistas vigoroso apoyo, considera el derecho romano, no como derecho vigente, sino como insigne monumento de la antigüedad clásica, o sea como historia. Surge así la ciencia *histórica* del derecho romano, que se propone reconstruir una realidad pasada, y no considera la tradición romanística como ordenamiento vigente.

La ciencia del derecho romano comienza así a presentar dos caras: una histórica y otra positiva; las mismas fuentes son susceptibles de *duplex interpretatio*. No se trata de dos métodos, como se decía en otro tiempo, contraponiendo el *mos gallicus* al *mos italicus*, sino de dos aspectos diversos, en los que se considera la misma entidad jurídica. El aspecto positivo, hasta el siglo XIX, fue con mucho el preponderante. ¿Qué representaban las doctas disertaciones de un humanista, contra las que se rebela Alberico Gentili, frente a la Glosa y los imponentes comentarios de Bartolo? ¿Las *antiquitates iuris* pocos conocidas y apreciadas, frente a la pandectística, que anda en las manos de todo jurista? Las primeras importan tan solo a un restringido círculo de estudiosos, enamorados de las ruinas del mundo antiguo, las segundas interesan a la generalidad, como interesan los códigos y sus correspondientes comentarios. Esto explica que nombres insignes, hoy venerados por nosotros, como Lenel y Gradenwitz, no tenían en su tiempo la consideración de que disfrutaban los pandectistas de la época. Precisamente por este predominio, ni siquiera se planteaba la cuestión de si el estudio del derecho romano era útil.

Pero cuando, con las codificaciones, el derecho romano o su continuación deja de estar vigente, la crisis surge abiertamente y de modo imprevisto. Si en Italia, dada la extrema pobreza de los estudios romanísticos, lamentada por Savigny, la entrada en vigor de los códigos no determina ninguna nueva situación, en Alemania, con la publicación del código civil, cesan de golpe los magníficos tratados pandectístcos y la enseñanza del derecho romano se reduce naturalmente para dejar sitio al derecho civil. Más que de crisis se debería hablar de extinción, de muerte natural de un organismo, que no tiene ya ninguna función, del que nadie podría desear la resurrección. Es un hecho que después de 1900 no encontramos ningún estudio que por su método y concepción pueda compararse a los precedentes.

Desaparecen tales estudios, pero no la ciencia del derecho romano, que, si se me consiente la expresión, se hace incluso más científica, en el sentido, de que, terminada su finalidad práctica, se considera esencialmente ciencia histórica. Este aspecto que era *in re ipsa,* latente durante muchos siglos, y que se concretaba en forma de *antiquitates iuris,* se convierte en el único aspecto de la ciencia del derecho romano, de donde la ecuación derecho romano=derecho histórico. La situación se presenta de este modo: la ciencia del derecho romano o tiene orientación histórica, o supone tergiversación del mismo derecho romano, porque este por su naturaleza es histórico. De los dos aspectos, positivo e histórico, que eran inherentes al derecho romano de la época en que dejó de estar en vigor, el primero ha desaparecido definitivamente, pero ese germen histórico, que se anida en los estudios de derecho romano, se desarrolla gallardamente y el nuevo cultivo crece impetuoso, injertado en la ciencia histórica, que en el siglo XIX hacía grandes progresos. Estudios que antes eran cultivados por los historiadores de Roma, entran en el dominio de los juristas; para utilizar una frase de topografía académica, nuestros estudios se aproximan a la facultad de letras. Diría casi que el romanista moderno se siente más próximo al historiador de la antigüedad clásica que a los juristas.

Esta orientación da nuevo impulso a nuestros estudios, sobre todo en Italia, que, según se dice, se ha convertido en su patria. La ciencia del derecho romano, eliminado su aspecto práctico, parece, en efecto, renacer a una nueva vida, y superar la crisis. A esto contribuye potentemente el estudio de la papirología y la epigrafía, la busca de interpolaciones y la comparación con otros derechos de la antigüedad. La ciencia se amplía y ante ella se abren nuevos e inesperados horizontes. El *Corpus Iuris,* sobre el que se había afanado durante siglos la ciencia romanística, no satisface ya al estudioso, que va codicioso a la busca de nuevas fuentes, de nuevos elementos que le permitan una mejor y más amplia reconstrucción histórica. Todo documento que de vez en cuando se descubre, es una alegría y sufre el asalto de la famélica curiosidad de los romanistas o se hacen votos porque hallazgos en Egipto, Mesopotamia y en todo el Oriente logren rasgar nuevos velos. La técnica de las interpolaciones, tímidamente iniciada por Faber y los holandeses, se convierte en método general de investigación. Su búsqueda invade la literatura romanística de los últimos cincuenta años, dirigida íntegramente a separar el derecho clásico del posterior, el puro derecho romano de las escorias e incrustaciones sucesivas. Se atacan incluso fuentes consideradas hasta ahora genuinas, como el Gayo de Verona y los fragmentos vaticanos, en el ansia continua de purificar el derecho de Roma.

Se pretender profundizar los conocimientos de derecho romano, llamando en su auxilio historia y filología, papiros y epigrafía, unidos a toda clase de fuentes extrajurídicas: Cicerón es hoy el compañero fiel del romanista, tanto como Gayo. Con tal fervor de estudios, no se habla de crisis.

Se habla en cambio de ella si por un momento nos detenemos para considerar el camino recorrido y por recorrer, de la misma forma que el caminante se para para hacer el balance de la jornada. Si por un momento alzamos la vista por encima de los papiros y de las interpolaciones, comprobamos que en torno a nosotros se hace el vacío; observamos con amargura que el jurista moderno se desinteresa de nuestros estudios. Hemos conquistado algún literato o historiador de la antigüedad pero perdimos el amplio mercado constituido por los juristas que considerábamos el nuestro. Sin duda la ciencia no necesita gran público, pero no podemos olvidar que la ciencia del derecho romano es ciencia jurídica. La historia de la literatura o de la filosofía puede ser fin en sí misma, pero bien vemos que no se puede decir lo mismo de la historia jurídica. He aquí por qué se habla de crisis en el sentido de crisis de interés.

A medida que las investigaciones se profundizan, disminuye el número de los que se interesan por ellas. Mientras en otros tiempos, antes de la entrada en vigor de los códigos, los civilistas se referían al *Corpus Iuris* y se valían de las doctrinas de Bartolo o Savigny, hoy el libro venerable del que antaño se llegó a decir que contenía la *ratio scripta,* yace cerrado con siete sellos, no por razones técnicas o preconceptos, sino porque los juristas modernos no logran orientarse en tanta abundancia de erudición. ¡Extraño destino el de nuestros estudios! A medida que se hacen cada vez más científicos y las investigaciones más profundas, disminuye el interés jurídico.

En otra época bastaba con abrir el *Corpus Iuris,* y con la ayuda de algún comentario, no era difícil conocer cuál era el principio o al menos la orientación romana en torno a cualquier punto. La venerable codificación de Justiniano no solo adornaba cualquier biblioteca, por modesta que fuese, de estudioso, sino que formaba parte del patrimonio espiritual del jurista. Se invocaban viejas máximas como autoridad indiscutida y el jurista sentía la necesidad de referirse siempre al derecho romano.

Hoy la situación es bien distinta. El jurista moderno siente y aun ostenta desinterés por el derecho romano, a pesar de las profundas palabras de elogio y admiración para la sabiduría romana. En verdad no se lo podemos reprochar. Si abre cualquier obra romanista, encuentra que los textos se transcriben erizados de paréntesis y corchetes y otros signos casi cabalísticos, lee hipótesis agudas e ingeniosas sobre adiciones y supresiones, amputaciones y reconstrucciones; en nuestros trabajos encuentra no discusiones de doctrinas, sino afirmaciones y negaciones de interpolaciones, separación sistemática entre derecho clásico y justinianeo, exaltado el primero y vituperado el segundo.

En estas condiciones se explica que el jurista moderno, sin una suficiente preparación de historia y de filología no se atreva a aventurarse en este laberinto. Los estudios modernos de derecho romano dan la impresión de una inmensa cantera, en la que desde hace cincuenta años una aguerrida brigada de ingenieros y obreros construye y derriba ininterrumpidamente, en desacuerdo siempre sobre lo que hay que abatir o reconstruir. No se trata de las discusiones de que está tejida cualquier ciencia, sino de problemas que no interesan al jurista moderno.

Es un hecho que las recientes obras civilistas, sean generales o monográficas, y cito la materia civilística como la más próxima al derecho romano, prescinden en absoluto de este y no lo recuerdan ni siquiera como motivo ornamental. Esto es debido, no a pereza o ignorancia, sino a la dificultad, por no decir imposibilidad, de orientarse en un campo que se aleja demasiado de la mentalidad y exigencias jurídicas contemporáneas.

Es preciso concluir sin duda que la ciencia del derecho romano, con la aguda investigación de interpolaciones y glosas, con el estudio docto de inscripciones y papiros, se ha convertido en la ciencia de los romanistas, o mejor, de los profesores de derecho romano y de los aspirantes a la cátedra universitaria. Por esto los estudios de derecho romano aparecen florecientes en Italia: disminuid las cátedras romanísticas y tendréis una reducción proporcional de la producción científica, como ocurrió en Alemania cuando se suprimieron casi totalmente las cátedras dedicadas al derecho romano. No es el interés jurídico lo que nutre los estudios de derecho romano. Estos se encuentran en un estado de aislamiento, no solo respecto al mundo cultural contemporáneo, sino también respecto a las mismas disciplinas jurídicas; entre el jurista y el romanista se abre un foso cada vez más profundo.

La ciencia del derecho romano, como se encuentra en nuestros escritos, parece al jurista contemporáneo engorrosa erudición, de la que con gusto puede prescindir. Nuestra ciencia no puede ser más que ciencia histórica: esto supone selección, análisis, crítica de las fuentes, encuadramiento en el momento histórico pasado, apelación a todos los elementos, con tal de conocer la realidad pasada. Nuestra mirada se hunde incluso en la prehistoria: queremos reconstruir la estructura arcaica de las figuras jurídicas fundamentales, la *civitas,* el *imperium,* la *familia,* el *dominium,* la *obligatio,* el *testamentum,* la *actio.* Pero todo esto interesa poco al jurista moderno, que tendría que convertirse en romanista para aproximarse a nuestros estudios, pero ello sería demasiado fatigoso; por la misma razón, nuestros estudiantes de derecho se alejan más del derecho romano, conforme el estudio de este se hace más científico.

Un insigne romanista francés, Collinet, queriendo robustecer el interés permanente por el curso de pandectas, le asignaba el siguiente objeto: fijación, depuración, fecha, fuentes, crítica y exégesis del texto. Método excelente, casi diría único; pero no se comprende como puede ser útil todo esto al joven que como magistrado o abogado, será después llamada a discutir o decidir sobre el contrato de trabajo o una sociedad mercantil.

No se trata de conciliar el método filológico con el jurídico, ya que la ciencia no tolera limitaciones apriorísticas de método: si tenemos ante nosotros una investigación científica, es evidente que todos los medios son buenos para alcanzar la verdad.

En otros tiempos el romanista tenía naturalmente que enseñar derecho civil; en Alemania los romanistas se convirtieron de golpe en civilistas y en poquísimos años pudo aparecer una improvisada colección de escritos civilísticos, por obra precisamente de los pandectistas. ¿Cuántos de nuestros romanistas podrían hacer lo mismo, sobre todo entre los que consideramos puros romanistas?

El progreso, tan alabado, de nuestra ciencia, el descubrimiento de métodos siempre más adecuados, ha conducido a este resultado: el alejamiento de los juristas de nuestros estudios.

En otros tiempos, aun bajo el imperio de los códigos del siglo XIX, las sentencias de los magistrados y las obras jurídicas estaban sembradas de citas romanísticas, se hablaba de orientación romanística en la enseñanza del derecho civil; cierto que todo esto se reducía a rellenar con unas frases en latín los escritos, pero siempre había un contacto con las fuentes romanas. Hoy esta costumbre va desapareciendo, por no decir que se ha extinguido del todo: tenemos escritos magníficos, en las que el derecho romano es totalmente ignorado. Se puede observar que el estudio científico del derecho romano va casi a la par del desinterés que por él sienten los civilistas.

Frente a esta situación, si no queremos cerrar los ojos a la realidad o resignarnos a romper definitivamente con los juristas entrando abiertamente en el ámbito de la arqueología jurídica, debemos revisar nuestras posiciones.

Es la indiferencia del jurista moderno, el alejamiento del espíritu contemporáneo lo que nos preocupa, no la clamorosa hostilidad, que por presentar aspectos políticos nos deja indiferentes.

Luchar contra el derecho romano, como hicieron algunos juristas de los Países Bajos en el siglo XVIII, negándole carácter de derecho vigente, es tanto como combatir con molinos de viento, porque nadie piensa en que el derecho romano como tal, esté vigente en los países que tienen códigos u otras fuentes de derecho positivo. El derecho romano como ordenamiento jurídico, está muerto y sepultado durante siglos. Se trata solo de su estudio y de la correspondiente ciencia.

Análogamente, estudiar y profundizar el derecho romano no quiere decir que se intente resucitar el antiguo ordenamiento. La acusación, por tanto, de derecho esclavista e individualista no nos afecta; incluso su estudio puede ser instructivo para los que quieran ir más allá de las metas señaladas por los romanos.

El ostracismo al derecho romano se manifiesta en Alemania, cuando al proyecto de Código Civil, nacido de la pandectística, se le censura la inspiración romanística, en perjuicio de la tradición germánica. A pesar de todo, privado de valor práctico el derecho de Roma, los estudios históricos continúan. El nazismo no fue favorable al derecho romano, considerado como judaico-oriental, hasta tal punto que el programa del partido, quiso ocuparse de él, estableciendo en el punto 19 textualmente: "nosotros nos proponemos la substitución del ordenamiento universal materialístico romano, por el estudio del derecho común alemán". Pero aparte la errónea calificación de materialista que se ha querido atribuir al ordenamiento romano, esto afecta a la orientación del derecho positivo y no a la historia; y porque quizá el nazismo juzgaba poco importante la cuestión, los estudios romanísticos pudieron continuar, aunque sin alcanzar el antiguo fervor.

Bien poco sabemos de los estudios romanísticos en Rusia; pero es obvio que la revolución comunista considera al derecho romano con horror, como peligroso incluso, ya que en él se ha querido encontrar la más enérgica expresión del individualismo, el instrumento del capitalismo para la explotación del proletariado. A lo más la historia del derecho romano se ha entendido como medio de prueba, por el que se confirmaría la notoria doctrina marxista. En efecto, en el reciente Congreso internacional de derecho romano e historia del derecho celebrado en Verona en septiembre de 1948, algún estudioso, venido del Oriente bolchevique, nos censuró, a nosotros, romanistas occidentales, por no aplicar como método general de investigación, el criterio del materialismo histórico, para justificar y describir la evolución secular del derecho de Roma. ¡Y pensar que Erman en 1889, polemizando con un romanista ruso, preveía la decadencia de los estudios romanísticos en Alemania y que la herencia sería recogida precisamente por Rusia!

Podemos pasar por alto estos ataques, viejos y nuevos, precisamente porque llevan intención política, como podemos también hacer caso omiso de la acusación de ordenamiento individualista que se lanza contra el derecho romano, porque todo esto puede ser verdad para la fase arcaica y la concepción del *ius civile,* pero no para el derecho posterior y mucho menos para el justinianeo.

A la inversa, razones de orgullo nacional no pueden servir para justificar el estudio del derecho romano, porque este es producto nacional no de un determinado pueblo, sino de una conciencia universal; si el derecho quiritario puede calificarse como el producto más genuino del espíritu y mentalidad latinos, el *ius gentium* y aún más el derecho imperial y en fin el derecho justinianeo reflejan una visión cosmopolita de la vida.

Puede ser significativo, en cambio, el hecho de que el mundo inglés, especialmente en estos últimos tiempos, demuestra cierto interés por nuestros estudios: se ve que la mentalidad jurídica de esos países, que se atiene a la típica visión concreta de los romanos, encuentra aún interesante tal estudio, más que en los países continentales, en que la ciencia jurídica está orientada hacia la dogmática abstracta.

Eliminados los aspectos políticos y las valoraciones superficiales, que no afectan al problema, es preciso reconocer que la crisis del derecho romano, no es crisis de investigación o de fervor, sino de interés por parte del jurista moderna. Siempre queda abierta la cuestión; ¿por qué interesa tan poco esta ciencia, que durante siglos fue amorosamente cultivada en casi todos los países de Europa, incluso en los que permanecieron ajenos al influjo de la civilización latina, desde Justiniano a nuestros días? ¿Por qué se habla de crisis, precisamente cuando a nuestra ciencia se aplican los métodos más modernos y perfeccionados de la investigación contemporánea? Si la crisis fuese en la ciencia, es decir, de sus métodos, no habría motivo de preocupación, de la misma forma que nadie osa proclamar la derrota de la matemática o de la biología solo porque algún método no satisfaga o alguno de sus aspectos quede en la sombra, precisamente porque la ciencia en su incesante progreso, presenta siempre nuevos métodos, nuevas verdades, nuevas concepciones. Podríamos decir a lo más, que nuestros métodos son hoy imperfectos, que nuestra orientación es errónea, pero no podemos proclamar sin más la bancarrota de la ciencia.

Si se dice que la investigación de las interpolaciones a ultranza puede ser aberrante, que el estudio de los papiros o de las inscripciones, así como la comparación con los derechos de oriente ha distraído la atención del estudio de la jurisprudencia romana o si se afirma que es preciso ser primero juristas y después historiadores o arqueólogos, no se pretende demoler la ciencia, sino algunos métodos o tendencias de esta.

Tampoco faltan estudios y estudiosos, como resulta de las numerosas y florecientes revistas dedicadas exclusivamente al derecho romano, así como de la bibliografía romanista, sobre todo de la última compilada por Sanfilippo, en la que se ve a la primera ojeada qué aportación han dado los estudiosos italianos a nuestra ciencia en los últimos laboriosísimos diez años.

Pero entonces, ¿por qué sentimos la crisis? La sentimos porque nosotros planteamos, en su cruda realidad, la pregunta: ¿para qué sirven nuestros estudios al jurista moderno? ¿Los estudios de derecho romano deben relegarse definitivamente al ámbito de la historia, de la que el jurista moderno puede incluso prescindir, de igual manera que puede haber químicos geniales y conseguir resultados sorprendentes aun sin conocer la historia de la química?

Es la tradición la que sugiere el problema: si el derecho romano servía en otro tiempo como derecho vigente y nuestro pensamiento jurídico se ha formado en su escuela, difícilmente nos adaptaremos a la idea de que tal derecho sea pura historia, nada más que historia, que haya de ponerse al mismo nivel que el derecho de otros pueblos antiguos. No se trata de su justificación como ciencia histórica y de la función que como tal pueda tener, sino de ver si, además de esa función, la ciencia del derecho romano presenta aún una finalidad práctica. Si nos contentamos con decir que el estudio del derecho romano es fin en sí mismo, la cuestión ha terminado. Pero es difícil que esa conclusión nos deje satisfechos, porque, quizá a causa de la tradición secular, tenemos conciencia de que el derecho romano es todavía algo que puede servir a la vida moderna. Tampoco se trata de mercantilismo que rebaje la ciencia, sino de utilizar la experiencia pasada, a la manera que un objeto antiguo, antes de ser relegado a un museo, puede servir aún para nuestras necesidades, o que algunos descubrimientos científicos pueden utilizarse en la práctica directamente, aunque a primera vista parezcan distantes de ella.

Los romanistas contemporáneos han buscado hacer actual el derecho romano. Mitteis en 1917, en una conferencia que se ha querido calificar de su testamento científico, declara que se mantiene escéptico ante los descubrimientos epigráficos y papirológicos, y recomienda el estudio de las vetustas y tradicionales fuentes jurídicas: Koschaker habla abiertamente de crisis en 1939 y, tras lamentar el aislamiento del derecho romano respecto a las demás disciplinas jurídicas, dice: volvamos a Savigny. No de distinto modo Wenger, después de una vida dedicada al estudio de los papiros y de los derechos orientales, después de haber preconizado una historia del derecho antiguo que tuviese como centro el derecho romano, recomienda volver al *modernus usus pandectarum*. Pero no se comprende bien el valor de estos retornos que se preconizan, porque no creo que con esto se quiera hacer resurgir la pandectística. Siempre con la intención de hacerlo actual, Betti considera el derecho romano casi como materia para ejercitar la dogmática moderna, que sería un medio para su interpretación. Pero de este modo terminamos sin satisfacer ni al derecho romano ni a la dogmática moderna: al primero damos una forma que no le es propia, mientras bien poco puede decir la dogmática romana, sin duda imperfecta, a la refinadísima dogmática moderna.

Es preciso considerar, como punto firme, que el derecho romano es una realidad pasada, es historia, y como tal debe entenderse.

Así concebido, ¿puede tener aún interés para el jurista moderno?.

La parte legislativa o normativa presenta escaso interés si no es como comparación jurídica. ¿Qué puede interesar, en efecto, el régimen romano de las distancias legales, la formalidad de los actos jurídicos, el sistema procesal o los modos de adquisición de la ciudadanía? ¿Podemos acaso sostener que nos puedan ser útiles, si no es como curiosidad o comparación, la mayor parte de las hueras constituciones imperiales que se leen en los códigos teodosiano y justinianeo, índice manifiesto del estado caótico de la sociedad y de la legislación de la época, cuando sería preferible dedicarse, con mayor provecho, al millar de leyes que anualmente regala a sus súbditos el poder legislativo? Y quién osaría decir que sean instructivas y admirables las prolijas e inconexas Novelas de Justiniano?. Las leyes romanas, desde las XII tablas a las de Justiniano, aun bajo el aspecto comparativo, siempre tendrán para nosotros escaso interés, pues sería preferible estudiar el derecho contemporáneo de cualquier pueblo moderno, más que esas leyes, que en su fase más reciente se remontan a hace casi 14 siglos. Sin embargo, conviene no olvidar que se trata no de comparación, sino de derivación, porque estamos ante un derecho que aún vive dentro de los códigos de Europa.

El derecho romano, hoy, ni siquiera como autoridad puede valer; en otros tiempos era enorme y bastaba con invocar una máxima romana en apoyo de una doctrina, pero hoy tal autoridad está extraordinariamente debilitada, a pesar de que entre los pueblos latinos se ensalce la sabiduría romana. Los viejos comentaristas llegaban incluso a admitir que los principios generales de derecho, que sirven para colmar las lagunas legislativas, estaban contenidos en el derecho romano, considerado durante siglos como la *ratio scripta*. Los modernos han pisoteado estos preceptos, calificados de verdaderas herejías. ¿Cómo se puede hoy invocar la autoridad de Celso o de Juliano, traer a memoria una ley de Constantino o de Justiniano, cuando aún entre los pueblos latinos se es rebelde a la tradición, cuando el progreso se hace consistir en abatir más que en recordar?. Sería necesario entonces reformar las costumbres, pero entonces el problema se hace mucho más general.

Ni siquiera se puede sostener que el derecho romano se debe estudiar por su perfección, ya que el derecho no es una obra de arte que procure goce estético. Todo pueblo y toda época tiene su derecho. No existe un derecho perfecto, o por mejor decir, todo derecho se puede calificar de perfecto, siempre que logre satisfacer plenamente las necesidades de la vida y la exigencia de justicia de su tiempo. Mas dado que necesidades y justicia son extremadamente variables, el derecho romano que pudo ser perfecto en aquella época y ambiente, podría ser, en cambio, imperfecto en el mundo moderno. ¿Cómo podría considerarse hoy perfecto un ordenamiento jurídico que conoce la esclavitud y el sistema de estratificación de las clases sociales?

Es cierto que los juristas romanos fijaron las categorías fundamentales del derecho, casi las letras del alfabeto jurídico, pero esto no es una buena razón que nos induzca a estudiar sus obras, de igual forma que si Flavio Gioia descubrió la brújula, de que nos servimos todavía hoy, no es tal descubrimiento razón suficiente para persuadirnos de que estudiemos sus escritos.

¿Qué decir por otra parte de la perfecta sistematización de las instituciones, de la que se gloria la ciencia moderna, que no sin razón se califica de sistemática, cuando comprobamos que las leyes romanas, el edicto perpetuo, las obras jurídicas romanas, las mismas compilaciones de Justiniano presentan un orden sistemático tan rudimentario, que se debería considerar precisamente como desorden?

Y entonces queda abierta siempre la cuestión: ¿de qué puede servir hoy el estudio del derecho romano?. ¿Tiene todavía una función, además de la histórica?.

La función histórica, como la de toda historia jurídica, está fuera de duda y a este propósito no repetiré cosas evidentes *y* bien conocidas.

Puesto que el derecho romano, al menos el privado, en su estructura y figuras principales se ha transvasado en los códigos modernos, su estudio ilumina la comprensión de algunos principios, que se pueden comprender mejor por medio de la historia, según el viejo precepto «*caeca sine historia iurisprudentia*». Mientras que en el campo de las ciencias naturales un descubrimiento hace completamente superfluas las investigaciones precedentes, en el campo del derecho, en cuanto se trata de un producto espiritual, como el arte, la filosofía o la literatura, hay una incesante continuidad histórica, por la que una manifestación, por nueva y original que sea, se liga con las precedentes: mientras que para las ciencias naturales puede resultar ocioso conocer lo que ha sido, en las disciplinas morales y sobre todo en el derecho, para conocer lo que es, es preciso conocer lo que ha sido, según la frase de Maquiavelo. No repetiré el consejo de R. Ihering: "a través del derecho romano más allá del derecho romano": cualquier atleta sabe, que si quiere dar un buen salto hacia adelante debe tomar carrera, es decir andar un poco hacia atrás; no diversamente debe hacer el jurista, esto es, remontarse a la historia si quiere hacer avanzar el derecho sin proceder a ciegas. Ni siquiera repetiré la conclusión de un reciente libro de H. Mitteis sobre la función de la historia del derecho, que nos libera de la creencia en los dogmas jurídicos, dándonos en cambio la sensación precisa de la perenne mutación del derecho.

Yo pienso que el estudio del derecho romano tiene aún una función práctica, de guía y aleccionamiento, precisamente por esa mentalidad jurídica y ese método que la ciencia contemporánea ha creído orgullosamente haber superado.

La grandeza y el valor imperecedero, y por tanto actual, del derecho romano está en la jurisprudencia, que representa verdaderamente algo único en la historia. No sin razón durante siglos la atención de los estudiosos se ha dirigido al Digesto de Justiniano, que contiene los restos de la jurisprudencia, más que a los códigos teodosiano y justinianeo, que nos transmiten una selva de leyes. En esto está la perenne vitalidad del derecho de Roma. Grecia fue patria de leyes famosas, Roma, en cambio, patria de la jurisprudencia, pero el derecho griego ha pasado y sus leyes están definitivamente relegadas al ámbito de las curiosidades jurídicas; el derecho romano está siempre vivo, precisamente por su jurisprudencia.

Cuando planteamos, pues, el problema de la función del estudio del derecho romano entendemos referirnos a la jurisprudencia. Entonces, ¿qué nos puede esta decir después de tantos siglos?

Se ha ensalzado siempre la lógica férrea e impecable de los juristas romanos, su razonamiento ceñido, diríase geométrico. Esto puede ser verdad, pero no justifica por sí el estudio de sus obras, porque no puedo reprochar a los juristas modernos que su raciocinio sea inferior al de los romanos. Tampoco parece que, en general, las decisiones lapidarias, de las que está llena la jurisprudencia romana, resolviendo con tres o cuatro palabras un caso práctico, las respuestas de Scaevola que consisten en una sola palabra, los innumerables *puto, aequius* o *magis est*, sean muy superiores a las elaboradísimas sentencias de los magistrados o a los dictámenes de los juristas modernos. No creo que deban exaltarse los comentarios de Paulo, de Ulpiano frente a las profundas investigaciones dogmáticas de los modernos.

El mérito enorme de los juristas romanos, su perenne enseñanza; es, en cambio, haber precisado qué es el derecho, qué es la ciencia del derecho, cuál es el método jurídico. Esta es su gloria imperecedera, este es el gran descubrimiento, el único que hasta ahora se ha hecho en el campo de la ciencia jurídica, y es un descubrimiento verdaderamente científico, porque es universal.

Para los romanos la ciencia del derecho no supone busca de la verdad objetiva o eterna, sino que solo es *prudentia,* es decir *iuris prudentia:* no es la σοφια. el conocimiento en sí, no tiene fin especulativo, sino objeto práctico: en el conflicto de intereses busca actuar la justicia, no la justicia abstracta o meramente subjetiva, es decir, no la de los filósofos o la de algún pensador solitario, sino la que sugiere la conciencia social, que no es una fórmula verbal, apta para ocultar el arbitrio de la ley, sino una realidad viva y operante, a cuya exacta interpretación está llamado el jurista. En este proceso de interpretación los romanos son verdaderamente insuperables; puede ser fácil interpretar la ley, pero no lo es tanto interpretar la conciencia social para traducirla en justicia. Para esta los romanos tuvieron una particular sensibilidad, un tanto atrofiada entre los modernos ante la poderosa aparición de intereses en contraste, que pretenden ser justicia, y la desviación de la ciencia jurídica de lo que es el fin fundamental del derecho.

Las decisiones romanas, los principios fijados por la jurisprudencia estaban de tal forma adheridos a la conciencia social, parecían a los contemporáneos de tal manera justos, que constituían precisamente *ius,* hasta tal punto que respecto al *ius civile,* los juristas se podían considerar como *iuris auctores,* y bien se podía decir que el *ius civile in sola prudentium interpretatione consistit.* Ninguna ley atribuyó al jurista romano la calidad de *iuris auctor,* como ninguna ley dio a la *interpretatio* el valor de *ius.* La *interpretatio* no es. para ellos puramente intelectual, ni se propusieron captar la mítica voluntad de la ley, que en muchos campos no existe, a no ser como tradición, sino que quisieron interpretar la conciencia social para traducirla en *ius, es* decir, en justicia. Y por esto la sociedad y los órganos del estado, no solo no se llamaban a escándalo, como estaría tentado a hacer hoy algún pedestre leguleyo moderno, sino que exaltaban tal actividad y la *iuris prudentia,* por consentimiento unánime, era considerado como *ius.* Y por esto también el oficio de jurista era tenido en la más alta estima.

A esta función de búsqueda de lo justo, se adapta la célebre definición que da Celso del derecho como *ars boni et aequi*. Es un enunciado que recoge en síntesis la orientación de la jurisprudencia, y aunque no hubiese sido formulado, estaríamos autorizados a deducirlo de toda su obra.

La definición, venerada durante siglos, pasa en silencio entre los modernos; a lo más es incluida en los centenares de definiciones del derecho que hasta ahora han sido propuestas. Incluso se la ha criticado, porque nada dice de lo que en substancia es el derecho; se ha llegado a tacharla de interpolación o por lo menos se la ha considerado como enfática frase retórica. Estos juicios se explican sin dificultad. ¿Qué pueden valer esas tres cortas palabras, referidas incidentalmente por Ulpiano, frente a las doctas investigaciones modernas sobre el concepto de derecho, tanto más cuando se quiere dar a este una concepción filosófica? ¿Es posible que esas tres palabras valgan más que los doctos volúmenes de los juristas y filósofos modernos?

Sin embargo, entre tanta erudición, el enunciado de Celso resplandece con luz meridiana, porque refleja una verdad profunda y universal. Los romanos comprendieron bien qué es el derecho y a qué tiende la ciencia del derecho: *ars boni et aequi,* es decir, arte, técnica, sistema de la justicia. Esta es el gran e imperecedero descubrimiento de los romanos, la única verdad auténticamente científica, por ser eterna, por valer en todo tiempo y lugar.

Varía la justicia y en torno a su actuación pueden intervenir contrastes y discusiones; pero el fin del jurista es siempre el mismo: búsqueda no de una verdad objetiva, sino de la justicia, y la jurisprudencia es ciencia de lo justo. Nada más. Los juristas romanos no se consideran hombres de ciencia, como gustan calificarse los modernos, ni pretenden enseñar ciencia alguna; dicen más bien: *iustitiam colimus et boni et aequi notitiam profitemur*. Tiene una sensibilidad particular para lo justo, como el artista para lo bello. No tienen una lógica superior a la nuestra, pero conscientes de su misión, saben dirigirla hacia la tarea esencial del jurista. Y por esto se proclaman a sí mismos sacerdotes de la justicia y la opinión pública los pone a una altura en la que ningún pueblo colocó nunca al jurista, hasta el punto de considerar ofensiva cualquier recompensa pecuniaria a su función. Y en verdad, ¿cómo se ha de recompensar esa altísima función social que es la búsqueda y actuación de la justicia?

La posición de los juristas romanos nos sorprende un poco. La conciencia social les califica de *iuris auctores,* sin que ninguna ley les haya atribuido este poder; no en el sentido de que falten las fuentes legislativas o de que estén autorizados para emanar decretos-leyes, sino porque procediendo de los principios tradicionales o impuestos por la ley, en forma puramente interpretativa, logran adaptar la norma al fin de satisfacer las necesidades de la vida, siempre varios y mudables, teniendo siempre como objeto la justicia. La *interpretatio,* no es puramente declarativa. sino creadora, no porque imponga una norma, sino porque busca lo que es justo y oportuno. Lo justo no necesita imposición, sino que se impone por sí. No es el principio de autoridad lo que se hace valer, sino la exigencia de la justicia.

Para alcanzar ese fin, los juristas se valen de los medios más dispares, capaces de horrorizar al jurista moderno, que no va más allá de una técnica interpretativa casi mecánica. Los romanos obran frecuentemente con ficciones, consideran no puestas algunas cláusulas en el testamento, implantan preceptos y decisiones a base del *favor: libertatis, debitoris, dotis, matrimonii, testamenti.* Estos *favores* no se crean arbitrariamente ni los impone ninguna ley, sino que la jurisprudencia los toma de la conciencia social. No es raro que presenten etimologías descabelladas de términos jurídicos o noticias históricas inventadas, no para llegar a una conclusión científica, sino para conseguir una decisión oportuna y justa. P. ej., Sabino a fin de hacer entrar la permuta en el ámbito de la compraventa, sin esperar que se dicte una ley para reconocer tal tipo de contrato, no duda en subvertir incluso el principio tradicional de que la contraprestación de la venta debe consistir en una suma de dinero, afirmando que la permuta es antiquísima y cita a propósito cuatro versos de Homero; nadie entonces, ante la oportunidad de la conclusión, osaba decir que el argumento fuese inadecuado o metajurídico, o que Sabino no poseía el método jurídico, porque se tenía conciencia de que de ese modo se venía al encuentro de una necesidad práctica; hasta tal punto que cuando el pretor introduce una *actio in factum,* la doctrina de Sabino es abandonada para volver al viejo principio de que la contraprestación de la venta debe consistir siempre en una suma de dinero. Apoyándose en dos disposiciones de las XII tablas, los *veteres* logran reconocer una nueva forma de, testamento, cuando las antiguas aparecían engorrosas, y aún incluso de imposible actuación.

Sistematizaciones, definiciones y elaboraciones de principios jurídicos no son considerados como objetivos que sean fin en sí mismos, sino en función de lo que es el fin esencial de la jurisprudencia, es decir, de la búsqueda de lo justo. Respecto a algunas instituciones (posesión, herencia yacente, etc.) encontramos construcciones incluso contradictorias, ya que los juristas romanos no pretenden presentar doctrinas artificiosas, de una lógica impecable, sino soluciones justas y oportunas.

El jurista romano pasa verdaderamente a la historia, no por haber escrito doctos volúmenes densos de sutiles y agudas disquisiciones, sino por haber buscado principios, y dado soluciones a problemas sociales y casos concretos, que responden a necesidades de la vida y al sentido de justicia, como la siente efectivamente la común conciencia colectiva.

Esta era la originalidad que el ciudadano romano apreciaba en el jurista y esto era lo que se le pedía: encontrar recursos, argumentos, que fuesen convincentes en cuanto condujesen a un resultado justo.

Y por esto las decisiones rápidas, que a veces se concluían invocando la *aequitas,* eran mucho más apreciadas por los romanos que pudiera serlo cualquier profunda disquisición, porque tenían la intuición segura de lo que era justo, sin necesidad de una prolija justificación.

No es raro que la jurisprudencia sea a veces tradicionalista, a veces progresiva; ni se puede explicar esto por la diversidad de escuela o de época, cuando en la misma época histórica y a veces en el mismo jurista hallamos tendencias progresivas y conservadoras, ya que el jurista sabe bien que la justicia no reside siempre ni en todo caso en la revolución o en la conservación, sino en el desarrollo y la adaptación hasta el infinito.

Los caminos señalados por los pontífices, los *veteres*, los clásicos, los juristas celebérrimos o anónimos, culminan en el enunciado de Celso, para quien el derecho es *ars boni et aequi,* que es la línea directriz del desarrollo de todo derecho romano, el punto de partida y el de llegada de toda la jurisprudencia. Cuanto decae esta concepción, triunfa la actividad legislativa y la ciencia del derecho se esteriliza en el mero conocimiento de la ley escrita.

Estos procedimientos y métodos serían calificados hoy por los científicos modernos de extravagancia, superficialidad, falta de sentido jurídico, ambigüedad de orientación, hasta tal punto, yo estoy seguro, que si Papiniano, el *primus omnium,* se presentase hoy aunque fuese a un modestísimo examen de licenciatura, sería solemnemente suspendido, basándose en que no conoce la literatura jurídica y carece de método jurídico. Pero esos métodos y esos procedimientos eran exaltados por los contemporáneos, conscientes de que el jurista estaba a la altura de su misión, en cuanto daba a la sociedad precisamente aquello que de él se pedía. Como no pretendemos que un escultor nos haga una poesía, así los romanos no pretendían que los juristas hiciesen un acicalado estudio dogmático. Es vano que los modernos traten de calificarles como empíricos, aunque sea geniales, porque si Galeno e Hipócrates, con su empirismo, hubiesen curado a los enfermos mejor que los científicos modernos, todos diríamos: ¡viva el empirismo, abajo la ciencia!

La concepción romana del derecho fue seguida por el derecho canónico y por los intérpretes hasta los comentaristas del código francés e italiano: oíamos aún el eco de las palabras "justicia" y "equidad", que los modernos han querido desterrar como conceptos peligrosos. Esa concepción es hoy, en cambio, vilipendiada y escucharíamos ásperos juicios a costa de los juristas romanos, si una secular admiración no sugiriese ese respeto que conviene a los desaparecidos, mucho más si son nuestros antepasados.

En Alemania y después en Italia, la ciencia del derecho tomó una dirección distinta. Los pandectistas parten del derecho romano, pero conforme a su temperamento que les lleva a la abstracción, y por la necesidad de crear un sistema del laberinto de las fuentes romanas y de las doctrinas de los comentaristas, se alejaron de los métodos de la jurisprudencia romana y pusieron las bases de la dogmática jurídica, que, lanzada al campo civilístico por haber germinado en la pandectística, ha conquistado gradualmente todas las zonas del derecho: el derecho público, el derecho penal, el derecho procesal. Todo esto se considera índice seguro de progreso. La ciencia del derecho positivo se hace ciencia abstracta y en algunos puntos desborda el ámbito del derecho positivo, de forma que se convierte en verdaderamente internacional. Los sistemas jurídicos se presentan casi como modelos de arquitectura: simetría, orden, racionalismo. Lo justo queda en la sombra. Las mismas palabras "justo", justicia", "equidad" casi están desterradas. Los modernos creyeron exaltar y ennoblecer su tarea hablando de ciencia del derecho, contraponiendo a veces ciencia a derecho positivo o empirismo; en definitiva quisieron colocar la ciencia del derecho en el mismo plano que las ciencias exactas.

No repetiré las bien conocidas objeciones, que hace un siglo elevaba Kirchmann contra la posibilidad de una ciencia del derecho; ni pretendo plantear el problema de si la actividad del jurista debe encuadrarse en el ámbito de la ciencia o del arte mientras antes juristas y filósofos no se hayan puesto de acuerdo sobre el objeto de la ciencia jurídica, y en general, sobre la separación entre ciencia y arte.

Entre la mentalidad científica romana y la contemporánea hay indudablemente una fractura, que ha tenido también reflejos en el estudio del derecho romano. Se ha querido escrutar el *Corpus Iuris* con el mismo rigor lógico, con la misma lógica despiadada, con que los juristas modernos construyen doctrinas y conceptos jurídicos. Los romanistas formados en los métodos de la dogmática abstracta han terminado demoliendo todo lo que pueda aparecer contradicción o desviación del estricto rigor lógico, sugerida por consideraciones especiales de justicia. Mientras los juristas modernos califican de errónea una doctrina no del todo corriente o que no siga el rigor de los esquemas lógicos, el romanista con el mismo método, declara sin más interpolado un texto, dando por supuesto que el jurista romano tenía su misma mentalidad, para la que no hay en la elaboración del derecho más que puro ejercicio dialéctico. El resultado de esta orientación se puede encontrar en el *Index Interpolationum,* que registra hasta el año 1929 la pulverización que ha sufrido el *Corpues Iuris* y que después se ha ampliado y amenaza con conquistar otras fuentes, como el Gayo de Verona y los fragmentos Vaticanos. No niego interpolaciones y glosas, digo tan solo que no conviene atribuir a los romanos nuestra mentalidad dialéctica. No debemos olvidar que el jurista romano no duda en sacrificar la lógica a la justicia y siempre debemos tener presente el consejo de Juliano: *multa autem iure civili contra rationem disputandi pro utilitate communi recepta esse innumerabilibus rebus probari potest*[1]. La justicia que es precisamente lo que persiguen los romanos, no siempre observa las buenas reglas de la lógica y por ello la ciencia jurídica, que quiere ser solo lógica, a veces sufre un eclipse que no era admisible entre los romanos, sino en forma provisoria y ocasional.

Veamos ahora, qué resultados han producido esas dos neoformaciones científicas: de un lado, ciencia del derecho romano entendida como ciencia histórica, de otra parte, ciencia del derecho concebida como dogmática. Son formaciones conexas: cuando la tradición romanística cesa de tener vigor, se deja aparte la pandectística y se desarrolla la ciencia histórica del derecho romano; la tradición pandectística, en cambio, se continúa en la dogmática moderna, que encuentra el punto de partida en los grandes pandectístas del siglo XIX. La ciencia del derecho romano se bifurca, por tanto, para dar lugar de un lado a la historia del derecho romano, del otro a la dogmática jurídica.

El resultado es harto desconcertante.

Puede darse que sea concomitancia ocasional o puramente cronológica, pero es singular que la crisis del estudio del derecho romano vaya a la par de su orientación histórico-erudita de una parte, y por otra del progreso de la dogmática moderna. Esto es explicable. El jurista moderno, habituado a una dogmática refinada, encuentra en el Digesto doctrinas y construcciones que le hacen sonreír; si abre después una obra romanística tropieza con esa selva de corchetes y paréntesis, de división entre derecho clásico y justinianeo, de que ya he hablado y que de nada le sirve en absoluto. A medida que se profundiza la ciencia del derecho romano y se perfecciona la dogmática moderna, los dos caminos y los dos métodos divergen siempre más, ya que el conocimiento histórico del derecho romano no hace más que confirmar la orientación de

1 Fr. 9, 2 D. 51, 2.

la jurisprudencia romana, mientras el progreso de la dogmática hace resaltar siempre más la pobreza de la romana.

¿A dónde han conducido estos caminos? Como la ciencia del derecho romano desemboca en la erudición, así la dogmática determina... el existencialismo jurídico. La observación y el término no son míos, sino de Francesco Carnelutti. Esto es sintomático. El insigne jurista, maestro de la dogmática, impulsor del sistema en oposición al comentario, tras haber construido monumentos de lógica impecable, no oculta su angustia y concluye que la sociedad tiene sed de algo y que ese algo es el derecho natural. Diagnóstico interesante: no se requiere una dogmática más perfecta, sino el derecho natural, esto es, en términos más generales y menos comprometedores, la sociedad tiene sed de justicia, que el jurista no logra satisfacer. Es reconocer que la ciencia contemporánea, con todos sus progresos, no ha dado lo que de ella esperaba la sociedad; es proclamar el descontento por los sistemas y por la dogmática abstracta, y la aspiración hacia algo, que procede del derecho positivo, pero que lo trasciende, que se vale de la lógica, pero que no se agota en un simple razonamiento. Es el general desasosiego, que invade el espíritu del jurista y que ha encontrado en Carnelutti término adecuado y autorizada afirmación. No se trata de la insuficiencia del derecho positivo, que en un momento determinado puede no estar tampoco conforme a la justicia, pero esto es un fenómeno inevitable, de la misma forma que es inevitable el envejecimiento y la muerte de todo ser viviente; el paso de lo injusto a lo justo no es instantáneo ni fácil, como enseña la experiencia histórica. El jurista moderno está angustiado, se hace existencialista, porque en lo íntimo de la conciencia, con sus profundos escritos y pulidos sistemas, siente casi que ha traicionado su misión. Si no tuviese conciencia de esto, si estuviese, en cambio, íntimamente convencido de cumplir su misión, ¿a qué la angustia?

Confesar el existencialismo quiere decir confesar que la ciencia contemporánea ha extraviado el camino; lo ha extraviado porque olvidó el que indicaron los juristas romanos, perdiendo así el seguro anclaje, que permitió a estos realizar magníficamente su tarea.

Hemos olvidado la verdad, enunciada y predicada por los romanos; el derecho es lógica, se vale de la lógica, pero no es solo lógica, sino arte de lo justo. La lógica debe servir para actuar lo, justo, los sistemas no son tan solo monumentos de lógica abstracta, sino sistemas de lo justo. El sistema es tanto más perfecto, no solo en cuanto sea más rigurosamente armónico y coherente, sino sobre todo en cuanto sea más justo.

Esta es la meta a que debe tender el jurista. Si tiene ante sí tal finalidad, no puede ser existencialista, sino que estará orgulloso de su tarea, como lo estuvieron siempre los juristas, desde los antiguos que *fundaverunt ius civile* a los glosadores; desde Bartolo a los viejos comentaristas y exégetas de los códigos civiles francés e italiana.

En esto está precisamente la enseñanza perenne de la jurisprudencia romana.

El jurista romano no se abstrae de la vida, como podría hacer un jurista moderno, que puede incluso vanagloriarse de escribir obras importantísimas aún recluido en un desierto, sino que vive en la vida, percibe sus necesidades y tiene una particular sensibilidad para la conciencia social. No sin razón define la *iurisprudentia* como conocimiento de las cosas humanas y divinas. Definición falsa, presuntuosa, ridícula, pero que tiene su profundo significado; el jurista no conoce las cosas humanas y divinas en sí, como objeto propio de conocimiento, sino en función de su tarea principal: ¿cómo se puede precisar y actuar lo que es justo, si no se tiene pleno conocimiento de la realidad de la vida en toda su complejidad?

Como la ciencia del derecho romano se ha convertido en historia y erudición, así la ciencia jurídica contemporánea se ha orientado hacia la dogmática. Vemos obras magníficas, admirables, pero quizá un tanto lejanas de la finalidad esencial del derecho; tanto es así que la dogmática jurídica corre hoy el riesgo de sufrir la misma suerte que el derecho romano. Como a medida que el conocimiento del derecho romano se hace siempre más científico, el interés disminuye y se plantea el problema de su función, así las obras dogmáticas, cuanto más científicas se proclaman, sirven para conquistar cátedras universitarias, pero permanecen ajenas a la vida y a la práctica del derecho: de los antiguos comentarios al sistema hay sin duda un gran progreso, de los viejos exégetas o empíricos a los hombres de ciencia contemporáneos hay un paso gigantesco, pero hay también un progresivo alejamiento de la vida.

Frente a hipótesis y sucesos, por poco que se salgan de lo ordinario, nuestra dogmática, que ha perdido el contacto con la realidad es inútil, y el jurista, más adiestrado en la construcción doctrinal que en la percepción de las necesidades sociales y en la adaptación de los medios jurídicos, se siente desarmado. Pide ayuda al legislador, que no presta oído, o responde a la llamada con una ley improvisada. A la inercia de la ciencia se substituye así la imposición autoritaria y la fuerza. De este modo la realidad de la vida se venga de la inercia o el desvío de la ciencia jurídica y del vano orgullo de los juristas que han querido calificarse como científicos.

Cicerón, como *tritum proverbium,* repite la frase: *Summum ius, summa iniuria.* Hoy se podría decir: suma doctrina, suma injusticia o indiferencia.

Con esto no pretendo renegar de la dogmática, que con sus análisis y construcciones ha dado y podrá dar siempre óptimos frutos, digo tan solo que la ciencia del derecho no puede agotarse en una mera dialéctica, sino que debe recordar siempre su propio fin y su propia esencia. La dogmática es solo un medio, no un fin. El fin es mucho más elevado.

Tampoco pretendo disminuir el coeficiente lógico, la racionalidad del derecho, niego tan solo que la ciencia jurídica deba ser solo ciencia lógica. Nuestra ciencia, como hacían los juristas romanos, *se* vale de la lógica, pero no es absolutamente lógica; si quiere ser verdaderamente ciencia jurídica no puede ser más que ciencia de lo justo, es decir, investigación, determinación de lo justo, hallazgo de medios dirigidos a actuar la justicia tal y como la siente realmente la conciencia social. Si perdemos de vista este fin, queriendo encerrarnos en la dogmática, habremos construido otra ciencia, más no la ciencia del derecho.

Nosotros los juristas lamentamos a veces la escasa consideración en que se nos tiene; mucho más si la comparamos con el jurista romano, calificado como *oraculum civitatis;* pero debemos reconocer que mientras el jurista romano satisfacía la sed de justicia de los ciudadanos, nosotros a lo más, satisfacemos el deseo del público de leer libros eruditos y conocer sistemas más o menos perfectos. Naturalmente, nuestros admiradores son bien pocos.

Y entonces yo digo: volvamos no a Savigny, sino a los juristas romanos. El estudio de la jurisprudencia romana es siempre instructivo, porque enseña lo que es el derecho, cuál es la tarea única y universal del jurista, cuáles son los caminos y métodos para conseguir tal fin.

La mejor escuela jurídica sigue siendo siempre la de la jurisprudencia romana, que en modo definitivo enseñó al mundo algunas verdades universales y métodos eficientes. En su escuela podemos aprender lo que ella llama filosofía, no de lo abstracto, sino de lo concreto; el arte de buscar lo justo en el inevitable conflicto de intereses, separando Ja justicia de lo que pueda ser ideología o simple interés particular, de forma que el interés, antes de ser elevado a derecho subjetivo, sea justo; a afinar la capacidad de aprestar medios oportunos que tiendan a satisfacer la necesidad social objetiva y universalmente sentida; a escrutar la conciencia social y el sentido de justicia difuso en ella, para darle actuación, ya que la tarea del jurista no se agota en la interpretación de leyes y actos jurídicos, sino en la interpretación de esa delicada y compleja entidad que es la conciencia social. Seguir paso a paso la jurisprudencia romana, ya obre directamente ya por medio del órgano legislativo (pretor o príncipe) nos da la convicción precisa y experimental de la perenne transformabilidad del derecho, que no excluye, antes bien, confirma, esa continuidad que da fijeza al derecho, sin la cual no sería concebible el ordenamiento jurídico. Si decimos que la ciencia del derecho no es más que la ciencia de lo justo, los mejores maestros son siempre los juristas romanos, que de la justicia se proclaman precisamente sacerdotes.

Los modernos han querido separar la ciencia del derecho de la política del derecho: el jurista se ha atribuido la primera, encerrándose en el derecho positivo y en la dogmática abstracta, entregando al político la segunda tarea. Esta diversidad de posiciones es exacta; una cosa es el jurista y otra el político, el derecho positivo y el *ius condendum,* el ser y el devenir. Sin embargo no se trata de compartimientos estancos, y es siempre el jurista en su aspecto de sacerdote de la justicia y no de doctrinario. quien tiene la misión de guiar todo el movimiento del derecho, siempre que no tenga la pretensión de aprisionarlo en sus propios esquemas.

Puede incluso no interesarnos para un fin inmediatamente práctico lo que pensaba Labeón o Juliano en tomo a una determinada figura o cuestión, aun menos puede interesarnos el régimen de la esclavitud o de la ciudadanía, pero siempre nos será instructivo el estudio del modo, del camino, del método, con que esos grandes juristas lograban realizar su función, precisamente porque conocían bien que esa misión tiende siempre a la justicia, que es el fin fundamental y universal de una ciencia que verdaderamente quiera llamarse jurídica.

En este sentido entiendo yo la "Aktualisierung" del derecho romano, de la que tanto se habla hoy. No se trata de la pretensión absurda de trasplantar a nuestro tiempo ordenamientos romanos, muertos y sepultados desde hace siglos, ni de invocar la autoridad de un jurista romano para avalar una doctrina o una decisión que queramos sostener y ni siquiera de la investigación, aunque sea útil, de los precedentes históricos. El estudio del derecho romano puede ser aun actual, en cuanto da conciencia de la eterna verdad que enseñaron aquellos excelsos juristas sobre la tarea del jurista y de la ciencia del derecho, y sobre el método, que es verdaderamente jurídico solo en cuanto tiende a aquel fin. Hoy se lamenta la escisión entre teoría y práctica, y la escisión se hace cada vez más grave y profunda; pero ya en 1893 C. Ferrini vaticinaba que terminaría el día en que todo práctico pudiese leer en el *Corpus Iuris.* No solo todo práctico, sino todo jurista.

Buscar la justicia y descubrir los medios más adecuados para actuarla no es empresa llana, sobre todo en tiempos modernos, en que no es fácil separar la justicia de la ideología o del interés; pero la dificultad no debe conducir a la conclusión de asignar diverso objeto a la ciencia del derecho, concentrando nuestra actividad en una dogmática, que constituye solo un medio, no un fin, un primer paso necesario, no una meta.

Tampoco para los juristas romanos la busca y actuación de la justicia era fácil ni segura, ya que no se trata de una operación mecánica. Junto al *ius receptum,* que es la justicia sobre la que todos están de acuerdo, tenemos contrastes y discusiones jurisprudenciales, que no son fruto de diversos métodos, sino que derivan del distinto modo con que se ve la justicia. Sobre el fin todos están de acuerdo.

El jurista moderno no puede declararse impotente o deliberadamente ajeno ante los problemas que interesan al derecho tanto en su aplicación como en su transformación, ni esperar impasible todo del legislador, que sin el precioso auxilio del jurista, es substancialmente el órgano menos adecuado. El jurista tiene siempre medios o debe encontrarlos en el ámbito de la misma ciencia, tiene que aportar su agudeza y su genialidad para conseguir el fin, directa o indirectamente, antes que esterilizar su labor en una dialéctica abstracta. ¿Cuántas lecciones útiles nos puede dar la jurisprudencia romana parar suprimir, de un modo u otro, por vía interpretativa o a través del órgano legislativo, las *iniquitates iuris,* que revela cotidianamente la vida del derecho? ¿Y cuántas enseñanzas sabias nos pueden ofrecer todavía los juristas romanos, que con pocas intervenciones legislativas, lograron abatir el viejo sistema quiritario, en los casos y en los límites en que parecía inicuo? ¿y qué viva lección podemos recibir aún de la sabiduría política romana, que sin convulsiones y revoluciones improvisadas, permitió pasar, casi insensiblemente, de la autocracia regia a la democracia republicana, de la república al principado de Augusto, del derecho pagano al derecho cristiano?

Con esto no pienso que se pueda transportar a los tiempos modernos la noble figura del jurista romano, ni catedrático ni artesano, sino sacerdote de la justicia. Demasiados siglos han pasado, demasiado complicada es la vida moderna, y nuestra mentalidad democrática se adapta mal a concebir que un individuo, sin toga o galones o investidura pública, pueda ascender a la función de sacerdote de la justicia. Todo esto no quiere decir que sea necesario asignar a nuestra ciencia un objeto distinto del que le señalaron los romanos. Nadie recomienda hoy imitar la tragedia griega, llevando a la escena mitos y leyendas de hace muchísimos siglos, como nadie puede limitar las manifestaciones artísticas a la lírica horaciana o a las vírgenes de Perugino, pero no se puede discutir, que a pesar de la distancia secular, tales obras de arte son eternas manifestaciones de lo bello, y por ello instructivas para nosotros los modernos.

Otro tanto podemos decir de la jurisprudencia romana, que sigue siendo siempre la mejor escuela para aprender qué es la ciencia del derecho, cuáles son sus fines, cuáles sus medios.

Si, en cambio, se quiere admitir que la ciencia del derecho no es arte de lo justo, sino que consiste toda ella en la dogmática, entonces debemos reconocer que la jurisprudencia romana no es para nosotros más que historia, que hemos de colocar al lado de la historia de la medicina o de la matemática.

Pero no creo que hoy se quiera defender a ultranza la posición exclusivamente dogmática de nuestra ciencia. Reconocer la crisis y confesar el existencialismo es un síntoma manifiesto. El mismo Carnelutti, aunque sea tímidamente reconoce que "la quiebra no es del derecho, sino del racionalismo del derecho", es decir, si entiendo bien, del derecho y de su correspondiente ciencia, basada sobre la dialéctica.

Yo pienso que no es un progreso haber abandonado la concepción y los métodos de la ciencia jurídica romana, que ha pasado por el tamiz de los siglos, mientras la moderna ciencia del derecho, con una juventud de poco más de medio siglo, da ya muestras de cansancio y conduce al existencialismo.

Volvamos pues al derecho romano, no como embarazosa erudición sino como enseñanza viva y actual, aproximémonos no tanto al millar de leyes, que en su mayor parte al menos, tuvieron vida efímera y afectan al campo de las curiosidades históricas o de la comparación jurídica, sino sobre todo a la jurisprudencia romana; busquemos penetrar en lo íntimo de sus métodos y de sus directrices, y, si tenemos fe en seguirles, nuestro espíritu de juristas se sentirá elevado, porque tendremos conciencia de la grandeza y de la nobleza de nuestra misión.

La juridicidad del evangelio*

Tengo ante mí dos escritos: uno de Bruno Leoni[1] y otro de Francesco Carnelutti[2]. Ambos de poca extensión, pero de gran valor. Tono distinto y conclusiones opuestas. El primero es una demolición docta, fría, casi diría despiadada del valor jurídico del cristianismo; el segundo, por el contrario, es un bellísimo discurso lírico, casi apologético, pronunciado por el insigne jurista en Padua, con ocasión del homenaje que los estudiosos italianos y extranjeros han querido tributarle el año de su jubilación. Discurso henchido, como siempre de rasgos luminosos, apoyado en una profunda fe. Parece el primero tan árido como apasionante el segundo. Las conclusiones son diametralmente opuestas: ningún valor jurídico tiene el Evangelio para Leoni, altísimo en cambio para Carnelutti.

El escrito de Leoni, aunque se mueve en una órbita científica no oculta preocupaciones de orden político. Más aún, precisamente de estas preocupaciones parte el autor, cuando delimita su tarea: "frente a la difusa opinión de que de los principios del cristianismo pueden extraerse, a manera de corolarios, precisas y unívocas consecuencias de orden político, jurídico o económico, conviene examinar si tales opiniones son fundadas". El problema es de la máxima actualidad: "sobre todo en los últimos años, la opinión referida se ha ido divulgando en nuestro país. Así el público ha aceptado sin sorpresa, aún entre nosotros, el uso del adjetivo cristiano unido a substantivos de significado político (como p. ej. democracia); han surgido recientemente asociaciones de juristas católicos, casi expresando o sugiriendo la idea de que existe un sistema jurídico católico y por tanto cristiano o, al menos, que existe una doctrina o escuela "jurídica" identificable, en forma precisa e inequívoca, como escuela católica o cristiana"[3]. La conclusión es tajantemente negativa: "la no juridicidad o, en el plano religioso, incluso la antijuridicidad del cristianismo"[4]; antijuricidad no en el sentido de contraste, lo que no haría impresión, sino de repudio de la idea misma de derecho. El Evangelio, en realidad, "tiende más a negar el valor del derecho que a dar reglas jurídicas"[5]; la religión

* *La giuridicità del Vangelo.* Publicado en «Jus», N. S. Año II, fasc. I, marzo de 1951, págs. 23-54.

1 *Il cristianesimo e l'idea del diritto,* en *Rivista italiana per le scienze giuridiche,* 55 (1949), págs. 427-444.

2 *Valori giuridici del messaggio cristiano,* Padua, CEDAM, 1950.

3 ob. cit. p. 427.

4 ob. cit. p. 436.

5 ob. cit. 440.

cristiana "ha hecho pedazos todo esquema jurídico"[6]. El mensaje de Jesús no sería, pues, contrario tan solo al derecho mosaico o romano o a cualquier otro ordenamiento jurídico, sino, en general, a cualquier sistema de derecho y a la misma idea de este.

De la no juridicidad o incluso antijuridicidad del cristianismo, Leoni saca consecuencias extremas: no solo sería erróneo hablar de "idea cristiana del derecho", sino que "es preciso decidirse o a ser absolutamente cristiano o a vivir en una sociedad organizada jurídicamente", como si existiese una contradicción perpetua e irremediable entre cristianismo y derecho. De este modo, Leoni presenta al pobre creyente un dilema pavoroso: o no ser cristiano o vivir fuera de toda organización social humana. Para nuestra tranquilidad y ayuda hay una experiencia milenaria que, con los mismos hechos, demuestra la posibilidad de ser perfectamente cristiano y vivir en la órbita del derecho. Se puede tener, por así decir, una doble ciudadanía, aunque sea en planos diversos; la del Reino del Cielo y la del Estado a que se pertenece. Ciertamente, están los cenobitas, y la historia de la Iglesia presenta luminosos ejemplos de hombres que quieren ser solo cristianos: se apartan del mundo, y el trato humano pierde para ellos todo interés. Nunca, sin embargo, la cualidad de cristiano se ha identificado con la de cenobita.

No pretendo discutir el problema práctico y actual. Pero me parece oportuno hacer alguna aclaración respecto al adjetivo "cristiano" que se suele dar al derecho y a algunas entidades jurídicas.

Que históricamente exista o pueda existir un derecho cristiano, como derecho positivo del Estado, en el sentido de ordenamiento jurídico que se inspire en los preceptos cristianos, está fuera de duda, como demuestra la experiencia histórica. No dudo, en efecto, en calificar de romano-cristiano, más que de romano-helénico, el derecho que nace de las leyes de Constantino a Justiniano; que esas leyes no sean integralmente cristianas y sí solo en cierta medida, no quita valor al hecho. Observaciones análogas se podrían hacer espigando en la historia jurídica y aún en las legislaciones modernas.

De igual forma, es indudable que es legítima, política y científicamente, dentro de los límites en que la actividad del jurista en la obra legislativa se quiera calificar de científica, la posición de los juristas aislados o de asociaciones de juristas que asumen el título de "católicos" en cuanto intentan hacer penetrar los principios cristianos en la legislación. Puesto que en materia de *ius condendum* cada cual está llamado a dar su propia aportación de experiencia y de mentalidad, no veo por qué razón esta actividad deba ser prohibida *a priori* al jurista católico, como no lo está al que profesa otra religión o no abraza ninguna.

La formación de la legislación no es solo obra de técnica; si así fuese, no surgirían dudas y discusiones, como no las hay en torno a la aplicación de la técnica en concreto; pero no es esto lo que se discute. En la formación de la ley, además del lado técnico, hay que dirigir la legislación en un determinado sentido, hay que tener en cuenta la conciencia social, que reclama determinadas medidas y ofrece fines sociales, respecto a los cuales la ley se presen-

6 ob. cit. 442.

ta como un medio. En la compleja y laboriosa formación legislativa, no se tiende a la búsqueda de una verdad objetivamente existente, sino a proponer determinados postulados. Todos deseamos un ordenamiento que responda exactamente a la conciencia social, que satisfaga en forma plena los intereses espirituales y materiales, tanto de los individuos como de la sociedad que haga mejores a los hombres, que procure el bien y evite el mal. En general, sobre esto, hay acuerdo unánime. Pero al no poderse captar experimentalmente esas entidades, la interpretación de la conciencia y exigencias sociales es siempre obra del hombre y siempre es el hombre el que señala la finalidad de la legislación, aunque sea en función de las necesidades de la comunidad. Aun estando de acuerdo en abstracto, se pueden defender pareceres opuestos en concreto, como ocurre en numerosos casos que nada tienen que ver con el elemento religioso, porque cada uno en la solución de aquellos problemas no puede dejar de aportar la propia experiencia, así como su mentalidad y su conciencia. ¡Cuántas discusiones y contrastes no se producen, en la formación de códigos y leyes, aun entre aquellos que pertenecen a la misma fe!

Nada tiene, pues, de extraño, y mucho menos de censurable como postura anticientífica, que el jurista católico, en la creencia de que el mejor ordenamiento es el que responde a los dictados del Evangelio y a las enseñanzas de la Iglesia, lo intente traducir en derecho positivo, de la misma forma que el jurista que rechaza la religión cristiana y considera el derecho cristiano al mismo nivel que cualquier ordenamiento humano, se puede servir de él en el aspecto de la comparación jurídica y por ello inspirarse en sus normas como en las de cualquier otro derecho.

Entonces, el problema *científico* se centra en el *ius conditum*. Se reduce a la interpretación, sobre la cual, como en toda actividad científica, los adjetivos no tienen sentido. No es necesario evocar las sombras de Vittorio Scialoia y Giuseppe Chiovenda, como hace Piero Calamandrei en un prólogo vivaz a un libro más vivaz aún de Bigiavi[7], desde el momento en que el presidente de la "Associazione giuristi cattolici italiano", Prof., Santoro Passerelli, en la segunda asamblea nacional de juristas católicos italianos celebrada hace poco en Roma, del 30 de octubre al 1 de noviembre de 1950, afirmaba en forma programática: que la función del jurista católico entre en juego "apenas la interpretación y la aplicación se remiten a una prudente valoración de factores extralegales". Los juristas, añade, "tienen, sin embargo, otra tarea que cumplir, no menos importante desde el punto de vista social que las precedentes, y es la preparación de la renovación del derecho; y aquí la inspiración e ideología tienen una función determinante"[8].

No hay, pues, motivo de escándalo, ni se trata de dar una solución más agradable a la Iglesia, ni de transformar la ciencia en propaganda. *De iure condendo* la posición del jurista católico es científicamente tan legítima como cualquier otra. Sobre la interpretación, el espíritu cristiano labora en la zona abandonada a la prudente valoración de factores extralegales. Con esto el jurista católico, ni se excede de sus funciones, ni obra independientemente de la ley, ya que esa valoración prudencial tiene lugar cuando la ley la admite; en

7 *Ateismo e affidamento della prole*, Padua, 1951.

8 Reseña de la Asamblea en «Iustitia», 1950, fas. 11-12, p. 107.

este campo es bien natural que el jurista católico piense y decida conforme a sus convicciones. Puesto que toda legislación vive y se aplica en un determinado clima, es obvio que la interpretación no puede prescindir de ese clima tal y como resulta en forma inequívoca de la legislación misma y de la común conciencia social. La experiencia histórica, desde los romanos hasta los códigos modernos, demuestra cómo puede permanecer formalmente inmutable la ley y, sin embargo, tener un espíritu diverso del que poseía cuando apareció.

La investigación sobre la juridicidad del Evangelio es independiente de la fe, y, por tanto, se desarrolla en un campo absolutamente científico: un perfecto cristiano puede hallar superfluo el problema de la juridicidad del Evangelio, en cuanto siente que su conciencia está vinculada por encima de toda disposición científica, mientras un incrédulo puede considerarlo a la misma luz que la de cualquier otra religión. La diferencia está solo en esto: el creyente toma el ordenamiento cristiano como un derecho *altior,* el incrédulo como uno de tantos ordenamientos humanos.

Cuál deba ser la posición del jurista frente a este dualismo, que para el creyente se hace jerarquía, está más allá de mi investigación. Por lo demás, la posición sería la misma si hubiese que negar la juridicidad del Evangelio, porque siempre tendría este un mínimo de capacidad vinculante.

La negación de la juridicidad del Evangelio no es nueva. En el fondo es una resurrección, en términos generales, de la doctrina de Lutero. que consideraba el derecho canónico obra de Satanás, en cuanto la existencia de un derecho de la Iglesia constituye por sí sola una traición al Evangelio. La Iglesia, convertida en *societas iuridica* pierde esa esencia de *societas spiritualis* que le habría impreso su divino creador. Es bien conocido también, el proverbio de marca luterana "Juristen böse Christen", con el que coinciden las doctrinas de los canonistas protestantes para quienes, puesto que el Reino de Dios es el Reino del espíritu, la Iglesia, esposa de Cristo, no puede aceptar ningún soberano camal, ninguna doctrina humana y por tanto es incompatible con todo poder que se sirva de medios materiales, coercitivos y jurídicos[9].

La no juricidad es también afirmada o al menos sobreentendida por la doctrina del materialismo histórico, que ahora considera algún estudioso de los países orientales como "único criterio infalible" verdaderamente científico y por tanto general para toda investigación histórica[10]. Puesto que de la formación y del desarrollo del derecho queda excluido todo factor que no sea material y económico, esta doctrina conduce a negar todo influjo cristiano en el derecho y la misma formación de un derecho romano-cristiano, en cuanto partiendo del precepto evangélico de que el reino de Dios no es de este mundo y de que deben despreciarse las riquezas, no se puede dejar de destacar

9 Sobre todo esto véase últimamente Giacchi, *Il consenso nel matrimonio canonico,* 1950, 6 sigts.

10 Bartosek, *Rec. a Cosentini,* en «Iura», 1 (1950), 462 sigts. El mismo Bartosek, anunciando en «Iura» cit. 555 sigts., una obra sobre el Estado y el Derecho Romano de I. S. Pereterskij, publicada en Moscú en 1945, desconocida para nosotros, los occidentales, dice: «como advierte la introducción, el manual parte de la posición del materialismo histórico y de las obras de los clásicos del socialismo científico: Marx, Engels, Lenin, Stalin».

el contraste de estructura y esencia entre la posición evangélica y cualquier ordenamiento jurídico.

A las mismas conclusiones, en definitiva, llega ahora, desde un punto de vista teológico, Arnold Erhardt, de la iglesia anglicana, quien se considera, no romanista o jurista, sino teólogo. Pretende combatir algunos trabajos aparecidos en Alemania y Suiza en los que "eine Chrisliche Grundlengung des Rechts versucht wird[11]"; sí queremos obtener las bases de un ordenamiento cristiano, debemos "von der Idee einer abstrakt existirenden Gerechtigkeit befreien"[12]. La ley se agota en Cristo. Invoca a este propósito algunos pasajes de San Pablo[13]: *Christus nos redimi de maledicto legis, factus pro nobis maledictum, quia scriptum est: maledictus omnis qui pendet in ligno*[14]; *Stimulus autem mortis peccatum est, virtus, vero peccati lex*[15]; *per legem enim cognitio peccati.* Puesto que la ley es una maldición, no podemos argumentar partiendo de la ley. La conclusión es esta: "das Gesetz ist in Christo erfüllt, und wer auch nur das Gebot der Nächstenliebe als Gesetz aufzurichten wagt, handelt nicht nur unchristlich sondern widerchristlich"[16]. La ley del amor no es nueva, pues se encuentra en el *Levítico*,[17]. Conocemos a Cristo únicamente "im Wort und Sakrament"[18]. La conducta jurídica cristiana es la actividad misionera: "es ist das Zentrum aller diese Betrachtungen: das rechtliche Handeln, bestimmt die Rechtfertigung in Christo vor der Weltz zu bezuegen"[19].

Esta posición teológica esta fuera del objeto de mis consideraciones, que pretenden ser solo jurídicas. Yo me pregunto: La predicación evangélica, en sus aspectos humanos, desde el punto de vista formal, ¿presenta aquellos caracteres de juridicidad que encontramos en cualquier ordenamiento al que damos la calificación de jurídico?.

Considerando históricamente el problema, podemos comprobar que hasta la Reforma, no fue señalada esa no juricidad del Evangelio que hoy *se* quiere afirmar. Por el contrario, se buscaba encuadrar en esquemas jurídicos los preceptos evangélicos. El episodio de Anamías y Safir demuestra cómo el precepto y la sanción divina contemplan también la esfera terrena; tras la acusación de Pedro: *cur tentavit Satanas cor tuum... non es mentitus hominibus, sed Deo,* Ananías, y poco después Safir, al oír esto, *cecidit et expiravit*[20]; la sanción la aplica la divinidad, pero igual que la norma, afecta a una entidad material, cual es la vida del culpable.

---

11 *Drei Vorlesungen über geltendes Recht. III. Chrisliche Lehre,* en *Gierke Festschrift,* 316 sigts.

12 Ob. cit. p. 357.

13 Galat. 3, 13.

14 Cor. 1, 15, 56.

15 Rom. 3, 20.

16 Ob. cit. p. 351.

17 19, 18.

18 Ob. cit. p. 357.

19 Ob. cit. p. 354.

20 Acta Apost. 5, 1-2.

Hasta la época de las persecuciones, no se dudó que la predicación de Jesús fuese ley, y así se le llamaba, como norma vinculante; ciertamente una ley distinta, superior a la del Estado, colocada en otro plano, pero siempre ley. La Patrística contrapone a veces ley divina y ley humana, la ciudad de Dios a la terrena; sitúa por tanto a ambas en el mismo orden jurídico; se combate a una para que triunfe la otra; pero ¿cómo habrían podido comparar a la ley una cosa que no lo es, lo jurídico a lo antijurídico?. Comenzando por Constantino, la Iglesia intenta hacer penetrar en la legislación los preceptos evangélicos de forma que se traduzcan en normas precisas y concretas; la magnitud de la influencia podrá ser discutida, pero el fenómeno es seguro. Y no se diga que el precepto divino se hace jurídico solo porque el Estado se lo apropia; el precepto es por sí vinculante en la esfera espiritual y está revestido de las sanciones terrena y sobrenatural. Acogido por el Estado, adquiere la estructura que presenta su derecho, protegido por las sanciones que le son propias.

La Iglesia Católica nunca consideró ajena a su fin la función de ofrecer normas de conducta en la órbita humana, aún en aquellas relaciones disciplinadas por las leyes del Estado, como demuestra el conflicto históricamente seguro entre normas estatales y normas cristianas. Nunca se ha recluido en el ejercicio del Culto y en la administración de los sacramentos.

Sobre este punto la tradición de la Iglesia, hasta nuestros días, es constante. El pensamiento de los últimos pontífices es bien claro y preciso. Prescindiendo de la encíclica *Rerum novarum* de León XIII en el año 1891 y de la *Quadragesimo anno* de Pio XI en 1931, el mismo papa Pio XI en la *Divini Redemptoris* afirmaba que la "Iglesia en el cumplimiento de su misión, mientras mira a la felicidad eterna del hombre, trabaja también inseparablemente para su felicidad temporal". Ocuparse de la felicidad temporal quiere decir ocuparse de relaciones incluso puramente humanas y de carácter económico. Hace poco Pío XII, el 23 de enero de 1947, decía aún más tajantemente a los grupos italianos del Renacimiento Cristiano: "querer trazar una línea divisoria entre vida sobrenatural y natural, entre Iglesia y mundo, como si nada tuviesen que ver entre sí, como si los derechos de Dios no tuviesen valor alguno en toda la multiforme realidad de la vida cotidiana, humana y social, es completamente ajeno al pensamiento católico, es abiertamente anticristiano... es necesario por parte de la Iglesia misma una acción tenaz, perseverante para reconquistar y someter todos los campos del vivir humano al suavísimo imperio de Cristo... eso es lo que debe entenderse por Reino de Cristo".

Precisamente porque el derecho cristiano por su estructura y destinatarios se coloca en el mismo plano que el derecho positivo, el Pontífice reinante, en el discurso dirigido a los juristas católicos[21] podía decir que el jurista se mueve "entre lo infinito y lo finito, entre lo divino y lo humano", y podía hablar de leyes "injustas", en el sentido de leyes que no se ajustan a los preceptos cristianos, refiriendo lo injusto al derecho cristiano, es decir, a una entidad igualmente jurídica.

Recientemente Amintore Fanfani ha compilado una interesante *Summula sociale,* en la que se encuentran articulados los preceptos relativos al compor-

21 Incluido en «Ius», 1950, 103 sigts.

tamiento cristiano en la convivencia social, extraídos textualmente de los mismos documentos de los últimos papas, de León XIII a Pío XII.

Desde el punto de vista histórico citaré solo obras de Mons. Umberto Renigni[22] y de Iginio Giodarni[23], destinadas a iluminar, con la ayuda de una rica documentación, el contenido social tanto del Evangelio como de la obra de la Iglesia a través de los siglos. En lo que afecta a nuestro tiempo, las afirmaciones de escritores católicos son inequívocas. Recordaré entre todos a Maritain[24], De Lubac[25], Giacchi[26] y Journet[27].

Frente a esta doctrina concorde y esta práctica secular, observada desde los más antiguos cristianos hasta el Pontífice reinante, secundada y aprobada desde la más antigua Patrística hasta los escritores más modernos, ¿debemos decir que la Iglesia Católica se ha equivocado?. ¿Que ha traicionado el mensaje de Jesús, solo porque Lutero y una corriente doctrinal moderna, que inconscientemente le sigue, afirma que Cristo entendía que los fieles debían separarse de la vida terrena y de todo problema social, teniendo solo por meta el Reino de Dios?

La juridicidad contenida en el Evangelio fue bien pronto vista por la Iglesia que, gradualmente, según las exigencias de los tiempos, ha procurado traducir en normas positivas y concretas las enseñanzas de Jesús. El primer paso lo dio San Pablo. Los *Acta Apostolorum,* revelan la necesidad de un ordenamien-

---

22 *Storia sociale della Chiesa,* 8 vols. Milán 1907.

23 *Il messaggio sociale di Gesù,* 3.ª ed. Milán 1943; vol. II, *Gli Apostoli,* 2.ª ed. Milán 1946; vol. III, *I primi padri della Chiesa,* 2.ª ed. Milán, 1947.

24 *Christianisme et democratie; Le droits de l'home et la loi naturelle,* 1943; trad. ital. Milán, 1950: «es necesario que las energías del Evangelio pasen a la vida cotidiana, que la buena nueva anunciada para abrir el cielo y la vida eterna, trate también de transformar las sociedades terrenas en sus miserias y contradicciones. En el mensaje evangélico hay implícito un contenido político y social, que cueste lo que cueste, debe realizarse en la historia.»

25 *Catholicisme. Les aspects sociaux du dogme,* 4.ª ed., tr. ital. Roma, 1948, p. 322: «nada más superficial que la censura que se le dirige (a la Iglesia) de perder de vista la realidad inmediata y de descuidar los intereses urgentes del hombre, hablándole siempre del más allá... la expresión catolicismo social podría parecer un pleonasmo... la misión propia de la Iglesia no consiste habitualmente más en guiar el movimiento social que el intelectual, aunque puede ejercer sobre ambos una influencia incomparable». Véase también: *Le pouvoir de l'Eglise en matière temporelle,* en *Révue des Sciences Religieuses,* 1932, 329 sigts.

26 Ob. cit. p. 9 sigts.: «Esta sociedad de creyentes en Cristo, acogida en la Iglesia por Él fundada, no es solo una sociedad de espíritus; y no lo es, no solo y no tanto porque en todo fenómeno humano están íntimamente unidos lo temporal y lo espiritual, sino también porque en la esencia y en la misión de la Iglesia la intervención de los hombres como colaboradores de la obra de Dios ocupa un puesto fundamental... y porque, además en la obra y en la misión de la Iglesia está el esfuerzo de integrar, aunque con las distinciones necesarias, lo espiritual y lo temporal. El Cristianismo, en efecto, como lo entiende la visión católica, no es solo una doctrina que enseña los caminos de la vida interior y prepara a la vida ultraterrena, sino que es un sistema de pensar y de vivir, que quiere imprimir su huella... aun en la vida exterior del hombre y, por tanto, en la vida social, y construir un admirable organismo, en el que el espíritu tenga la primacía, aun en la vida de este mundo terrenal».

27 *Exigences chrétiennes en politique,* 1951.

to humano. La regulación de la vida terrena, aunque sea con fines sobrenaturales, está bien presente en las minuciosas disposiciones de las *constitutiones apostolicae* y de los libros penitenciales, en las primeras decretales o cartas de los papas, y en las decisiones conciliares, igual que en la Patrística de todos los tiempos. El espíritu se dirige al Cielo, que se quiere alcanzar a través de la estricta observancia de normas relativas a la vida terrena.

Los primeros encuentros entre Cristianismo e Imperio se producen en la esfera jurídica[28]. El dualismo que determina choques violentos y la eterna cuestión de las relaciones entre la Iglesia y el Estado, o sea entre el derecho divino y el humano, no hubiesen surgido como problemas jurídicos, si el contraste se hubiese limitado a la contraposición entre mundo y áscesis, pues entre estas entidades no pueden surgir conflictos. Aparecen en cambio, y se perpetúan, porque desde el primer momento el cristianismo pretende regular la vida humana en modo autónomo e independiente; la discusión secular está entre el Reino de Dios y el del César, o sea entre dos entidades comparables, igualmente jurídicas.

Nadie ha discutido nunca el carácter jurídico de aquella imponente compilación que es el Derecho Canónico, que desde la fundación de la Iglesia hasta el Codex de Benedicto XV, regula bajo el aspecto religioso no solo la organización eclesiástica y las materias religiosas sino también relaciones humanas que afectan a la religión. Lutero lo calificó de obra de Satán y desviación de la predicación de Jesús, pero no pone en tela de juicio su carácter jurídico; incluso se puede decir que, en cuanto admite el contraste con el pensamiento de Cristo, afirma plenamente su juridicidad, ya que la Iglesia Romana habría dado carácter jurídico a aquello que en la voluntad de Jesús rebasaba los esquemas jurídicos.

El derecho canónico es sin duda un ordenamiento que se coloca al lado del *ius Civile* para dar lugar al *utrumque ius,* que ha regido en casi toda Europa. Diversas razones pueden invocarse para explicar la importancia y el desarrollo del derecho canónico, aun en la órbita de las relaciones humanas, pero es seguro que la Iglesia jamás pensó durante siglos que su actividad, aun teniendo siempre la mirada fija en el cielo, debiera encerrarse en el simple ejercicio del culto. Y entonces, si indudablemente es jurídico el derecho canónico, ¿cómo admitir que sea antijurídico el punto de partida de que procede, o sea, el Evangelio?.

Para un protestante la contestación puede ser inmediata: negada la legitimidad de todo poder legislativo del Romano Pontífice, no es extraño que sea jurídico ese nuevo ordenamiento canónico, que supone una degeneración del mensaje de Jesús: no jurídico este, jurídico el derecho canónico, opuesto a la herencia y a la concepción cristianas. Pero también desde un punto de vista católico podría conciliarse aunque no sin esfuerzo la indudable juridicidad de los cánones con la no juridicidad del Evangelio, considerando los cánones como normas interpretativas o de ejecución respecto a los preceptos evangélicos pero esta posición sería poco sostenible, porque la Iglesia también incluye entre las fuentes del derecho canónico, ante todo, la Sagrada Escritura,

---

28 WENGER, *Ueber erste Berührungen des Christentums mit dem röm. Rechte;* sep. «Miscellanea Mercati», vol. 5 (1946).

es decir, le reconoce pleno valor jurídico, de orden superior, como fuente de derecho divino.

Esto nos lleva a considerar en sí el problema de la juridicidad del Evangelio, con independencia del derecho canónico.

¿Por qué no sería jurídico el mensaje evangélico? Mucho se ha discutido entorno a la juridicidad[29]. Podemos prescindir aquí del problema, ya que se niega la juridicidad al Evangelio sin asumir una posición determinada respecto al concepto de aquélla.

Si por juridicidad se entiende la cualidad de derecho del Estado, en el sentido de que solo serían jurídicas las normas emanadas o, al menos, reconocidas por el Estado, nuestra cuestión no surge siquiera, porque el cristianismo no tendría ese *crismas* formal, que sería la característica del derecho, como no lo tendría ninguna norma que no derive o sea reconocida por el Estado. El cristianismo sería entonces no jurídico, no por su intrínseca y específica naturaleza, sino solamente por su origen y sanción. Deberíamos decir que toda religión, por el solo hecho de serlo, está fuera del derecho; pero Leoni admite la juridicidad de la religión hebrea, mientras rechaza la del cristianismo.

Pero si la juridicidad se entiende en forma más general y, podemos decir, común, es decir, como obligatoriedad de normas de conducta impuestas al obrar humano y provistas de sanción en el sentido más amplio, no veo por qué motivo se debe negar carácter jurídico a la predicación de Jesús. No juridicidad quiere decir ausencia de normas y de responsabilidad: pero, ¿podemos negar seriamente que el Evangelio contiene normas o, al menos directrices generales para la conducta humana en la convivencia social? Los mismos mandamientos "amar a Dios sobre todas las cosas y al prójimo como a ti mismo", ¿no son, acaso, normas de conducta provistas de sanción?.

La predicación de Jesús contiene una orientación precisa de las acciones humanas: la indicación de lo que es necesario hacer para conseguir el premio celestial y de lo que es indispensable no hacer para evitar una responsabilidad. Premio y responsabilidad siempre preestablecidos. Que contemplen la esfera sobrenatural no excluye la juridicidad, como tampoco la excluye la fuente y el carácter puramente religioso de la norma. El Evangelio considera las relaciones del hombre con Dios y las de los hombres entre sí, regulándolas con normas sancionadas con premio y castigo; premio para la observancia, castigo para la transgresión. Tenemos el mismo esquema que encontramos en D. 1, 1, 11. no importa si de Ulpiano o interpolado, en el que, tras haber recogido la definición de derecho como *ars boni et aequi* y haber atribuido a los juristas la tarea de separar el *aequum* del *iniquum*, el *licitum* del *ilicitum*, se dice que los juristas *bonos non solum metu poenarum, nerum etiam praemiorum quoque exhortatione efficere cupientes.*

Tampoco se puede negar la juridicidad por el hecho de que la ley divina sea eterna, como advierte textualmente Jesús: *coelum et terra transibunt, verba autem mea non praeteribunt*[30]. La variabilidad puede ser carácter del ordenamien-

29 Para una referencia de las distintas doctrinas, véase OLGIATI, *Il concetto di giuridicità nella scienza moderna del diritto*, 2.ª ed., 1950.

30 MATTH. 24, 31.

to humano, pero la eternidad no excluye la juridicidad. ¿No se dice, acaso, y tampoco importa si la frase es genuina o justinianea que el derecho natural es aquel *quod semper bonum et aequum est?*[31].

Es extraño que Leoni afirme la juridicidad de la religión hebrea e incluso la contraponga a la no juridicidad del Evangelio, admitiendo que también desde este punto de vista, el Evangelio se presenta como un "extraordinario innovador". Dice a este propósito: "en la religión hebrea las relaciones entre la Divinidad y el pueblo elegido de los hijos de Abraham se desenvuelve en un plano que se podría denominar típicamente jurídico"[32]; "por otra parte, es la Divinidad misma, como resulta del Éxodo y del Levítico, la que dicta directamente a los jefes del pueblo hebreo y en particular a Moisés, una multitud de preceptos que tienen valor de verdaderas y propias normas jurídicas sobre el régimen de los esclavos y de los hijos, sobre las penas de los delitos contra la libertad, contra la integridad personal y contra la propiedad, sobre la responsabilidad civil por daños causados a un tercero, sobre procedimiento judicial y sobre otras muchas otras cosas[33]".

Existe, pues, indudablemente, un derecho hebreo, incluso un sistema jurídico completo, que en tiempos recientes constituye el objeto de doctas investigaciones histórico-dogmáticas. Y entonces, si para la religión hebrea se habla de un plano "típicamente jurídico", ¿cómo y por qué excluir la juridicidad del Evangelio, cuando la antigua ley no es rechazada por Jesús? Este advierte en forma perentoria: «*nolite putare quoniam veni solvere legem aut prophetas; non veni solvere sed adimplere.* La antigua ley sigue en pie: *iota unum aut unus apex non praeteribit a lege.* La antigua ley no es más que un perfeccionamiento de la precedente[34]. Jesús repite el Decálogo[35] y con su mismo comportamiento, empezando por la circuncisión, demostró que observaba fielmente la antigua ley. Varias veces previene contra la interpretación mezquina y literal de los fariseos: *vae vobis legis peritis quia tulistis clavem scientiae, ipsi non introistis et eos que introbant prohibuistis*[36]. La Iglesia ha considerado como libro sagrado el antiguo testamento penetrado y perfeccionado por el Evangelio. ¿Cómo admitir, pues, la juridicidad del Decálogo y negarla al Evangelio que se lo apropia? ¿Por qué sería netamente jurídica la tradición del Antiguo Testamento y no jurídica, en cambio, la predicación de Jesús que la continua y perfecciona? Es como decir que solo es jurídico el ordenamiento clásico y no el justinianeo, que lo acoge, aunque sea modificándolo en algunas partes.

Para Leoni, lo que confiere juridicidad a la religión hebrea, es su carácter contractual, que falta totalmente en el cristianismo, fundado en cambio sobre la Revelación. Leoni dice que en la primera "las relaciones... se desarrollan en un plano que podría definirse típicamente jurídico... derivan en efecto de un contrato ordinario, concluido entre la Divinidad y Abraham, según el relato

31 D. 1, 1, 11.

32 Ob. cit. p. 431.

33 Ob. cit. p. 432.

34 MATTH. 5, 17.

35 MATTH. 19, 18.

36 Luc. 11, 52.

del Génesis[37]. Partiendo de este contrato querido por la Divinidad y aceptado por Abraham...". Ante todo, si bien la Escritura habla de *foedus,* se trata de un pacto particularísimo, ya que los contrayentes no se encuentran en relación de igualdad que evidentemente no puede existir entre Dios y Abraham. Dios, en efecto, se califica de *protector tuus*[38] y *omnipotens*[39] y con tono de mando, no como un contrayente, dice a Abraham: *ambula coram me et esto perfectus.* El pacto o *foedus* no es más que expresión popular, construcción jurídica, para indicar de forma humanamente inteligible que Dios no defrauda las promesas hechas.

Aparte todo esto, ¿es verdaderamente cierto que la nota de juridicidad provenga solo del pacto, hasta el punto de negársela a todo aquello que no derive de él? Si así fuese, es decir, si la bien conocida doctrina romántica de Rousseau fuese el índice infalible de la juridicidad, la casi totalidad de los ordenamientos jurídicos, pasados y modernos, no serían tales.

Dios es siempre el mismo, tanto para los hebreos como para los cristianos; tiene los mismos atributos, y su posición respecto a los hombres es idéntica: siempre Padre y Señor omnipotente. Y entonces, si se admite que estamos vinculados en relación a Abraham, no se puede desconocer que también lo estamos por la predicación de Jesús, Dios Él mismo. Que la voluntad legislativa de Dios se manifieste directamente a Moisés o bien por medio de Jesús no constituye diferencia suficiente para atribuir carácter jurídico al primer modo de manifestación y no al segundo. Idéntica es la fuente (Dios), iguales los destinatarios (los hombres), coincidente en su mayor parte lo ordenado; la diferencia está solo en la forma de manifestación, o, si se quiere, en la distinta construcción jurídica: pacto en el primer caso, revelación en el segundo. La promesa hecha a los patriarcas no puede tener mayor valor jurídico que la otorgada por medio de Jesús, pues mientras en la primera la eficacia vinculante reposa solo sobre el pacto, en la segunda se apoya en la *fides,* o sea en la creencia de que Jesús es verdaderamente hijo de Dios, enviado por Él, para hacer conocer a los hombres su voluntad. Así la voluntad divina, aunque sea por medios diversos, enuncia siempre un conjunto de preceptos.

Se suele decir que la predicación de Jesús, en lo que tiene verdaderamente de nuevo y esencial, carece de aquella precisión que es propia de la norma jurídica. Esto es cierto, como también lo es que el Evangelio no es un código, comparable, por su estructura formal, con los códigos y leyes del Estado, ni Jesús es un legislador en el sentido humano de la palabra. Si quitamos el Decálogo, que contiene normas precisas y taxativas, el precepto fundamental: "ama al prójimo como a ti mismo", que representa el elemento nuevo de la predicación evangélica no señala ninguna norma determinada de conducta. En otras palabras, ese precepto no nos dice concretamente qué debe hacer o no hacer el propietario, el acreedor, el deudor, el Estado, por no citar más ejemplos. Pero precisamente la Iglesia, y también el Estado, si quiere inspirarse en los preceptos evangélicos tienen la misión fundamental de especificar y adaptar hasta el infinito aquel mandamiento, fijando actos y normas concre-

37 15 y esp. 17.

38 Gen. 15, 1.

39 Gen. 17, 1.

tas, diversas, según los tiempos y lugares. Son normas de ejecución de aquel precepto, al que no se puede negar carácter jurídico solo a causa de su enorme elasticidad y amplitud. Si por esa razón queremos rehusar el carácter jurídico del Evangelio, tenemos lógicamente que excluirlo también en todos los numerosos enunciados que encontramos en las Constituciones y declaraciones programáticas, hasta en nuestra recientísima Constitución de 1947, respecto a aquellos puntos que solo contienen orientaciones y directrices.

Pasemos a otros argumentos más sólidos. El más impresionante es el que se apoya en la ausencia de un vínculo por parte de la Divinidad. Mientras en la religión hebrea, precisamente a causa del pacto entre Dios y Abraham, encontramos una obligación contraída por la divinidad, todo esto falta en el cristianismo, Dios es padre y señor, nunca contrayente, se habla de *iugum* y *onus*, aunque *suave* y *leve*[40]. Dios es siempre omnipotente, tanto para los hebreos como para los cristianos; pero mientras en la fe hebrea Dios, precisamente por el pacto, se ha vinculado a sí mismo, este vínculo falta en el cristianismo.

Pero afirmar todo esto significa desconocer la esencia del cristianismo. La predicación de Jesús no dice tan solo: Dios, como señor, está por encima de todo y de todos y puede hacer lo que le plazca. Si así fuese, bastaba recordar la omnipotencia de Dios y de esta forma podía incluso concluir el mensaje. El Evangelio contiene además una serie de preceptos en la órbita humana y en las relaciones sociales, de cuya observancia depende el premio y de cuya violación deriva el castigo divino. Dios, en verdad, puede hacer lo que quiera; pero no falta una directriz jurídica. Es padre y señor, y estas denominaciones, trasladándolas al mundo jurídico romano, indican totalidad de poderes. Sin embargo, Jesús llama a los fieles, no súbditos y esclavos, sino solo *amici*, insistiendo en este concepto: *vos amici mei estis, si feceritis quae ego praecipio vobis. Iam non dicam vos servos, quia servus nescit quid faciat dominus eius, vos autem dixi amicos, quia omnia quaecumque audivi a Patre meo, nota feci vobis*[41]. Los amigos, pues, a diferencia de los esclavos o súbditos, respecto al dueño o tirano, saben lo que piensa y quiere Dios, quien se califica con preferencia *Pater*. Predomina, por tanto, el concepto de adopción y prohijamiento, más que el de esclavitud, que significa sujeción absoluta y despótica: *non enim accipistis spiritum servitutis... sed accipistis spiritum adoptionis filiorum*[42]. Esta relación se precisa por medio de la Eucaristía, por la que se produce la íntma comunión entre Jesús y el hombre: *in me manet et ego in illo*[43].

Jesús se llama a sí mismo *Magister* y *rabbi;* dice: *ego sum via*[44]; es pues el guía, esto es el que señala el camino a seguir; *vía* quiere decir norma; el fin, la meta sobrenaturales, pero la *vía* es terrenal y supone orientación, dirección de la conducta humana.

En virtud de la omnipotencia divina, Leoni, dice que "la previsión pierde toda importancia práctica" y que "lo sobrenatural se sobrepone imprevisible-

---

40 MATTH. 11, 30.

41 JOAN. 15, 14-25.

42 S. Pablo. Rom. 8, 14.

43 JOAN. 6, 57.

44 JOAN. 14, 6.

mente a lo normal[45]; esto conduce a la lógica conclusión de la no juridicidad, al faltar precisamente la consecuencia necesaria e ineludible de la premisa.

Pero esto no es verdad. El Evangelio es una continua previsión de efectos explícitos o implícitos, en el caso de observancia o transgresión de los preceptos divinos. ¡Cuántas veces se habla de premios y castigos, aunque sea en el orden sobrenatural!

Jesús promete, a quien observe su ley, el reino de los cielos y, al mismo tiempo mieses abundantes, bienes terrenos, seguridad, larga vida sobre la tierra, como hacía el Viejo Testamento[46]; pero se trata siempre de una promesa, como por el contrario, en el caso de transgresión, el castigo es fijo y determinado. Es claro que donde hallamos predeterminación de normas y fijación de consecuencias en el caso de inobservancia e inobservancia, tenemos los requisitos suficientes de la juridicidad. En la predicación evangélica hay algo más que en la ley humana. Esta, al cumplimiento del deber no atribuye consecuencias positivas fuera de la liberación del obligado y por tanto la exclusión de las consecuencias dañosas de la transgresión; el deudor que paga, se libra de la deuda, pero no recibe un premio, como no lo recibe el que no mata o no roba. Por el contrario, el Evangelio, al lado de las penas por la transgresión, establece premios para la observancia de la norma. Pero este concepto del premio, lo encontramos, también, como hemos dicho, en las Pandectas de Justiniano, a las que nadie negó nunca carácter jurídico.

Todo esto no basta. Es necesario, además, precisar la relación entre la voluntad de Dios y las normas puestas por Él. Todo el problema se centra aquí: ¿la misma bondad divina excluye quizá la juridicidad?

Dios por definición es omnipotente; pero omnipotencia divina no quiere decir arbitrariedad. Dios ha creado el mundo y puede también destruirlo con el mismo *fiat* con que lo creó, pero lo creado sigue una ley que Dios mismo impuso. La omnipotencia divina no anula la ley moral que Dios ha revelado a los hombres, sino que supone ejercicio de la caridad. La Teología enseña a poner la caridad al lado de la justicia, casi como elemento integrante de esta, incluyendo en la justicia todas las promesas contenidas en el mensaje evangélico; la justicia es la regla, la caridad es la moderación. El concepto de norma y por tanto de juridicidad puede coexistir perfectísimamente con la omnipotencia divina, en igual forma que la justicia coexiste con la caridad.

La plenitud de poder no excluye la juridicidad, siempre que esta se concrete en normas vinculantes. Quizá sea oportuno, como aclaración, un paralelo con el ordenamiento romano. En el Imperio se afirma el principio *"quod principi placuit, legis habet vigorem"*; efectivamente, el Príncipe es legislador y juez y a la exteriorización de su voluntad no se ponen límites jurídicos. Sin embargo, esto no quita que exista y se desarrolla, sobre todo en el Bajo Imperio, un derecho imperial y que aquella máxima se incluya por Justiniano en el mastodóntico Corpus Iuris cuya juridicidad nadie ha pensado negar a causa del absolutismo imperial.

---

45 Ob. cit. p. 39.

46 Lev. 26; Ex. 20, 12.

La omnipotencia divina no significa posibilidad de no aplicar la ley moral, ni de defraudar la divina promesa. Dios no ha prometido la intangibilidad de lo creado, sino, en forma precisa, premio al que cumpla su ley y castigo a quien la viole. En el orden físico, el milagro supone realmente excepción a la ley o exclusión de los presupuestos para su aplicación. Si queremos explicar con nuestro razonamiento humano que eso ocurra en determinadas circunstancias y a favor de determinadas personas, debemos reconocer siempre que tales hechos no ocurren al azar, sino sobre la base de un criterio o directriz, que se nos escapa, pero que, sin embargo ha de existir necesariamente. Luego siempre hay ley y norma, y si queremos hablar de excepción, debemos en todo caso admitir que esta obedece a una ley. Dios puede hacer todo, suspender la aplicación de una ley, transformar lo creado, pero mientras esto no suceda, tenemos que hablar siempre de leyes y excepciones, obedientes en todo caso a una directriz. Razonando como hombres, no cabe otra manera de pensar.

En el orden moral en cambio, no es posible hablar de milagros: Carnelutti dice que, con los milagros "no la necesidad, sino la suficiencia o en términos más claros, la infalibilidad de la ley aparece negada, y el milagro no es más que el ejemplo práctico, no de la inutilidad de la ley, sino de la necesidad de la excepción"[47].

Todo esto no es cierto. En el orden moral, milagro no significa más que heroísmo de la virtud, santidad superior a la conducta ordinaria, concedida o hecha posible en virtud de leyes que ignoramos, pero que son, sin embargo leyes, no suspensiones o excepciones de la ley. El milagro en este sentido no existe. Dios puede dar la vista a un ciego, como puede hacer santo a un hombre o empujar a un pecador al arrepentimiento, pero no absuelve arbitrariamente al pecador ni condena al inocente.

La doctrina de la justificación, expuesta por San Pablo en la Epístola a los romanos, demuestra que la gracia santificante se adquiere no en virtud de una voluntad arbitraria, sino de normas precisas y preestablecidas.

No es milagro ni expresión de arbitrariedad el hecho de que la sanción halle un correctivo en la caridad y subsiguiente perdón. Caridad y perdón no son distribuidas a placer, sino según una ley, de la que podemos tener un conocimiento imperfecto, pero que existe, porque Dios no puede ser más que entidad razonable. Quien viola la ley es castigado y el que se arrepiente es absuelto. El perdón no es milagro, ni excepción a la ley: es aplicación de otra ley, que es la ley del perdón. Aun en los ordenamientos humanos, al lado del código penal, ¿no encontramos acaso lo que corrientemente se suele llamar ley del perdón? Jesús no ha perdonado solo a una mujer adúltera, sino a cualquier pecador que esté sinceramente arrepentido, en aplicación precisamente de la ley del perdón.

Santo Tomás, estudiando la relación entre misericordia divina y justicia, dice: "*misericordia est Deo maxime attribuenda, tamen secundum effectum, non secundum passionis affectum*" y poco después: "*Deus misericorditer agit non quidem contra iustitiam sed aliquid supra iustitiam operando*"[48].

47 ob. cit. p. 13.

48 Summa Teol. 1, p. 21, art. 3.

También la caridad es ley, no solo en las relaciones entre los hombres, como es evidente, sino en relación con la divinidad: la caridad hacia el prójimo está colocada en el mismo plano que la de Dios hacia los hombres; esta última, incluso se pone como modelo de orientación de la caridad entre los hombres. Jesús dice en efecto: amaos como yo os he amado.

La caridad no anula la juridicidad de la norma, sino la completa, porque Jesús no deroga, sino que perfecciona la antigua ley. S. Pablo dice: *qui enim diligit proximum, implevit... plenitudo ergo legis est dilectio*[49]; y en otro lugar: *super omnia charitatem habete, quod est vinculum perfectionis*[50]; en consecuencia *plenitudo* y *perfectio.* Justicia y caridad no son términos contradictorios, sino ambas entidades jurídicas. La novedad de la predicación de Jesús está en haber colocado, junto a la antigua ley, otra entidad, igualmente jurídica, constituida precisamente por la caridad; al principio la ley lo era todo, ahora se añade la caridad que completa la ley.

Si queremos hacer un parangón con las ideas jurídicas romanas y para aclarar ideas, podemos decir que ley y caridad están en la misma relación que está el *ius* con respecto a la *aequitas.* Ahora bien la *aequitas* no anula la ley, sino que la adapta. Tanto las leyes como la jurisprudencia romanas invocan y hacen una larga aplicación de la *aequitas.* Una ley de Constantino llega hasta sancionar el principio: *in omnibus rebus praecipuam esse iustitiae aequitatisque quam stricti iuris rationem*[51]. Esta disposición ¿quita acaso valor jurídico a toda la legislación o hace inútil cualquier labor legislativa para el futuro? De igual forma que la referencia a la *aequitas* no significa confiar todo al arbitrio del juez, ni la *aequitas* puede identificarse con la famosa *aequitas cerebrina,* que es su degeneración, así es necesario excluir que la caridad destruya la ley y es absurdo pensar que la caridad de Dios sea arbitrio caprichoso.

Yo sostengo que la ciencia del derecho, si no quiere ser descripción de instituciones, vacía elucubración o concatenación de silogismos no es más que arte de lo justo[52]. ¿Cómo negar a Dios el ejercicio de este supremo arte? ¿Cómo excluir que Dios ejerza ese *quid,* que nuestro pobre y mísero lenguaje llama equidad?

La *aequitas,* de la que abundan las manifestaciones no solo en los derechos romano y canónico, sino también en las leyes hasta las modernas codificaciones, es un concepto jurídico, como método y como contenido. Es una noción inseparable, casi diría congénita del derecho, hasta tal punto que en la celebérrima definición dada por Celso, el derecho se identifica precisamente con la *aequitas.* Bien sé que la ciencia jurídica contemporánea en nombre del positivismo jurídico y de la seguridad del derecho quiere enviar al ostracismo la equidad, que tiene un puesto harto modesto en nuestro nuevo código civil, con relación al anterior. A este propósito me complazco en citar las palabras de Carnelutti, al que no se puede acusar de no ser jurista: "no se resuelve el

49 Rom. 13, 8-10.

50 Cor. 3, 12.

51 c. 3 C. 1, 18.

52 *Scienza del diritto come arte del giusto,* en: *Annali Sem. giur. Catania,* 4 (1950) y en «Ius», 1 (1950), 145 sigts.

problema del derecho, cuando no se encuentra en él un puesto para la equidad. Hasta ahora, más o menos conscientemente, la adoración de la ley ha expulsado la equidad del derecho. A lo más se la coloca en una posición subordinada a la ley. Las enseñanzas de Jesús invierten esa posición: puesto que la ley es insuficiente, se necesita algo en el derecho mismo para corregir sus errores"[53].

Ciertamente la caridad divina supera en mucho la *aequitas,* pero es siempre entidad jurídica que coexiste con la ley. Nuestra mente no puede escrutar los arcanos que mueven e impulsan la voluntad divina[54], mas se puede excluir que sea puro azar o arbitrio. Dios perdona a la mujer adúltera, no porque quiera, es decir, en razón de un simple acto de voluntad, sino por aplicación de la ley del perdón, ya que penetrando hasta el corazón de la culpable, ve que efectivamente está arrepentida. Y también en este juicio hay algo que lejanamente recuerda la juridicidad romana. Jesús no absuelve sin más, es decir, autoritariamente, sino que después de haber escrito en el suelo y esperado que todos los acusadores se hayan marchado, pregunta: *mulier, ubi sunt qui te acusabant? Nemo te condemnavit?* Puesto que ninguno la acusa y ninguno la condena, Jesús sentencia: *nec ego te condemnabo*[55]. Jesús está convencido de que la adúltera se ha arrepentido y por tanto no merece la condena; pero sigue, por así decir, un procedimiento análogo casi al humano, para el que no es posible proceso sin acusador.

En la parábola de los trabajadores, en la que se ha querido encontrar una clara manifestación de la voluntad divina, se trata de la aplicación de la ley del amor, y la cuestión se plantea en términos jurídicos. A los que murmuraban *adversus patremfamilias.* este no solo contesta reafirmando su poder *(aut non licet mihi quod volo facere),* sino que añade a quien se lamentaba: *non facio tibi iniuriam*[56]. Otro tanto podemos decir respecto a la parábola del hijo pródigo: a la recriminación del hijo mayor, el padre responde justificando su conducta no solo al proclamar su poder autoritario y absoluto, sino también alegando el cumplimiento de un deber: *epulari et gaudere oportebat quia frater tuus mortuus erat et revixit, perierat et inventus est*[57]. Nótese la fraselogía jurídica: *oportebat.*

Estos y otros ejemplos son aplicación de las leyes del perdón y de la caridad. Todo esto no excluye la juridicidad, del mismo modo que en la órbita humana no la hace desaparecer la posibilidad de indultos y amnistías.

Aún si quisiéramos referir todo a la voluntad divina absoluta e ilimitada, la juridicidad existiría también, porque esa voluntad no puede ser injusta, como dice Sto. Tomás: *unde quod secundum suam voluntatem facit, iuste facit; sicut nos quod secundum legem facimus, iuste facimus. Sed nos quidem secundum legem alicuius superioris; Deus autem sibi est lex*[58].

53 Ob. cit. p. 25 sigts.

54 S. Pablo, Cor. 1, 13; 19-12: *ex parie enim cognoscimus ex parte prophetamus... nunc cognosco ex parte tum autem cognoscam, sicut et cognitus sum.*

55 JOAN. 8, 1-11.

56 MATTH, 20, 15.

57 Luc. 15, 32.

58 Summa Teol. 1, p. 21, art. 1.

El hombre ciertamente no puede hacer valer ninguna pretensión frente a la divinidad, ni se puede considerar parte en el juicio final; pero esto no quita que el Evangelio contenga una promesa para los que observan sus preceptos y por el contrario una amenaza para quienes lo violen.

Si bien el hombre no tiene ninguna pretensión frente a Dios no es concebible que Dios, perfección absoluta, falte a su promesa, aunque esta no se concrete en un pacto como en la religión hebrea. En esto está la esencia de la *fides,* es decir, seguridad de que la promesa se mantendrá: *lex* y *fides* son, en este aspecto, términos equivalente. El cristiano está seguro, como dice S. Pablo: *scio enim cui credidit et certus sum quia potens et depositum meum servare in illum diem*[59]; *fidelis enim est qui repromisit*[60]. Aun en la órbita humana, ¿no es la *fides* un elemento jurídico, por encima de los tribunales y de la coerción externa? Si debiésemos ver la esfera jurídica solo bajo el aspecto del juez y del policía ¡cuántos campos tendríamos que considerar no jurídicos!

Contemplemos, p. ej. el Estado romano: entre el titular del *imperium,* sea magistrado republicano o príncipe, y el súbdito, no hay relación de igualdad, incluso existe en la conciencia jurídica romana una tendencia hostil a que el súbdito haga valer una pretensión frente al magistrado, que encarna el Estado. En forma análoga, ninguna relación de igualdad se establece entre *paterfamilias* y *filiusfamilias,* respecto a quienes el ejercicio de la potestas puede llegar hasta el *ius vitae et necis;* sin embargo, estamos siempre en el ámbito de lo jurídico. En todo caso es la *fides,* el sentido del deber, la moral la tradición, el buen sentido, el interés, lo que imprime juridicidad a la norma. Y si esto ocurre en el orden humano, ¿por qué excluirlo en el divino? Nosotros razonamos como hombres, y al razonar así, o sea confrontando el orden divino con el humano, no podemos negar la juridicidad al primero solo porque emane de la divinidad y presente sanciones ultraterrenas, cuando la estructura formal es idéntica.

Se ha dicho que el fundamento de la economía, entendida en sentido amplio, e incluyendo por tanto el derecho, es la previsión, que nace de poder deducir consecuencias necesarias de una premisa, como ocurre en la ley física: dado A. sigue necesario e ineludible B. Esto faltaría en el cristianismo: según Leoni "en la atmósfera de milagro y de voluntad divina, que es propia del cristianismo, la previsión pierde toda importancia práctica, mientras que constituye el fundamento de la actividad del hombre, sea antiguo o moderno"[61]. Pero esto no es exacto. En la concepción cristiana, la vida no está dirigida por el azar o el arbitrio divino, sino que obedece a leyes propias, precisas e ineludibles, puestas por la voluntad de Dios. La concepción del derecho natural como instituciones que "*divina quaedam providentia constituta semper firma atque immutabilia permanent*"[62], no sin alguna precedente en la doctrina estoica, es netamente cristiana, tanto que los antiguos intérpretes del Corpus Iuris identificaban *natura* con *Deus.* Tampoco el Evangelio es todo él una serie

59 Tim. 2, 1, 12.

60 Hebr., 10, 23.

61 Ob. cit. p. 439.

62 Inst, 1, 2, 11.

de milagros. Jesús cura a los leprosos, devuelve la vista a los ciegos, resucita a los muertos; la hagiografía registra una larga lista de milagros, pero todo esto no quita, antes bien, confirma, que los hombres nacen y mueren, las enfermedades aparecen y se curan, acaecen inundaciones y terremotos, según leyes fijas, preestablecidas por Dios. *Apud Deum autem omnia possibilia sunt*[63]; Dios puede hacer abundante o destruir la cosecha de mis campos, mas esto no impide que yo pueda prever una cosecha copiosa o mezquina, según que haya o no adoptado las normas técnicas necesarias para producir el resultado querido, de la misma forma que tras el invierno, se puede prever que vendrá el verano.

Otro argumento para negar carácter jurídico al Evangelio es su supuestto desinterés total por las relaciones jurídicas comunes entre los hombres. Tal desinterés se ha querido encontrar en la respuesta de Jesús a Pilatos; cuando este pregunta: *tu es rex Judaeorum?* Jesús responde: *regnum meum non de hoc mundo... nunc autem regnum non est hinc*[64]. Esto no quiere decir que reniegue de las relaciones humanas, puesto que la predicación de Jesús contempla sobre todo la conducta humana en la convivencia social, sino jerarquía entre el reino de Dios y el mundo. Jesús recomienda: *quaerite ergo primum regnum Dei et iustitiam eius et haec omnia adiicientur vobis*[65]. Siempre tiene presentes las necesidades terrenas. La plegaria que El enseñó dice: *panem nostrum cottidianum da nobis hodie*[66]; pan, en sentido no solo material, sino también espiritual; Jesús dice: *petite, et dabitur; querite, et invenietis; pulsate, et aperietur vobis; omnis enim qui petit, accipit; et qui quaerit, invenit; et pulsanti, aperietur... quanto magis Pater vester qui in coelis est dabit bona petentibus se!*[67]; y los milagros, desde la multiplicación de los panes y de los peces hasta el de la resurrección de Lázaro, ¿no suponen acaso preocupación por las necesidades y relaciones terrenas? Jesús no rechaza la vida terrena, niega solo que sea fin en sí misma, considerándola en cambio como una preparación. El fin es el reino de los cielos, que se consigue mediante la estricta observancia de las normas reveladas por Jesús, y estas se refieren también a la esfera humana y a las relaciones sociales. Cuando el cristiano dice: "*adveniat regnum tuum*", no pide en absoluto la destrucción del mundo, sino que este sea regulado en todo por la ley divina y esto es concebible solo admitiendo que esta ley pueda regir integralmente las relaciones humanas.

También la célebre respuesta dada por Jesús a los fariseos que le tentaban "dad al César lo que es del César y a Dios lo que es de Dios" que en todo tiempo y con diverso valor se ha considerado como la directriz de las relaciones entre la Iglesia y el Estado, no significa contraposición entre juridicidad de la esfera mundana y no juridicidad de la divina, sino diversa jerarquización entre ellas, distintas concepciones, diverso contenido, aun quedando siempre en el ámbito de lo jurídico. El precepto de Dios no es menos vinculante que el del César. Esta célebre frase no contiene una separación programática y

---

63 MATTH. 19, 26.

64 JOAN. 18, 33-37.

65 MATTH. 6, 33.

66 LUC. 11, 3.

67 MATTH. 7, 7-11.

predeterminada, sino solo provisional y contingente, un dualismo, que en el pensamiento de Jesús y de los emperadores cristianos, de Constantino a Justiniano, y de la Patrística hasta el siglo V, debía terminar siendo superado con el triunfo de la ley de Dios sobre la del César.

La ley divina se coloca en un plano más elevado, pero siempre es ley. Dice bien Carnelutti que aquella frase de Jesús enuncia solo "la condena de la concepción teísta del Estado, que atribuye a este la omnipotencia y reconoce en él la fuente del derecho... esa frase implica la subordinación del ordenamiento humano al divino"[68]. Un incrédulo, al rechazar la divinidad de Jesús y su mensaje, puede negar esa subordinación, pero no puede negar que la órbita de Dios sea jurídica, igual que la del César.

Discutidos los argumentos con los que se ha querido demostrar la no puridicidad del Evangelio, podemos comprobar, en cambio, que los elementos jurídicos abundan. Encontramos terminología jurídica y planteamiento de problemas como podía plantearlos cualquier ordenamiento civil. Que sean resueltos en forma distinta que por la ley civil, no tiene importancia para determinar su juridicidad, como tampoco la tiene, en este aspecto, el hecho de que se presenten algunos problemas indiferentes para la ley civil y viceversa, de igual forma que no quita juridicidad el hecho de que en un ordenamiento se contemplen determinadas relaciones de las que otro se desentiende, o que en una época histórica el ordenamiento jurídico se ocupe de relaciones que en otra resultan irrelevantes.

El lenguaje es jurídico, o sea es el mismo, que adoptan la legislación y la jurisprudencia civil. El Evangelio es calificado por el mismo Jesús como *lex* y *iustitia*[69]. Ciertamente se trata de *iustitia* de orden superior, pero siempre *iustitia,* que indica conformidad a normas preestablecidas; la correlación entre *ius* y *iustitia* es obvia. Al *doctor legis,* que interroga: *magister, quod est mandatum magnum in lege?,* Jesús responde hablando de *maximum et primum* y de *secundum autem simile*[70]; dice: *iudicium meum iustum est*[71]*;* en la última cena: *mandatum novum do vobis*[72]; y después: *hoc est praeceptum meum*[73]. S. Pablo habla de *lex quidem sancta, et mandatum sanctum, et iustum et bonum*[74].

Desde los tiempos más antiguos la Iglesia, para dar ejecución a los preceptos evangélicos, fija algunas prescripciones, llamándoles *canones* (*divini o ecclesiastici canones*), tomando el término del uso común, en el que indica regla y normalidad. Tradicionalmente, también en las leyes romanas el mensaje de Jesús se califica como ley divina, poniéndola al dado de la ley humana, y a veces contraponiendo a ambas, *iustita, lex, mandatum, praeceptum* son términos jurídicos, en cuanto significan normas de conducta humana y conformidad

68 Ob. cit. p. 19 sigts.

69 Matth. 5, 6; 5, 10; 5, 20; 6, 33, etc.

70 Matth. 22, 36.

71 Joan. 5, 30.

72 Joan. 13, 14.

73 Joan. 15, 12.

74 Rom. 7, 12.

con ellas. ¿Por qué deberían perder su valor jurídico solo porque procedan de Jesús y no de un emperador o jurista cualquiera?.

La función instrumental de la ley, precisada por la ciencia jurídica contemporánea, se reconoce abiertamente siempre que se prometen premios y se amenazan castigos. El esquema es jurídico: si quieres entrar en el reino de los cielos, debes comportarte de este modo; por el contrario, si contradices la ley, serás castigado de esta forma. La ley se configura como medio, o sea, según se suele decir, constituye norma técnica, en el sentido de que se dirige a obtener un determinado resultado. A través del establecimiento de premios y castigos, Jesús quiere hacer mejores a los hombres en sus relaciones humanas.

Junto a los dogmas, paulatinamente declarados por la Iglesia, encontramos todo un sistema de normas reguladoras de las relaciones humanas, no diversas en su estructura formal de las del Estado. ¿Podemos decir que la noción abstracta de delito sea distinta de la de *peccatum* solo porque la esfera de este último afecte también a las relaciones con la divinidad? ¿O que, la pena divina sea conceptualmente diferente de la estatal solo porque contemple la vida futura y la aplique Dios y no jueces de toga? El precepto mosaico no matar, no robar, no cometer adulterio, literalmente repetido por Jesús, ¿debería ser jurídico cuando lo proclama Moisés y no jurídico cuando lo dice Jesús en los mismos términos, cuando ambos derivan siempre, aunque en grado diverso, de Dios?

Nadie ha negado nunca carácter jurídico a la disposición de muchos códigos modernos que sancionan el principio de la indisolubilidad del matrimonio; y entonces, ¿por qué debería ser no jurídico el principio análogo que encontramos en la Sagrada Escritura? Tendremos diversas fuentes, otro fundamento, diferente sanción; pero el precepto sigue siendo el mismo. Si la cuestión afecta a la fuente, es decir, si decimos que derecho es únicamente el del Estado, entonces toda discusión, como ya he dicho es desde luego imposible.

La idea de la justificación es jurídica, comparable a la doctrina de las eximentes y atenuantes en la órbita humana. La parábola del sábado demuestra solo una relación de jerarquía entre dos preceptos, pues el que refiere al sábado cede ante otro de orden superior. La justificación es la finalidad benéfica, que puede excusar incluso la violación de la norma: no pecó David, como no peca Jesús cuando trabaja el sábado, precisamente porque lo hace con la finalidad de practicar el bien[75]. No es que el fin justifique el medio, sino que un precepto se subordina a otro. ¿Acaso se sitúan todas las normas jurídicas en el mismo plano? Es posible aplicar mecánicamente la ley, como pretendían los fariseos, pero esto no quita que sea jurídica la doctrina romana, desarrollada por los intérpretes medievales y sostenida por una corriente de juristas modernos, relativa a los actos *ad emulationem,* que condena una acción solo porque se ejecuta *animo nocendi.*

Y ¿no es quizá más jurídica la investigación penetrante de la voluntad para determinar la responsabilidad, que atender a la simple realización del acto, como en la ley mosaica? La relación entre *verba* y *voluntas* o sea entre acto y querer interno, es un problema que los romanos plantearon y discutieron

---

75 Marc. 2, 27.

desde la época de la república. La ley de Cristo no se limita a considerar el acto externo, sino que escudriña la conciencia íntima, ya sea con vistas a la responsabilidad o al perdón; pero al hacerlo resuelve un problema jurídico, y jurídica es la advertencia: *nolite iudicare secundum facies, sed iustum iudicium iudicate*[76].

La ley civil puede resolver el problema en forma distinta de la seguida por Jesús: múltiples razones pueden sugerir que solo se tenga en cuenta el acto; pero todo esto no quita carácter jurídico al problema. Entre el pensamiento y la acción hay todo una gama de fases y situaciones valorables jurídicamente: que la ley se detenga en un punto determinado y no en otro, tiene poca importancia para la juridicidad del problema.

Visión jurídica tiene también el juicio universal. En la exposición de Mateo[77] vemos *filius hominis in maiestate sua* y los ángeles *super sedem maiestatis suae;* están reunidas *omnes gentes,* separados *oves ab haedis;* después se pasa a la justificación de cada una, valoración de méritos y deméritos y, por último, la sentencia final. El genio de Miguel Ángel lo representa antropomórficamente, la fila de premiados separada de los penados; pero en cualquier forma que queremos concebirlo, incluso menos materializado, es indudable que se trata de un juicio. No sabemos el procedimiento y las formas, mas siempre es un proceso en cuanto contiene: presencia del acusado, determinación de responsabilidad y condena o absolución. Moisés se presenta como acusador[78]. Esquema perfectamente jurídico. Jesús absuelve a la mujer adúltera, no porque sí, es decir, no "juzga y manda como le place", sino como se ha dicho, planteando la cuestión en términos jurídicos o sea, sobre la base del arrepentimiento.

Jurídica es la concepción del *Corpus misticum.* La unidad y la transcendentalidad se concentran en la plegaria: *quos dedisti mihi, ut sint unum, sicut et nos... ut omnes unum sint, sicut tu Pater, in me et ego in t, e, ut et ipsi in nobis unum sint... ut sint unum, sicut et nos unum sumus*[79]. Este concepto es desarrollado por S. Pablo: *etenim in uno Spiritu omnes nos in unum corpus baptizati sumus, sive Judaei, sive gentiles, sive servi, sive liberi... nunc autem multa quidem membra, unum autem corpus... vos autem estis corpus Christi, et membra de membro...*[80]. La cuestión histórica de si los romanos tuvieron la noción de persona jurídica o más bien si la doctrina cristiana ha determinado, o al menos, contribuido a determinar esa noción no nos interesa aquí; importa solo hacer notar que se trata de un concepto jurídico, incluso de la más alta, transcendental y universal concepción de persona jurídica.

Elemento jurídico encontramos también en la advertencia: *nolite iudicare ut non iudicemini*[81]. Jesús no dice pura y simplemente "no juzguéis", sino, no juzguéis para no ser juzgados; la sanción está en la sumisión a ese mismo juicio con el que se ha juzgado: *in quo enim iudicio iudicaveritis, iudicabimini; et in qua*

---

76 Joan. 7, 24.

77 25, 31-46.

78 Joan. 5, 45.

79 Joan. 17, 11-23.

80 Cor. 1, 12, 13-27.

81 Matth. 7, 1.

mensura mensis fueritis, remetietur vobis. En esencia es el principio romano: *quod quisque iuris in alterum statuerit ut ipse eodem iure utatur*[82].

Jurídico es el fundamento del poder enunciado por Jesús cuando dice a Pilatos: *non haberes potestatem... nisi tibi datum esse desuper*[83]. Es precisamente este fundamento teocrático, el que reafirmado por S. Pablo[84], desarrollada por la Patrística y aceptada por los emperadores, domina toda la Edad Media. Que después se haya abandonado, que haya hecho sonreír a Rousseau, que hoy no satisfaga ya, no quita a ese principio su carácter jurídico.

Valor jurídico tiene indudablemente la proclamación de la igualdad entre todos los hombres, según la tajante declaración de S. Pablo: *non est Judaeus, neque Graecus, non est servus, neque liber: non est masculas neque femina, omnes enim vos unum estis in Christo Jhesu*[85]; *omnes... sive Judaei, sive gentiles, sive servi, sive liberi et omnes in uno Spiritu potati sumus*[86]. ¿Qué legislación antigua ha proclamado la igualdad en forma tan total o que comunidad humana la ha practicado nunca de modo tan pleno, como los antiguos cristianos, que se reunían en las catacumbas, iguales todos sin diferencia alguna, para rezar, vivir y morir, juntos como hermanos en la misma fe? Mientras le igualdad proclamada por los estoicios, no iba más allá de un pensamiento filosófico o de una blanda aspiración, hasta el punto, de que no actúa en la legislación ni siquiera cuando Séneca era prefecto del pretorio, el enunciado de S. Pablo tiene toda la fuerza vinculante de la orden divina e influye sobre la legislación imperial, determinando un *favor libertatis.* Este, aunque sin producir la desaparición de la esclavitud, ha obrado en forma mucho más amplia y consciente que en época pagana, bajo el influjo estoico.

Causa por ello no poca sorpresa que un estudioso agudo como es Leoni, pueda escribir: "enemigo del esquema jurídico en religión, el cristianismo revela en su teoría de la desigualdad su naturaleza profundamente ajena a la idea del derecho... Esta visión antijurídica o si se quiere no jurídica se ve con particular evidencia en las epístolas... toda la polémica paulina tiende, creemos, a poner en evidencia, mediante la negación de la idea de igualdad, la no juridicidad, y en el orden religioso, incluso la antijuridicidad del cristianismo. El esfuerzo de S. Pablo se dirige precisamente a dar una interpretación antijurídica de los mismos textos sagrados del antiguo hebraísmo"[87]. Recuerda también una frase de Tröltsch, quien afirma que el poder de la divinidad sobre el hombre "se rebela contra la absoluta y abstracta idea de igualdad".

Aquí se esconde un equívoco, que el jurista descubre inmediatamente. Igualdad no significa trato mecánicamente igual, puesto que cada caso concreto, aun estando comprendido en la misma categoría, presenta tal variedad que sujetarlos a idéntico trato conduciría a intrínseca y verdadera desigualdad. Así se explica la aparente disparidad de trato en la parábola del viñador

82 D. 2, 2.

83 Joan. 19, 11.

84 Rom. 13, 1.

85 Galat. 3, 28.

86 Cor. 1, 12, 13.

87 Ob. cit. p. 436.

y en la de la oveja perdida; ambas confirman que la igualdad va referida al individuo en particular y a la hipótesis concreta. En definitiva, como ya he dicho, se trata de la aplicación de la *aequitas,* que literalmente significa precisamente igualdad. En efecto, como reconoce Leoni[88], el cristianismo se alzó "contra la idea de la igualdad abstracta"; pero esto confirma la juridicidad de la norma, pues una aplicación mecánicamente igual de la ley no ha existido sino entre pueblos bárbaros y primitivos. La consideración de lo concreto es prueba de progreso y refinamiento jurídico, como muestra el desarrollo del derecho romano y de su jurisprudencia y va al mismo ritmo que la formulación de conceptos abstractos: conforme uno se remonta hacia lo abstracto se siente la necesidad de descender a lo concreto.

La epístola a los romanos es todo un razonamiento jurídico: comienza con afirmar *quicumque in lege peccaverunt per legem iudicabuntur*[89]. El mismo Leoni, tras negar y admitir tantas cosas reconoce que "si Pablo combate el esquema religioso contractual, parece sin embargo mantenerse en un plano jurídico"[90]. Y en verdad es difícil negarlo, cuando toda la epístola gira en torno a la noción de ley, sobre su conocimiento y observancia, sobre la justificación y casos análogos. Posiciones, por tanto, exquisitamente jurídicas. Que San Pablo, después, no se encuentre "en el mismo plano que los estoicos y de todos los que propugnaban el ideal griego de la ley universal para todos y perfectamente accesibles a la razón"[91], que se ponga en contraste "con el ideal racionalista estoico"[92] no nos interesa aquí en absoluto, porque todo eso no priva de juridicidad a la doctrina del Apóstol. Que según esta doctrina, la verdadera religión "no esté ya basada en el contrato" es ciertísimo; pero, como hemos dicho, el pacto no es la única característica de la juridicidad ni la fuente exclusiva del derecho. Pero no es exacto que tal doctrina esté basada "no ya en normas rígidamente establecidas de cuya observancia derive la recompensa segura, sino sobre la fe en Dios, que dispone a su gusto de los hombres, sin una obligada consideración de los méritos y deméritos"[93]. Esta última afirmación, que en el fondo resume el leit-motiv de la tesis de Leoni, requiere mayor atención.

Que la ley divina no es rígida, porque está atenuada por la caridad en la misma forma que el *strictum ius* está suavizado por la *aequitas,* es absolutamente cierto, pero no puedo pasar en silencio la grave afirmación de que Dios dispone de los hombres "a su gusto" como si fuese un dictador o déspota de este mundo y de que juzga a los hombres "sin consideración de sus méritos y deméritos". ¿El juicio final no se celebra acaso sobre la base de méritos y deméritos? Se separa a los buenos de los malos a capricho o se distribuyen quizá premios y castigos al azar? ¿Sería esa justicia divina? Interesante es a este propósito la observación de San Pablo, siempre en la epístola a los romanos. El Apóstol recuerda las palabras de Dios: *Jacob clilexi, Esau autem odio habui;* pero

---

88 Ob. cit. 436.

89 2, 12.

90 Ob. cit. p. 437.

91 Ob. cit. p. 436.

92 Ob. cit. p. 435.

93 Ob. cit. p. 438.

al momento añade: *quid ergo dicemus? Nunquid iniquitas apud Deum? Absit.* La justificación es obra de la misericordia divina: *igitur non volentis neque currentis sed miserentis est Dei... ergo cui vult miseretur, et quem vult indurat.* Aunque $e dice *cuius vult* y *quera vult,* siempre se nos lleva a la ley del perdón y del castigo. No se trata de arbitrio, sino de la imposibilidad para el hombre de resistir a la voluntad de Dios, de la misma forma, dice el Apóstol, que la arcilla no puede resistir a la voluntad del alfarero, que sabe sin duda lo que quiere y dirige su actividad a alcanzar el fin que se propone.

San Pablo concluye: *verbum enim consumans et abbrevians in aequitate*[94]. El mismo concepto se encuentra poco antes, cuando se contrapone lo que al hombre parece justicia, pero es iniquidad, a la justicia divina: *si autem iniquitas nostra iustitiam Dei commendat, quid dicemus? Numqud iniquus est Deus, qui infert iram (secumdum hominem dico). Absit: alioquin quomodo iudicabit Deus hunc mundum?*[95].

En todo este discurso se manejan ideas y concepciones jurídicas: la voluntad de Dios es absoluta, pero no arbitrio (*iniquitas absit*), más bien se agota *in aequitate.*

Todo esto demuestra la omnipotencia divina, la enorme e inconmensurable distancia que media entre justicia humana y divina, que precisamente por ser más perfecta, es siempre justicia, pero no significa en verdad "destrucción de todo esquema jurídico" y mucho menos la conclusión de que "frente a Dios, nada se puede prever, nada se puede pretender, no queda más que aceptar su voluntad"[96].

Hacer la voluntad de Dios, como se dice comúnmente, quiere decir obediencia total, favorable o desfavorable, como cuando las partes se presentan ante el juez y aceptan previamente su decisión sobre la base de una norma preestablecida. ¿No hay acaso un elemento de discriminación en el juicio final, cuando según la narración de Mateo, Dios separará *oves quidem a dextris suis, haedos autem a sinistris* y se llama a los primeros *iusti?* No es distribución casual, sino según las obras de cada uno, y la calificación de *iusti* indica que sus obras son conformes a la ley divina. Juan distingue objetivamente: *et procedent qui bona fecerunt, in resurrectionem vitae; qui vero mala egerunt, in resurrectionem iudicii*[97]. Ciertamente Dios puede hacer pasar de una a otra categoría, pero siempre hay un elemento objetivo tomado de la conducta individual. Si omnipotencia e inmensidad de Dios debieran entenderse en el sentido de Leoni, todo el mensaje de Jesús sería superfluo.

El hombre no es una marioneta en manos de Dios, que Este pueda mover, premiar o castigar a su antojo. Dios ha atribuido al hombre la libertad y al mismo tiempo le ha puesto delante la ley que supone indicación de dos caminos: el del bien, que conduce al premio, y el del mal que acarrea castigo.

---

94 9, 13-28.

95 3, 5-6.

96 Ob. cit. 438.

97 JOAN. 5, 29.

Siempre hay libertad y predeterminación de consecuencias, favorables o desfavorables, que en la aplicación concreta, llevan la huella de esa misericordia y caridad, que es atributo señero de la divinidad.

La ley que impone una determinada norma de conducta, coexiste con la que concede el perdón al transgresor que está efectivamente arrepentido. Tanto la norma de conducta como el perdón son igualmente entidades jurídicas; solo es necesario que se verifiquen realmente los presupuestos para la aplicación del castigo o del perdón. Dios no puede dejar de perdonar a quien de verdad se ha arrepentido, porque así lo ha querido. ¿No contienen acaso una promesa precisa las palabras de Jesús: *quorum remiseritis peccatis, remittuntur eis?*[98].

El premio o la pena no se dan arbitrariamente, sino según el mérito y demérito. Según San Pablo en la epístola a los romanos: el hombre no puede obtener el perdón, es decir, no puede arrepentirse ni merecer premio solo con sus fuerzas; la justificación es obra de la gracia, que es don gratuito de Dios y que en la medida suficiente para la salvación eterna, se da indistintamente a todos, porque *Deus vult omnes homines salvos fieri et ad agnitionem veritatis venire;* pero es arbitrio divino dar a uno mayor o menor abundancia de gracia, como demuestra la parábola de los talentos: todos tienen la gracia suficiente (al menos un talento), pero se premia o se castiga según el mérito o el demérito de cada uno y la cantidad de gracia que se ha recibido. ¿No hay en todo esto una valoración jurídica de la conducta humana? Hacer buen uso del don de Dios reporta alabanza y premio, como inversamente el abuso o tan solo el no uso de ese mismo don acarrea castigo. Todo ocurre en forma precisa, en cierto sentido casi aritmética; Jesús dice en efecto: a quien más se da, más será exigido.

No es verdad que Jesús se desentienda de las relaciones humanas y de los bienes terrenos y aun patrimoniales, desde el momento en que uno de los mandamientos (el de la caridad) trata precisamente de las relaciones humanas en esta tierra. La expresión "mi reino no es de este mundo" y consiguiente separación entre la esfera de Dios y la humana, no significa en efecto desinterés por las relaciones humanas.

Se alude al matrimonio, que se convierte en figura jurídica, como resulta del episodio de la samaritana[99]. La regulación completa es ciertamente de la Iglesia, pero el enfoque está ya en el Evangelio.

En cuanto a las relaciones patrimoniales, de la exhortación evangélica de dar la túnica a quien te quita el manto, se ha deducido indiferencia a disciplinar las relaciones entre lo tuyo y lo mío. La deducción es errónea. Ese precepto no pretende premiar al ladrón ni anular la propiedad, sino que igual que el que ordena ofrecer la otra mejilla a quien nos abofetea, quiere prohibir la reacción y sugerir el perdón. Es el extremo a que puede llegar la caridad cristiana: perdonar al que nos ofende. La caridad se debe ejercer no solo hacia el amigo o el extraño, sino también hacia el enemigo y el que nos ultraja.

Jesús no excluye las relaciones patrimoniales ni pretende anular los confines entre lo tuyo y lo mío. El hurto, tomado del Decálogo, es reconocido como

98 Joan. 20, 23; Matth. 18, 18.

99 Joan. 4, 16-18.

pecado[100]. Jesús recomiendo prestar gratuitamente a quien lo solicita: *et volenti mutuari a te non averteris*[101], al mayordomo se pide la rendición de cuentas[102] y se censura al siervo por no haber hecho rentar el dinero[103]. Exhorta a vender y a dar a los pobres[104]; aun cuando esos preceptos están enunciados metafóricamente, es evidente que Jesús no habría presentado esas parábolas si tales actos fuesen ilícitos o indiferentes. De forma que su licitud está fuera de duda.

Se puede decir solamente que las relaciones patrimoniales no tienen para Jesús la importancia que tenían en el mundo pagano, en el que la riqueza y la satisfacción de las necesidades materiales era la aspiración general de la vida. Jesús no desprecia los bienes de este mundo: los subordina a los espirituales. Es preciso desear ante todo el reino de los cielos; el resto no es indiferente, pero se concibe como una añadidura[105]. Jesús condena, no los bienes de la tierra, sino el apego excesivo a ellos, porque puede conducir a descuidar la vida eterna. No hay repulsa, sino jerarquización, de la misma forma, que no hay repulsa sino jerarquía entre el reino de Dios y el de los hombres, entre la esfera de Dios y la del César.

Y hay siempre una cuestión de jerarquía de valores en el consejo que Jesús da al adolescente, que, consciente de haber observado todos los mandamientos *(omnia haec custodivi a iuventute mea)*, pregunta ingenuamente: *quid adhuc mihi deest?;* a lo que Jesús responde: *si vis perfectus esse, vade, vende quae habes et da pauperibus et habebis thesaurum in coelo; et veni, sequere me.* El adolescente se aleja triste *(abiit tristis)* porque *erat enim habens multas possessiones*[106]; y a este propósito Jesús pronuncia la famosa frase de que es más fácil que un camello pase por el ojo de una aguja que entre un rico en el reino de los cielos.

Aquí se trata de la perfección (*si vis perfectus esse*); no se rechaza la riqueza, sino que se indica el modo de emplearla; se sugiere que hay que preferir siempre un tesoro en el cielo a otro en la tierra. Jesús no obliga a nadie a vender todo: Lucas dice *quod superest*[107], y Zaqueo se salva dando a los pobres la mitad de sus bienes. De otra forma todos los ricos se harían pobres y todos los pobres ricos.

Jesús desea proclamar el mérito inmenso de la limosna, expresión de caridad a los ojos de Dios. Con esto no quiere destruir de golpe riqueza y pobreza, sino aproximar el rico al pobre por medio de la candad, como se dice en los Proverbios[108]: *dives et pauper obiaverunt sibi; utriusque operator est Dominus.* Es una orden no para aquel momento sino permanente; el Divino Maestro dice

100 Luc. 18, 20.
101 MATTH. 3, 42.
102 Luc. 1, 2.
103 Luc. 19, 22.
104 Luc. 18, 23.
105 MATTH. 6, 33.
106 MATTH. 19, 16-22.
107 11, 41.
108 22, 2.

que siempre habrá pobres: *pauperes enim semper habetis vobiscum*[109] para probar en el hombre la caridad. Dios puede convertir en rico al pobre y viceversa; pero quiere que el rico socorra al pobre por medio de obras de caridad.

La riqueza aparece también como medio de salvación. A propósito del episodio del siervo infiel, Jesús enseña: *facite vobis amicos de mammona iniquitatis*[110]; luego hasta *mammona iniquitatis* puede servir cuando sea rectamente usada.

El deber de socorrer a los pobres que se encuentra ya en el Antiguo Testamento[111], reafirmado muchas veces por Jesús en el marco del amor[112], no supone anulación de la riqueza, como tampoco pretendía suprimirla el derecho hebreo, que contenía el mismo precepto[113].

Jesús exalta la pobreza, glorifica a los que la sufren, pero no condena la riqueza como tal. Dice a sus discípulos: *dives difficile entrabit in regnum coelorum;* no dice, pues, imposible, como si la riqueza fuese un pecado, sino difícil; habla de *difficile* y de *facilius*. Y es difícil porque el rico se inclina a preferir la riqueza a los bienes celestiales; por eso Jesús dice: *vae vobis divitibus, quia habetis consolationem vestram*[114]. Quien está apegado a la riqueza tiene en ella la gloria que desea. Ante la gran sorpresa de los discípulos que preguntan: ingenuamente: *quis ergo poterit salvus esse?*, Jesús responde: *apud homines hoc impossibile est; apud Deum autem omnia possibilia sunt*[115]. Para el hombre es imposible que el camello entre por el ojo de la aguja, pero para Dios es siempre posible que el rico se salve.

Una aplicación de esto se encuentra en el episodio de Zaqueo, *princeps publicanorum et ipsi dives;* a la invitación de Jesús *hodie in domo tua oportet manere*), dice: *ecce dimidium bonorum meorum, Domine, do pauperibus;* y Jesús responde: *hodie salus domui huic facta est*[116]. Tenemos, pues, ejercicio de la caridad y misericordia divina, orientada en el sentido de que el rico se salva siempre que use de la riqueza conforme a los preceptos evangélicos. Jesús condena, no los bienes de la tierra en sí, sino su abuso, la avaricia con que se acumulan, el apego a ellos, la codicia, o sea la insatisfacción de lo que se tiene y que puede conducir incluso a invadir la esfera ajena. Niega, en definitiva, la concepción pagana, que hacía residir en la riqueza todo deseo y todo placer. Jesús advierte: *cavete ab omni avaritia; quia non in abundantiam cuisquam vita eius est ex his quae possidet*[117]; es necesario acumular tesoros, no sobre la tierra, sino en el cielo[118]; no hay pues exclusión, sino subordinación. A los discípulos contentos por haber comido, dice: *operamini non cibum qui perit, sed qui permanet in vitam*

---

109 Joan. 12, 8.

110 Luc. 16 9.

111 Deut. 15, 11; Eccl. 14, 13; Tob. 7, 12; Ex. 18, 7; Dan 4, 24; Salm. 4, 20; Prov. 19, 17; 14, 31; Is. 58, 7.

112 Luc. 11, 41; 12, 33; 14, 13; 13, 30; 16, 19.

113 Véase también Matth. 5, 42.

114 Luc. 6, 24.

115 Matth. 19, 23-26.

116 Luc. 19, 1-1.

117 Luc. 12, 15.

118 Matth. 6, 19.

etemam[119]. La parábola del sembrador se explica así: *qui autem seminatus est in spinis, hic est qui verbum audit, et sollicitudo saeculi istius, et fallada divitiarum suffocato verbum et sine fructu efficitur*[120]. Jesús rechaza, no toda riqueza sino la mammónica, es decir, su divinización, por la que el hombre es arrastrado a colocar en el mismo plano a Dios y a Mammon; no se puede en efecto adorar a los dos: *nemo potest duobus dominis servire... non potestis Deo servire et mammonae*[121]. La riqueza se convierte en mammónica y es condenada, solo cuando, cual señora, se quiere poner al mismo nivel que Dios. Y precisamente por esto, Jesús expulsa del templo *negotiatiores* y *nummularii;* el comercio no en sí ilícito, se hace tan solo ilícito cuando transforma el templo de Dios en templo del comercio: *nolite facere domum Patris mei domum negotiationis*[122].

Esta jerarquía de valores, juntamente con los límites al uso de la riqueza ¿no son acaso principios jurídicos, o sea orientaciones de la conciencia humana?

Si queremos hacer una comparación con la ley civil diremos: esta se ocupa preferentemente de las relaciones patrimoniales, pasando por alto todo lo que se refiere a lo sobrenatural; el mensaje evangélico, en cambio, contempla el fin sobrenatural, sin descuidar las relaciones mundanas, vistas, sin embargo, en función del fin primero y esencial.

Jesús no se desinteresa de las relaciones y de las necesidades humanas. De otro forma tendríamos que negar la humanidad de Cristo, volviendo a la herejía del docetismo. Cristo es Dios, pero también es hombre; nace, vive y muere, como todos los hombres, según las leyes naturales; bien comprende por tanto todas las exigencias del hombre, en armonía con su destino. Los milagros, además de probar la omnipotencia de Dios y la divinidad de Cristo, son expresión de profunda humanidad. Jesús se apiada de la multitud que no come hace tres días *misereor super turbam, quia ecce iam triduo sustinet me, nec habent quod manducent*[123]; no teniendo *unde ememus panes ut manducent hi,* realiza la multiplicación de los panes y de los peces[124], precisamente para proveer a las necesidades corporales. Cuando en sábado cura al paralítico que no podía llegar a la piscina, o bien, cuando siempre en sábado, los discípulos van a *vellere spicas,* refuta la formidable objetación de ilegalidad elevada por los fariseos y supera su asombro, afirmando: *sabbatum propter hominem factum est, non homo propter sabbatum;* esto significa que la necesidad humana, como demuestra el ejemplo de David, puede también vencer la ley; es la humanidad que triunfa sobre la ley. El principio generalizado y llevado a la órbita puramente humana, significa que la ley sirve al hombre y no al contrario[125].

Jesús comprende el valor de la renuncia a los afectos y bienes de la tierra; no dice que sea absolutamente necesario renunciar a ellos, pero promete a los que los abandonen *propter me et Evangelium* no solo la vida eterna, sino tam-

119 JOAN. 6, 25-27.

120 MATTH. 13, 22.

121 MATTH. 6, 24.

122 JOAN. 2, 16.

123 MARC. 8, 2.

124 JOAN. 6, 1-13.

125 JOAN. 5, 1-16.

bién el céntuplo en esta vida: *nemo est qui reliquerit domum, aus fratres, aut sorores, aut patrem, aut matrem, aut filios, aut agros, propter me et propter Evangelium, qui non accipiat centies tantum, nunc in tempore hoc, domos, et frates, et sorores, et matres, et filios, et agros, cum persecutionibus, et in saeculo futuro vitam aeternam*[126]. ¿*No* se refiere también esta promesa categórica *(nemo est)* a los bienes terrenos? ¿Acaso deja de ser jurídica solo porque no está contenida en un código civil o en un acta notarial?

Jesús no anula los bienes del mundo, ni la actividad humana dirigida a conseguirlos; condena solo la excesiva solicitud, que hace perder de vista el fin último del hombre y dudar de la misericordia divina. Bien lejos está de condenar al hombre a una perpetua pasividad, esperando todo de la bondad de Dios. Se condena solo la premura y ansiedad: *ne sollicitis sitis... nonne anima plus est quam esca et corpus plus quam vestimentum... quid solliciti estis... nolite ergo solliciti esse in crastinum*[127]. Con esto recomienda tener confianza en Dios, que conoce nuestras necesidades y encuentra siempre el modo de proveer a ellas, pero no aconseja ni el ocio ni la despreocupación. Incluso Jesús lanza su invectiva contra el *servus malus et piger;* es un *inutilis servus* y merece castigo[128]. La parábola tiene valor metafórico, pero en el concepto y en las frases es harto expresiva. Cristo no quiere que el hombre espere pasivo el alimento, como los gorriones, o el vestido como los lirios, la condena a la excesiva preocupación por las necesidades de este mundo no supone "negar el valor del derecho"[129], sino tan solo reafirmar la caridad de Dios y la confianza en ella por parte de les hombres.

Si Jesús no excluye la actividad humana, postula, sin embargo una norma que la discipline. En el Evangelio no encontramos un minucioso y acabado régimen jurídico de las relaciones humanas, sobre todo patrimoniales, pero es debido a que todas las relaciones se entienden reguladas por la ley del amor. Este *manclatum* es un principio jurídico, requiere normas de ejecución, que podrán variar en el tiempo según las varias contingencias, pero es siempre un principio jurídico en cuanto orienta la acción humana en la convivencia social.

Instructiva es la epístola de San Pablo a Filemón. El esclavo Onésimo, huido del dueño Filemón, es convertido por el Apóstol *(genui in vinculis),* quien calificándose varias veces como *vinctas Christi,* lo devuelve al dueño, pero al misino tiempo le ruega *(obsecro te)* que le acoja como hermano (*charissimum fratrem*) y aún más, *ut viscera mea, sicut me* y le; pide además que ponga a su cargo el daño que el siervo le haya causado (*si autem aliquid nocuit tibi).* No hay aquí el menor desinterés por las relaciones de crédito o el derecho de propiedad, esta es reconocida, pero templada por la caridad. San Pablo no devuelve el esclavo al dueño pura y simplemente, sino que le recomienda tratarle como hermano.

Que Jesús se interesa por las relaciones humanas, aunque sea en forma subordinada, resulta del hecho de que también estén previstos los litigios entre

126 Marc. 2, 27.

127 Matth. 6, 25-34.

128 Matth. 25, 26.

129 Ob. cit. p. 440.

los fieles y de que se indique incluso el modo de solucionarlos: *si autem peccaverit in te frater tuus, vade et corripe cum inter te et ipsum solum. Si te audierit, adhibe tecum adhuc unum vel duos, ut in ore duorum vel trium testium stet omne verbum. Quod si nom audierit... sit tibi sicut ethnicus et publicanos*[130]; aconseja reconciliarse con el adversario para evitar que este *tradat te iudici, et iudex tradat te ministro, et in carcerem mittaris; amen dico tibi, non exies inde, donec reddes novissimum quadrantem*[131]. El concepto lo desarrolla San Pablo, que impone a los fieles llevar el conocimiento de sus cuestiones ante los fieles mismos, más bien que ante los paganos; esto se dice para vergüenza de los fieles, *(ad verecundiam vestram dico),* pues entre perfectos cristianos, no es posible que surjan litigios; mas como puede ocurrir, conviene dirigirse a aquellos que pertenecen a la Iglesia: *saecularia igitur iudicia si habueritis, contemptibiles qui sunt in Ecclesia, illos constitue ad iudicandum*[132]. Y precisamente sobre estas bases se desarrolla la institución reconocida por las leyes romanas, de la *episcopalis audientia,* en las relaciones entre laicos.

En conclusión, la predicación evangélica en sí, esto es, prescindiendo de la interpretación y desarrollo que le ha dado la Iglesia, es un sistema jurídico no distinto en su estructura de cualquier ordenamiento humano, ya contenga normas precisas y taxativas como al acoger el Decálogo, ya presente una orientación general de la conducta humana, como es el precepto del amor.

Este no se condensa en una doctrina articulada con esquemas fijos, sino que es ley permanente; puede tener las más variadas manifestaciones en las diversas épocas históricas y según las distintas relaciones; pero es universal. Vale para todas las épocas y relaciones, nacionales e internacionales, personales o patrimoniales; ninguna relación le es ajena.

La Iglesia en el curso de los siglos se ha pronunciado sobre muchos puntos de doctrina social, según los distintos momentos y las diversas exigencias. Esto puede explicar como en su historia milenaria haya asumido a veces posiciones diversas, pues unos problemas aparecen urgentes en unas épocas o en determinados momentos e irrelevantes en otras, o bien a veces se resuelven de un modo y en otros momentos se solucionan de distinta forma. Sin embargo, la Iglesia nunca se substituye a los hombres de Estado, ni en la mayor parte de las relaciones humanas tiene la función de precisar normas, que es propia de la ley civil. No elabora programas en el sentido estricto de la palabra, no presenta planes[133] y mucho menos realiza codificaciones; pero proporciona siempre directrices y orientaciones tanto a los individuos, como al Estado. Bien podemos, pues, hablar de derecho evangélico o cristiano. Que la sanción de la norma se desenvuelva en el orden sobrenatural, que sea corregida y adaptada por la caridad de Dios, no quita juridicidad a la norma, porque también caridad y perdón se orientan según leyes predeterminadas.

Se puede también hablar de ordenamiento cristiano en el sentido de sistema jurídico civil que pretenda tomar como modelo o por lo menos inspirarse

130 Matth. 18, 15-17.

131 Matth. 5, 24-26; Luc. 12, 58-59.

132 Cor. 1, 6, 1-7.

133 De Lubac, ob. cit. 325.

en las directrices fundamentales y el espíritu encerrado en el Evangelio, concretándolo en formas taxativas, provistas de sanción terrena. Así lo ha hecho durante siglos la Iglesia, continuando la misión de guiar la Humanidad que estaba en la intención del Divino Fundador. Así lo intentó la legislación imperial romana de Constantino a Justiniano, que en todos los campos, desde el derecho de las personas al derecho penal, desde el matrimonio a las relaciones patrimoniales buscó inspiración en los preceptos evangélicos.

La predicación evangélica contiene no solo sistema y programa jurídicos, sino también indicaciones de método, puesto que, en oposición a la interpretación literal de los fariseos, presenta ese elemento equitativo, esa moderación, esa consideración a la finalidad del sistema y de cada una de las normas, sin las que no es posible construir ninguna ciencia jurídica. En definitiva, Jesús ha enseñado que el derecho, en este aspecto no es más que *ars boni et aequi.*

El derecho romano cristiano*

No presento una comunicación; pretendo tan solo anunciar, en esta solemne asamblea de romanistas e historiadores, la próxima aparición de una obra mía en tres volúmenes, que lleva por título precisamente *Derecho romano cristiano.*

Nuevo es el título, nuevo el método y nuevo el contenido. No se trata de la notoria cuestión de la influencia del Cristianismo, que en rigor se reduce a recoger algunas decisiones insignificantes, confrontándolas con la doctrina patrística, sino de la reconstrucción orgánica del derecho que resulta de las leyes postclásicas y justinianeas, así como de las interpolaciones más seguras. De estas hago uso parsimonioso, no con fines de anticrítica desplazada, sino para basar la reconstrucción sobre fundamentos sólidos, como son las leyes.

Es una obra en la que trabajo desde hace una docena de años, un ensayo salió a luz en 1936, con el título "Justiniano, Príncipe y legislador católico" y otro en el opúsculo de 1940 "La influencia de S. Ambrosio en la legislación religiosa de su tiempo", publicado con ocasión del XIV centenario del Santo obispo de Milán.

Me he dedicado al estudio sistemático, no siempre agradable, de las leyes de los códigos teodosiano y justinianeo, o recogidas en el *Corpus legum* de Haenel, obra vieja, pero siempre preciosa, así como de las que he podido conocer mientras espero esa Palingenesia de las constituciones imperiales, de las que solo se ha publicado un minúscula parte relativa a Augusto.

Es posible que haya omitido alguna ley o institución, pero esto no altera el juicio definitivo que se puede resumir en esta simplicísima proposición: las leyes postclásicas y justinianeas tuvieron un sentido esencialmente cristiano. La calificación que mejor se adapta al derecho postclásico y justinianeo es la de derecho *romano-cristiano.* Y su reconstrucción es el objeto de mi obra.

El juicio espontáneo, casi diría instintivo e inmediato, aparte toda investigación erudita, nos lo da la misma realidad histórica.

La primera apreciación segura respecto a la imponente legislación de Constantino la formuló, con hechos más que con palabras, Juliano el Apóstata, que considera a Constantino, según dice Ammiano, como *novator turbatorque priscarum legum.* Juliano intenta restaurar la romanidad, pero la romanidad pagana, buscando anular la cristiana que se bosquejaba con Constantino. No es casual que a numerosas leyes de Constantino sigan disposiciones de Julia-

---

* *Il Diritto Romano Cristiano.* Publicado en «Atti del Congresso Internazionale di Diritto Romano e di Storia del Diritto» (Verona) Mirán. 1951, págs. 253-260.

no que las abrogan y a estas otras de emperador posteriores que restauran las primeras.

Es un hecho que el Teodosiano contiene solo leyes de emperadores cristianos; Próspero de Aquitania dice que aquel código quiere recoger todas las leyes *legitimorum, id est, christianorum primcipum*. Nótese la identificación entre emperadores legítimos y cristianos, que corresponde a la visión teocrática del poder, plenamente aceptada en las leyes, en armonía con la teología medieval.

Leyes de los emperadores cristianos quiere recopilar también el libro siro-romano, afirmando que con el advenimiento del Cristianismo *cessaverunt omnes* νόμι. Se busca, aunque sea caóticamente, poner las bases de un nuevo derecho bajo el signo cristiano. La legitimidad misma de las leyes romanas, casi no se reconoce más que en cuanto se conforman a la ley divina. En este clima se encuadran obras como la *Collatio* y la *Consultatio,* que intentan exponer el derecho *in Dei nomine,* y, *iuvante Deo,* decir *quid tractari debeat.*

Menos decidido es, en apariencia, Justiniano, cuyo deseo es recoger toda la tradición jurídica romana y por lo tanto en el Corpus Iuris admite amplísimamente textos de juristas y emperadores paganos. Pero cada una de las partes de la compilación se inicia *in nomine Domini Jhesu Christi, y* el Código se abre con un título que lleva la rúbrica *"de Summa Trinitate et de fide catholica"*. Justiniano incorpora la vieja mole legislativa, pero quiere que se entienda en función de la ley divina y advierte a los maestros de derecho *"incipit igitur legum doctrinam eis tradere Dei gubernatione et viam aperire quam nos invenimus."* En un famoso texto interpolado se hace consistir en la Religión la *summa ratio.*

Otro juicio espontáneo e instintivo lo ha dado la misma Iglesia Católica, no solo al estimular y alabar la legislación, sino al aceptar en pleno el derecho romano. Bien conocido es el principio: *ecclesia vivit de lege romana.* En Oriente el fenómeno da lugar a la formación de *nomocanones.* El derecho canónico, aun en materias de matrimonio, se inspira precisamente en el derecho romano. Se habla de un *ius romanorum novum,* entendido como *ius romanorum ecclesiae romanae.*

Numerosas razones se pueden aducir para justificar tal recepción: pobreza técnica del derecho de la Iglesia frente a la perfección del derecho romano; atracción de la tradición universalista de Roma; no excluyamos tampoco que en las leyes romanas se encuentran importantes privilegios a favor de la Iglesia y de los eclesiásticos, pero es evidente que la Iglesia no habría aceptado el derecho romano si este hubiese sido contrario o al menos no conforme a su espíritu. ¿Cómo no acoger, en efecto, leyes, en las que, aparte el contenido, es bien raro no encontrar la invocación a Dios, Jesucristo o la Divina Providencia? Y ¿cómo rechazar un código que presenta como primera ley la famosa constitución *cunctos populos,* que impone como deber jurídico, abrazar la fe cristiana tal y como está formulada por la tradición apostólica, y que reconoce legislativamente el primado de San Pedro?

El Papa León I confiesa que Roma *quae erat magistra erroris jacta est discipula veritatis.* A petición del Papa Virgilio, Justiniano establece que en Italia tengan vigor sus leyes. Se afirma generalmente que el derecho canónico deriva del romano; pero el derecho romano, precisamente el que recoge la Iglesia, se había transformado ya bajo el influjo cristiano. En el fondo, el derecho romano restituye a la Iglesia cuanto había tomado de ella. La coincidencia entre derecho romano y canónico permite a Burcardo de Worms atribuir a pontífices normas emanadas por emperadores romanos. Incmaro de Reims habla incluso de leyes imperiales que *christiana iura depromunt.*

Solo más tarde y en forma gradual, la unidad del derecho imperial romano-cristiano se bifurca para dar lugar a la formación de ese *utrumque ius,* en torno al cual discuten los historiadores. La bifurcación es debida a un complejo de razones, que no es esta la ocasión de investigar, pero no depende del contenido: la Iglesia, en definitiva, no hace más que continuar la obra, iniciada por los emperadores romanos, de reedificar en sentido cristiano el derecho de Roma, mientras la legislación civil comienza a alejarse de sus anteriores derroteros.

A medida que se desarrolla el derecho de la Iglesia, el dualismo, no sin que medien razones políticas, degenera en hostilidad, que estalla clamorosamente en las bulas *Super speculum* de Honorio III (1219) y *Dolentes* de Inocencio IV (1254), en las que se prohíbe la enseñanza del derecho romano.

Sin embargo, la tradición medieval no duda respecto al carácter cristiano del Corpus Iuris; Dante coloca sin vacilar en el Paraíso a Constantino y Justiniano.

Las dudas se insinúan cuando surgen algunas modernas posiciones doctrinales y el derecho romano comienza a ser objeto de eruditas investigaciones históricas. Todavía Gotofredo que, sin que nadie se sienta ofendido, conocía el Teodosiano mejor que nosotros, valiéndose de aquella formidable erudición por todos reconocida, no titubeaba en afirmar que las leyes de Constantino eran esencialmente cristianas y para cada ley posterior no dejaba de anotar las concordancias Con la doctrina de la Iglesia, manifestada en los concilios y en la Patrística.

Pero cuando en el siglo XIX, el siglo de oro de la historia, surge y se difunde el materialismo histórico, que refiere al factor económico toda transformación social y jurídica, nada tiene de extraño que algunos eruditos relegasen a un segundo plano, por no decir excluyesen el elemento religioso. Favoreció esto la doctrina dominante en los últimos cincuenta años, que destacaba el derecho clásico, que es derecho pagano, descuidando esas pesadísimas e inconexas leyes postclásicas y justinianeas en las que se encierra el derecho cristiano.

Con la célebre obra de Mitteis, el horizonte de los estudios romanísticos se alarga; Mitteis, como es sabido describe el choque entre Occidente y Oriente, con la victoria de este último, poniendo con ello de relieve el carácter oriental de la nueva legislación; no habla de cristianismo, salvo de pasada y a propósito de dos leyes insignificantes: solo habla de helenismo. La autoridad de Mitteis era tal y sus investigaciones tan profundas que nuestros estudios se han orientado definitivamente en la dirección del maestro. Se ha hablado de derecho romano helénico y el estudio de los derechos orientales condujo a descubrir influjos siempre más amplios y profundos de Oriente.

A esta tendencia se opuso vigorosamente Riccobono, quien afirma el carácter romano del derecho, aun en su última evolución. ¿Estamos pues ante el dilema: helenismo o cristianismo? La cuestión se ha planteado como si se tratase de factores opuestos o distintos. En realidad, a mi modo de ver, no es así.

Si por orientalismo entendemos la síntesis de las corrientes de pensamiento propias del Oriente, debemos admitir que el espíritu oriental es esencialmente cristiano. La religión no está en los márgenes de la vida, sino que es toda la vida; alcanza intensidad y fervor jamás superados: conocimiento de Dios y ley divina son los problemas y directrices espirituales de la época. No es que desaparezca el ansia de buscar la verdad, como si el espíritu se hubiese hundido de repente en las tinieblas, pero el interés se centra en el conocimiento de la ley de Dios, considerada verdad absoluta y eterna. Filosofía y literatura se refunden en la Patrística. La Teología forma parte de lo que hoy llamamos cultura general; sobre cuestiones teológicas se discute hasta en las plazuelas, como relata jocosamente S. Juan Crisóstomo. También los emperadores estudian teología, y esto explica en algún emperador y en algún momento desviaciones de la fe católica. Les gusta rodearse de obispos y sacerdotes, desde Constantino a Teodosio; y la mala lengua de Procopio cuenta que Justiniano pasaba sus noches meditando sobre las Sagradas Escrituras en compañía de ancianos sacerdotes. Resulta, además, por explícito testimonio del mismo legislador, que no pocas leyes fueron sugeridas por obispos.

Y entonces, si el Oriente es esencialmente cristiano, decir que las leyes llevan la impronta oriental, es tanto como afirmar implícitamente que tienen inspiración cristiana, puesto que la religión es el aspecto más característico y profundo del orientalismo. Verdad es que orientalismo es una entidad más compleja que cristianismo y abraza una esfera más amplia que la religión, en cuanto comprende elementos que para esta son indiferentes. Hay sectores en el campo del derecho, como en todo tiempo y lugar, respecto a los cuales la ética permanece ajena, salvo en las exigencias generales de la justicia. Piénsese, p. ej., en la forma de los actos, en el mecanismo procesal y en tantas otras regulaciones positivas. Ahora bien, es precisamente en este campo donde se puede plantear la cuestión del orientalismo como algo distinto del cristianismo. Se trata de probar y no de afirmaciones o negativas apriorísticas; negar sin más que el helenismo haya penetrado en las leyes supone que un legislador puede abstraerse del ambiente en que vive; admitir lo contrario sin otras averiguaciones, a manera de presunción, significa supervalorar el factor ambiental. En todo caso, dado el espíritu religioso de la época, el helenismo pasa a las leyes a través del filtro del cristianismo, penetra en la legislación en cuanto es conforme o indiferente a la religión.

La legislación, sobre todo de Justiniano, incluso según las declaraciones explícitas y generales del mismo legislador, pretende programáticamente tomar como modelo las leyes divinas, inspirándose en ellas. El propósito es reducir a unidad el dualismo que, con la llegada del Cristianismo se había producido entre ley humana y ley divina. El progreso legislativo se hace consistir, no en la separación, afirmada como postulado científico por el materialismo, sino en la adecuación de la norma estatal a la norma ética-religiosa, de forma que la conducta humana esté regulada por los preceptos divinos traducidos en normas estatales. Unidad de normas estatales, a la sombra, sin embargo, de la ley de Dios. La remisión a esta es frecuente en las constituciones imperiales y la frase *secundum canones,* se repite, como un leit-motiv, un número infinito de veces en las constituciones justinianeas. Un cuidadoso estudio ha sido realizado por Wenger: en líneas generales puede asegurarse que Justiniano no yerra cuando declara inspirarse en los cánones y puede probarse la plena conformidad con ellos. Además, el mismo hecho de que el legislador, no obstante la constante y machacona afirmación de omnipotencia jurídica, sienta la necesidad de invocar abiertamente los cánones, revela su orientación, que tiende a ajustar a ellos la propia obra legislativa.

Cuando digo que la calificación de derecho romano cristiano se adapta mejor que ninguna otra al derecho postclásico y justinianeo, no pretendo afirmar que ese derecho sea íntegramente cristiano. La Patrística, con fines polémicos y respecto a algunos puntos aislados, no duda a veces en contraponer el derecho humano al divino, las leyes de Papiniano a las de Cristo, las Pandectas a la *inmaculata lex Domini.*

Podemos excluir la existencia de leyes contrarias al espíritu cristiano de la época; pero hemos de reconocer que subsisten instituciones no completamente acordes con los preceptos cristianos. Todo ordenamiento tiene una fuerza de inercia y presenta tenaz resistencia a transformaciones radicales, lo que determina el fenómeno de las supervivencias. En nuestro campo se puede recordar el mantenimiento de la esclavitud y el divorcio.

La esclavitud perdura ciertamente y se mantiene aún la tradicional *summa divisio personarum.* ¿Pero es cierto que el cristianismo la condena? Lo que cuenta para el cristiano es la igualdad humana frente a Dios y en la vida sobrenatural, respecto a la cual dice terminantemente S. Pablo que no hay diferencia entre libres y esclavos. La esclavitud repugna tan poco al Cristianismo primitivo que S. Pablo impone al esclavo fugitivo la obligación de volver inmediatamente a su dueño, a quien a su vez ordena tratar a aquél *in caritate Domini.* Y entonces, ¿por qué iba a abolir la ley de un plumazo una institución que ni siquiera la Iglesia había condenado y que en un ambiente cristiano no podía dar lugar a aquellos excesos permitidos y habituales en época pagana? La legislación sigue, en cambio, las sugerencias de la misma Iglesia: no abolición, sino transformación del régimen jurídico del esclavo. El *favor libertatis* es extendido al máximo, mucho más que con él estoicismo; aumentan las manumisiones legales; se introduce la *manumissio in Ecclessia* y la manumisión voluntaria se considera como un deber religioso; se atenúa el poder sobre la persona del esclavo hasta el punto que ya no se le puede considerar realmente como cosa, sino como colaborador del dueño y la esclavitud se convierte en una función, una situación jurídica que no anula la personalidad y la dignidad humana. Además, en una sociedad dominada por el *sensus Christi* no solo las manumisiones voluntarias debían ser muy numerosas, sino que el poder del *dominus* sería ejercido con la moderación y caridad características de la nueva religión. Con movimiento lento e incesante, la legislación, bajo la inspiración cristiana, alcanzó un resultado mayor y más duradero que todas las sublevaciones de esclavos y declaraciones de una desaparecida élite pagana.

Subsiste, aunque solo en determinados casos, el repudio. El divorcio por mutuo consentimiento, abolido por Justiniano, es restablecido por Justino II. Pero la misma lucha entablada desde Constantino, que no seguía por cierto tendencias paganas, demuestra cuál era la orientación del legislador y su posición respecto a los preceptos cristianos.

El sistema penal postclásico y justinianeo, es sin duda bastante severo y se ha calificado de feroz. Mas debemos hacer constar que tanto rigor, por otra parte templado por el principio impuesto al juez de juzgar con humanidad y moderación, así como por frecuentes amnistías con ocasión de las Pascuas, se manifiesta hacia los delitos contra la fe o la moral, p. ej., el adulterio, el lenocinio, las uniones contra natura, la blasfemia, la herejía, en resumen, se trata de los pecados más graves contra la fe cristiana. A catorce siglos de distancia podemos juzgar severamente esta legislación, que tampoco desconoce la tortura, pero entonces aparecía oportuna, con arreglo a las exigencias y mentalidad de la época, y si no era aplaudida, al menos tampoco era atacada por la Iglesia, que por otra parte había sufrido no menor severidad.

El estudio del modo en que el cristianismo penetra en las leyes romanas puede ser instructivo, aun desde un punto de vista general, para demostrar como una ideología puede inspirar con su propio espíritu un macizo cuerpo legislativo formado bajo otro clima, sin abatirlo formalmente. El legislador cristiano transforma radicalmente el derecho pagano no por medios de violentas e improvisadas revoluciones, muchas veces efímeras, ni a través de enunciados generales, con frecuencia puramente verbales, sino demoliendo el vetusto derecho pagano en el transcurso de medio siglo allí donde era necesario y el contraste con la nueva religión parecía más estridente, y a medida que se presentaba la ocasión. No reduce a la nada la vieja y gloriosa tradición, a la que en cambio infunde un nuevo espíritu. Justiniano, aunque cristiano fervoroso y perseguidor del paganismo, no condena a las llamas las obras de Labeón o Papiniano, solo por ser paganas; al contrario, las recoge cuidadosamente, quita lo superfluo e inútil y las anima con el ideal del Evangelio. De esta forma, lanzó el impulso destinado a transformar la masa legislativa pagana, que así podía sobrevivir y perpetuarse. En esto sigue tanto la tradición romana de realizar cambios profundos sin revoluciones repentinas, como la tradición cristiana, para la que el viejo Testamento puede mantenerse y aun ser considerado sagrado, superado, sin embargo y vivificado por la predicación de Jesús. Aun bajo este aspecto, el derecho postclásico y justinianeo puede calificarse bien de romano-cristiano.

Arte y Ciencia del Derecho de Biondo Biondi se imprimió
en la República Argentina en mayo de 2019.